U0897416

中国近代人物文集丛书

魏源集

（上）

中华书局编辑部 编

中 华 书 局

图书在版编目(CIP)数据

魏源集/中华书局编辑部编. —北京:中华书局,2018.7
(2022.1 重印)
(中国近代人物文集丛书)
ISBN 978-7-101-13200-7

Ⅰ.魏… Ⅱ.中… Ⅲ.魏源(1794~1857)-文集
Ⅳ.B252.1-53

中国版本图书馆 CIP 数据核字(2018)第 079276 号

书　　名　魏源集(全二册)
编　　者　中华书局编辑部
丛 书 名　中国近代人物文集丛书
责任编辑　杜艳茹
出版发行　中华书局
(北京市丰台区太平桥西里 38 号　100073)
http://www.zhbc.com.cn
E-mail:zhbc@zhbc.com.cn
印　　刷　北京瑞古冠中印刷厂
版　　次　2018 年 7 月北京第 1 版
2022 年 1 月北京第 2 次印刷
规　　格　开本/850×1168 毫米　1/32
印张 30¾　插页 6　字数 682 千字
印　　数　2001-3000 册
国际书号　ISBN 978-7-101-13200-7
定　　价　88.00 元

魏源字默深湖南邵陽人誕時母夢古衣冠人授以巨筆及金色花少聰穎髫齡入塾扃一室晝夜
不釋卷未弱冠補弟子員即究心經史旋舉明經入都館李春湖侍郎家名公卿爭納交焉兩中
副車道光二年舉京兆試客江南時陶文毅公撫蘇以文章經濟相莫逆凡海運水利諸大政咸與籌
議輯 皇朝經世文編其後督兩江者漕河鹽兵諸務整飭更張皆延與定議而後行二十二年逆夷
犯海疆裕靖節公督浙防剿延致幕府數月辭歸靖節陣殁撫議成有感而著聖武記二十四年
成進士以知縣分江蘇署東臺縣政聲卓著二十六年丁母憂歸輯海國圖志服闋權興化縣及海
州分司善政不可枚舉回興復淮南北課額議敘以同知直隸州用咸豐元年補高郵州知州三年髮逆
陷金陵破揚州賊距去州城四十里先生率民兵設法守禦城賴以安時廉訪某督兵防江北與先生素
有隙以遲誤驛報劾罷職四年周文忠公督皖軍奏請先生隨營擊宿州匪平奉
旨復官先生以年逾六十世途多故無心仕宦遂辭歸而文忠亦卒全家避兵興化不與人事惟手訂生
平著述七年遊杭州卒於僧舍年六十有四同治年間入祀高郵興化名宦祠所著有詩文集
聖武記海國圖志書古微詩古微公羊古微曾子發微子思子發微高子學譜孝經集傳孔子
年表孟子年表小學古經大學發微兩漢今古文家法考 皇朝經世文編論學文選明代兵食二
政錄及春秋繁露老子墨子說苑六韜孫子吳子注各若干卷

魏源传，采自《清代学者像传》

古微堂內集卷一

默觚上

學篇一

邵陽

學之言覺也。以先覺覺後覺。故莘野以畎畝樂堯舜君民之道。學之言效也。以後人師前人。故傅巖以稽古陳恭默思道之君。覺伊尹之所覺。是爲尊德性。學傅說之所學。是爲道問學。自周以前。言學者莫先於伊傅二說。君子觀其會通焉。

沈潛剛克。高明柔克。箕範言學。開孔門賢知過之愚柔不及之先也。敬勝怠吉。義勝欲從。丹書陳道。括周易敬以直內義以方外之全也。剛柔克而性不畸。敬義立而德不孤。自孔孟以前。言學者莫粹於丹範二說。君子體諸且明焉。

同一爲仁也。而有好仁惡不仁之分。好仁者以順入。見善如不及焉。惡不仁者

宣统元年（1909）国学扶轮社印行本《古微堂集》书影

非韓柳不能爲此文然其時經之腴蓋予之秀而浸淫乎漢代者自出而与韓柳合非有意摹韓柳也　許乃穀記

文筆大似柳州銘辭則視平淮西雅而有過焉　弟方海記

韓平淮西碑後閱千餘年乃復見斯文　木森注

負嵎嵎其可阻曾虞郎鹿而有逸㗊驚獸頗頗公則劉之其既怗耳公亦柔之脱其牙距定其狨驚犯也佽嗞馴也孩嬰苗崩厥角昔迷今愧始也孰殺終也誰嗣公曰如茁如士汝汦自茲以往其若弟兄毋怨以變外我太平公曰爾茁各來爾戟各塾爾宇毋犢之佩而兵之阻毋鬼之信人倫之侮於是南楚西黔北蜀咸歸孔樂有鹽有布有驛有駱銅鼓不鳴宵户不鑰

帝曰予嘉汝臬于南歲往視之以慰以監秋再至邊傾我孺髦胡爲翼翼遽瞻廟貌碉堡有嚴疆埸㘗㘗靈旗來往公神所存汝罔作慝公其殛汝汝順汝勤公則吉汝風習雨時以黍以稷公來載歆甘我飲食天子萬年四裔來同俾永鎮南服我心之功履尾尾其胡嗟曾子待救而忍勿卹

国家图书馆藏《古微堂文稿》书影

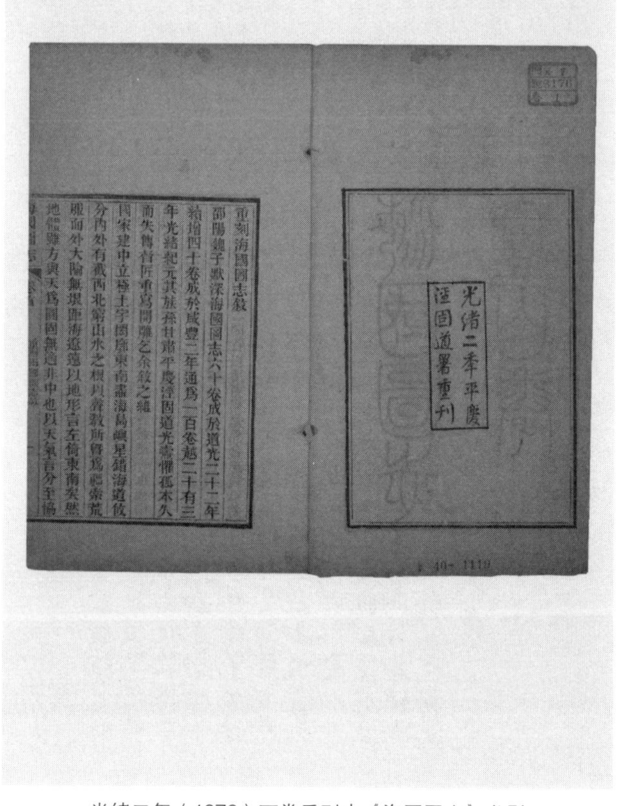

重刻海國圖志叙

邵陽魏子默深海國圖志六十卷成於道光二十二年續增四十卷成於咸豐二年通爲一百卷越二十有三年光緒紀元其族孫甘肅平慶涇固道光燾懼舊本久而失傳爰所重寫開雕乞余叙之維
國家建中立極土宇圖廓東南盡海島嶼星錯海道攸分內外有截西北窮山水之根以聲教所暨爲羈縻荒服而外大陸無垠距海遼邈以地形言左倚東南矣然地儀雖方實天爲圓圓無適非中也以天氣言分至協

光緒二季平慶涇固道署重刊

光绪二年（1876）百卷重刊本《海国图志》书影

再版说明

《魏源集》(上、下册)为魏源著作精选集,收录了魏源影响较大、引用广泛、具有重要价值的诗文、论议、书信等,不包括长篇专著。是书最初列入《中国近代人物文集丛书》,初版于一九七六年,参照《古微堂集》和《古微堂诗集》的体例编排,编序有所调整。以清宣统元年(一九〇九)黄象离增补重编国学扶轮社印行本《古微堂集》、清同治九年(一八七〇)刻本《古微堂诗集》为底本,以光绪四年(一八七八)淮南书局刻本《古微堂集》与《古微堂文稿》《古微堂诗稿》《古微堂诗稿钞本》《清夜斋诗稿》《射鹰楼诗话》等为对校本,并出校勘记与校者案语。一九八三年再版,订正一些文字和标点错误,增补了《筹海篇》等重要文章及信札、诗联等,置于《补录》《附录》中。二〇〇九年,《魏源集》列入《中国思想史资料丛刊》,是为第三版。以上三版皆系繁体竖排。二〇〇四年,岳麓书社出版了《魏源全集》(二十册),收录全面;考虑到中华版《魏源集》选材精当,编校精审,能满足广大读者的基本阅读需求,因此将《魏源集》再版,重新收入《中国近代人物文集丛书》。

此次再版,将繁体竖排改为简体横排,订正了一些文字和标点错误,并吸收学界研究成果,去掉《春秋公羊论上》《春秋公羊论下》两篇文章,增补《拟进呈元史新编序》一篇。谨向关注《魏源集》出版并提出宝贵修改意见的夏剑钦先生表示谢忱。为尊重前人编校成果,此次再版对编序未做调整,仅将《魏源集》明确为文集、诗集、补录、附录四部分,俾便读者。其中凡"文集"篇末未注明所据版本者,皆出自《古微堂集》,"诗集"篇末未注明所据版本者,皆出自《古微堂诗集》。限于知识和水平,此次再版难免存在讹漏,祈请读者指正。

中华书局编辑部

二〇一八年五月

重印题记

《魏源集》初版于一九七六年三月。这次重印除订正一些文字和标点舛误外，还增补了《筹海篇》等重要文章、信札和诗联。为便于排印，将这批诗文置于书后"补录"中。"附录"部分也有所增辑。当此重印之际，谨向为本书补录提供资料的单位和季镇淮、邓仲先等，以及协助补佚工作的刘桂生和龚书铎等同志表示谢忱。

中华书局编辑部

一九八二年五月

编校说明

一、本集所录系魏源的短篇论著，而不包括其长篇专著。

二、本集参照《古微堂集》和《古微堂诗集》编例，编序有所调整。

三、本集所据《古微堂集》是以黄象离增补重编、清宣统元年（一九〇九）国学扶轮社印行本作底本，与光绪四年（一八七八）淮南书局刻本《古微堂集》以及《古微堂文稿》（简称《文稿》）对校，保留了黄象离的案语，整理者所加案语则冠以“校者案”，以示区别。

四、本集所据《古微堂诗集》是以清同治九年（一八七〇）十卷刻本作底本，与《古微堂诗稿》（简称《诗稿》）、《古微堂诗稿钞本》（简称《诗钞》）、《清夜斋诗稿》（简称《清夜斋》）以及林昌彝的《射鹰楼诗话》（简称《诗话》）对校，出校勘记。

五、本集所用校本《古微堂文稿》和《古微堂诗稿钞本》均系残本，只有若干篇与之对校。

六、本集诗文均经分段、标点，并改正异体字或避讳字。凡错字和衍文排小号字加（　）；校改和校补的文字加〔　〕。

七、本集资料篇末凡未注明所据本者，均据《古微堂集》或《古微堂诗集》。

八、书后附录有关序跋及传记资料，以供参阅。

目　录

上　册

文　集

下　册

诗　集

魏源集

补 录

魏源集

附　录

文　集

默觚上·学篇一

学之言觉也,以先觉觉后觉,故莘野以畎亩乐尧、舜君民之道;学之言效也,以后人师前人,故傅岩以稽古陈恭默思道之君。觉伊尹之所觉,是为尊德性;学傅说之所学,是为道问学。自周以前,言学者莫先于伊、傅二圣,君子观其会通焉。

“沉潜刚克,高明柔克”,箕《范》言学,开孔门“贤知过之,愚柔不及”之先也;“敬胜怠吉,义胜欲从”,《丹书》陈道,括《周易》“敬以直内,义以方外”之全也。刚柔克而性不畸,敬义立而德不孤。自孔、孟以前,言学者莫粹于《丹》《范》二谟,君子体诸旦明焉。

同一为仁也,而有好仁恶不仁之分。好仁者以顺入,见善如不及焉;恶不仁者以逆入,见不善如探汤焉。颜、闵氏好仁,曾氏恶不仁;一由高明入中行,一由笃实入高明。《儒行》言“自立”、言“特立”、言“特立独行”者三,言“温良”“敬慎”“宽裕”“孙接”“礼节”者各一,故入德则殊而成功则一也。曾皙不禁曾参之狷,曾参不师曾皙之狂,斯圣道之所以庞。

攻他人之异端,不如攻一身之异端。气禀离案:“气禀”二字疑有误。气不得言本性所无,且十二篇明明言“气质之性君子所不性”,亦何得自相矛盾? 物欲,皆为性分所本无。去本无以还其固有,损之又损以至于无。始而以道德战纷华,既而以中行绳过、不及,内御日强,外侮日退，则人我一矣，则自身之异端尽矣。舍己而芸人，夫我则不暇。《礼》不云乎："王中心无为也，以守至正。"

先天无极之说，君子所不道也，周子《通书》未尝及，程子未尝言，而忽有图传世，皆《参同契》坎离交构之象。《礼运》(《礼器》)曰："本于(太乙，分)〔大一，分而为天地，转而〕为阴阳，其降曰命。""〔故〕人(也)者，〔其〕天地之德，阴阳之〔交，鬼神之〕会，五行之秀气也。""政必本于天，殽以降命。"三代之言天人也如此，岂等于"无极之真，二五之精，妙合而凝"也乎！

《孔子闲居》一篇，深明礼乐之原，与《易系》《中庸》相表里，中人以下不得闻也。无声之乐，无体之礼，无服之丧，极其所至，无至无不至。正明目而视之不可得而见，倾耳而听之不可得而闻，志气塞乎天地，此之谓五至、三无。由是发皆中节，溥博渊泉而时出之，犹天时风雨霜露无非教，地载形气风霆流行无非教焉。其在我者，惟清明在躬，志气如神而已。时行物生，天何言哉！此圣人无言之言也。非子夏下学上达，其孰与闻于斯！与其谭无极谭先天也，曷洗心于斯！

古人言学，惟对勘于君子小人，未有勘及禽兽者。惟孟子始言人禽几希之界，又于鸡鸣善利分舜、跖之界。始知一念之中，有屡舜而屡跖者，有俄人而俄禽者；一日之中，有人多而禽少者，有跖多而舜少者；日在歧途两界之中。去禽而人，由常人而善人，而贤人，而圣人，而人道始尽。乌乎，严矣哉！

古人言学，惟自勘于旦昼，未有勘及梦寐者。惟孟子始言夜气平旦之养，好恶与人几希。始知梦寐者旦昼之影，梦寐无可用力，用力在旦昼，而功效则必于清夜时验之。故曰："昼观诸妻子，夜卜诸梦寐。"梦觉一则昼夜一，昼夜一而生死一矣。乌乎，密矣哉！

世有两不朽之说：一则曰儒以名教为宗，令闻广誉，美于文绣；千驷之景，不如首阳之薇，故疾没世无称焉。岂知三皇之事，若有若无；五帝之事，若存若灭；三王之事，若明若昧；时愈古则传愈少，其与天地不朽者果何物乎？又有子孙薪传为不朽之说，宗庙享保，气降馨香；虚墓知哀，魂魄旁皇。岂知延陵有言“骨肉归于土，魂气则无不之”乎？

以鬼神为二气之良能者，意以为无鬼也。岂知洋洋在上在左右，使天下齐明承祀，“相在尔室，尚不愧于屋漏”，即后儒“天知、地知、人知、我知”之所本，谓天神知、地祇知也。商人尚鬼神，“乃祖乃父丕乃告我高后，〔曰：‘作丕刑于朕孙，迪高后丕乃〕崇降不祥。’”《皋谟》《洪范》之言天，无非以命讨、刑威、祸福、锡咎皆出上帝之祐怒。圣人敬鬼神而远之，非辟鬼神而无之也。如曰“太虚聚为气，气散为太虚，贤愚同尽”，则何谓“原始反终故知死生之说”乎？何谓“精气游魂知鬼神之情状”乎？何必朝闻而夕死？何谓“与鬼神合其吉凶”？何谓“帝谓文王”，“文王陟降，在帝左右”乎？鬼神之说，其有益于人心，阴辅王教者甚大，王法显诛所不及者，惟阴教足以慑之。宋儒矫枉过正，而不知与六经相违。《诗》曰：“敬天之怒，无敢戏豫；敬天之渝，无敢驰驱。昊天曰明，及尔出(往)〔王〕；昊天曰旦，及尔游衍。”

何谓大人之学格本末之物？曰：意之所构，一念一虑皆物焉；心之所构，四端五性皆物焉；身之所构，五事五伦皆物焉；家国天下所构，万几百虑皆物焉；夫孰非理耶性耶，上帝所以降衷耶？图诸意，而省察皆格焉；图诸心，而体验皆格焉；图诸身，而阅历讲求皆格焉；图诸家国天下，而学问思辨识大识小皆格焉；夫孰非择善耶，明善耶，先王所以复性耶？常人不著不察之伦物，异端不伦不物之著察,合之而圣学出焉。日进无疆,宥密皇皇,是为宅心之王。

豪杰而不圣贤者有之,未有圣贤而不豪杰者也。贾生得王佐之用,董生得王佐之体,合之则汉世颜、伊之俦,不善学之则为扬雄、王通之比。

伊川其圣中之伯夷乎!得其清,并得其隘。康节其圣中之柳下乎!得其和,并得其不恭。使伯夷而用世,其才未必如伊尹;使柳下而用世,其功不亚于太公。

墨子非乐,异乎先王,然后儒亦未闻以乐化天下;是儒即不非乐,而乐同归于废矣。墨子明鬼,后儒遂主无鬼;无鬼非圣人宗庙祭祀之教,徒使小人为恶无忌惮,则异端之言反长于儒者矣。孟子辟墨,止辟其薄葬、短丧、爱无差等,而未尝一言及于明鬼、非乐、节用、止攻,夫岂为反唇角口之孔丛,夫岂同草《玄》寂寞之扬雄乎?

万事莫不有本,众人与圣人皆何所本乎?人之生也,有形神、有魂魄。于魂魄合离聚散,谓之生死;于其生死,谓之人鬼;于其魂魄、灵蠢、寿夭、苦乐、清浊,谓之升降;于其升降,谓之劝戒。虽然,其聚散、合离、升降、劝戒,以何为本,以何为归乎?曰:以天为本,以天为归。黄帝、尧、舜、文王、箕子、周公、仲尼、傅说,其生也自上天,其死也反上天。其生也教民,语必称天,归其所本,反其所自生,取舍于此。大本本天,大归归天,天故为群言极。

原本以"学之为言觉也"至此题曰"《默觚》一",以后篇"敏者"云云题曰"《默觚》中《学篇》一",以下篇题第几,循此而推。今按《默觚》系大名,《学篇》《治篇》是子目,特为移定。——象离志。

默觚上·学篇二

敏者与鲁者共学，敏不获而鲁反获之；敏者日鲁，鲁者日敏。岂天人之相易耶？曰：是天人之参也。溺心于邪，久必有鬼凭之；潜心于道，久必有神相之。管子曰："思之思之，又重思之；思之不通，鬼神将告之。"非鬼神之力也，精诚之极也。道家之言曰："千周灿彬彬兮，万遍将可睹。神明或告人兮，灵魂忽自悟。"技可进乎道，艺可通乎神；中人可易为上智，凡夫可以祈天永命；造化自我立焉。"用志不分，乃凝于神"，己之灵爽，天地之灵爽也。"俯焉〔日有〕孳孳，毙而后已"，何微之不入？何坚之不劘？何心光之不发乎？是故人能与造化相通，则可自造自化。《诗》云："天之牖民，如埙如篪，如璋如珪，如取如携。"

圣贤志士，未有不夙兴者也。清明在躬，志气如神，求道则易悟，为事则易成。故相士相家相国之道，观其寝兴之蚤晏而决矣。《谗鼎之铭》曰："昧爽丕显，后世犹怠。"康王晏朝，《关雎》讽焉；宣王晏起，《庭燎》刺焉；虫薨同梦，《齐风》警焉。是以"夙夜匪懈"，大夫之孝也；"夙兴夜寐"，士之孝也；"夙夜浚明有家"，大夫之职也；"朝而受业"，士之职也；"鸡初鸣，咸盥漱栉縰"，人子事亲之职也。尧民日出而作，舜徒鸡鸣而起，夜气于是乎澄焉，平旦之气于是乎复焉。人生于寅，凡草木滋长，皆于昧爽之际，亦知吾心之机于斯生息，于斯长养乎？旦而憧扰，与长寐同，旦而牿亡，与昼寝同。《诗》曰："女曰鸡鸣，士曰昧旦。"

用智如水，水滥则溢；用勇如火，火烈则焚；故知勇有时而困，且有时而自害。求其多而不溢，积而不焚者，其惟君子之德乎！德善积而不苑，其德弥积，其服弥广，其行弥远而不困。《诗》曰："百尔君子，不知德行。不忮不求，何用不臧！"

克己之谓强，天爵之谓贵，备万物之谓富，通昼夜知生死之谓寿；反是之谓至困、大辱、甚穷、极夭。故君子者，佚乐而为君子者也；小人者，忧劳而成小人者也。论是非不论利害，有时或是与利俱；论利害不论是非，有时或非与害俱。《诗》曰："彼醉不臧，不醉反耻。"

草木之长，不见其有予而日修，为善日益也似之；礲磨之砥，不见其有夺而日薄，为不善日损也似之。然则君子无损乎？曰：君子损文以益质，小人损质以益名。《管子》曰："日益之而不足者，忠也；日损之而不足者，欲也。"《诗》曰："他山之石，可以为错。"

"及之而后知，履之而后艰"，乌有不行而能知者乎？翻《十四经》之编，无所触发，闻师友一言而终身服膺者，今人益于古人也；耳聒义方之灌，若罔闻知，睹一行之善而中心惕然者，身教亲于言教也。披五岳之图，以为知山，不如樵夫之一足；谈沧溟之广，以为知海，不如估客之一瞥；疏八珍之谱，以为知味，不如庖丁之一啜。《诗》曰："如彼行迈，则靡所臻。"

同言而人信，信在言前；同令而民从，从在令外；怀璧之子，未必能惠，而人竞亲之者，有惠人之资也；被褐之夫，身俭能施，而人皆疏之者，无济人之具也。身无道德，虽吐辞为经，不可以信世；主无道德，虽袭法古制，不足以动民。扬子曰："圣人之言可能也，言之而使人信,不可能也。"《诗》曰:"弗躬弗亲,庶民弗信。"

交道非人益我,即我益人。求人益我者,进德之事,子夏之言近之;以我益人者,成德之事,子张之言近之。非能自受天下之益者,不能以益人,故学者当先子夏而后子张。《诗》曰"载色载笑,匪怒伊教",益人之谓也;"他山之石,可以攻玉",益己之事也。

末世小人多而君子少,人以独善之难为也,而不知秉彝之不改也。幸一遇焉,心夷疾瘳。乌有德立而邻尚孤,道修而人不闻者乎?"逃空谷者,闻人足音跫然而喜矣";流于海者,行之旬月,见似人者而喜矣;及其期年也,见其所尝见物于中国者而喜矣;去人滋久,思人滋深。叔世之民,其去圣哲亦久矣,其愿见之,日夜无间。故行修于一乡者乡必崇,德昭于一国者国必宗,道高于一世者世必景从。《诗》曰:"风雨如晦,鸡鸣不已。既见君子,云胡不喜!"

有凤皇之德,而后其羽可用为仪,未有燕雀其质,而鸾皇其章者。飘风不可以调宫商,巧妇不可以主中馈,文章之士不可以治国家。将文章之罪欤?文之用,源于道德而委于政事,百官万民,非此不丑;君臣上下,非此不牖;师弟友朋,守先待后,非此不寿。夫是以内亹其性情而外纲其皇极,〔其〕组之也有原,其出之也有伦,其究极之也动天地而感鬼神,文之外无道,文之外无治也;经天纬地之文,由勤学好问之文而入,文之外无学,文之外无教也。执是以求今日售世哗世之文,文哉,文哉!《诗》曰:"巧言如簧,颜之厚矣!"

默觚上·学篇三

《大雅》曰："小心翼翼。"《小雅》曰："惴惴小心。"心量之廓然也，而顾小之，何哉？世有自命君子，而物望不孚，德业不进者，无不由于自是而自大。自大则廉而刿物，才而陵物，议论高而拂物，方且是己非人。不知其心易盈者，正由其器小乎！小则偏愎狭隘，而一物不能容，奚其大！诚能自反而心常畏，畏生谦，谦生虚，虚生受，而无一物不可容，奚其小！齐桓葵丘之震矜，叛者九国；考甫三命滋益恭，明德奕世。然则人之自大也，适所以自小与！君子惟不自大，斯能成其大。

作伪之事千万端，皆从不自反而生乎！作德之事千万端，皆从自反而起乎！不自反，则终日见人之尤也；诚反己，则终日见己之尤也。终日自反，则放心不收而自收；终日不自反，则心虽强收而愈放。愈内敛则愈无物我，而与天地同其大；愈外骛则愈歧畛域，而与外物同其小。《诗》曰："唐棣之华，翩其反而。"子曰："未之思也，夫何远之有！"

圣其果生知乎，安行乎？孔何以发愤而忘食？姬何以夜坐而待旦？文何以忧患而作《易》？孔何以假年而学《易》乎？圣人之过，圣人知之，贤人不知也；贤人之过，贤人知之，众人不知也。假年学《易》，可无大过，小过虽圣人不免焉。众人之过，过于既形；圣人之过，过于未形。故惟圣人然后能知过，惟圣〔人〕然后能改过。“不远复，无祇悔。”“颜氏之子，其殆庶几乎！”“其心三月不违仁，其余则日月至焉。”知过密不密之别也，复道远不远之别也。故志士惜年，贤人惜日，圣人惜时。《诗》曰：“夙夜基命宥密，于缉熙，单厥心，肆其靖之。”

竹萌能破坚土，不旬日而等身；荷蕖生水中，一昼夜可长数寸；皆以中虚也。故虚空之力，能持天载地。土让水，水让火，火让风，愈虚则力愈大。人之学虚空者如之何？曰：去其中之窒塞而已矣。中无可欲则自虚，无可恃则自虚，虚则自灵矣。《诗》曰：“瞻彼淇(澳，菉)〔奥，绿〕竹猗猗。”“瞻彼淇(澳，菉)〔奥，绿〕竹如箦。”《大学》格竹之法如是，彼格之不悟而生疾者何为哉？

专为攻玉之石而不为受攻之玉，专为磨镜之药而不为受磨之镜，专为锻金之冶而不为受锻之金，世情类然也。为人何其厚，为己何其薄？《诗》云：“如切如磋，如琢如磨。”

默觚上·学篇四

一阴一阳者天之道，而圣人常扶阳以抑阴；一治一乱者天之道，而圣人必拨乱以反正；何其与天道相左哉？天左旋，日月五星右转，一经一纬而成文，故人之目右明，手右强，人之发与蛛之网、螺之纹、瓜之蔓，无不右旋而成章，惟不顺天，乃所以为大顺也。物之凉者，火之使热，去火即复凉；物之热者，冰之使凉，去冰不可复热；自然常胜者阴乎！故道心非操不存，人心不引自炽。政教之治乱，贤奸之进退亦然。《诗》曰："天之方懠"，"天之方虐"。彼以纵任为顺天者，随其懠而助其虐也，奚参赞裁成之有？

常人畏学道，畏其与形逆也。逆身之偷而使重，逆目之冶而使暗，逆口之荡而使默，逆肝肾之横佚而使平，逆心之机械而使朴，无事不与形逆，矫之，强之，拂之，阏之，其不终败者几希矣。语有之："惩忿如摧山，窒欲如填壑。"乌有终日摧山填壑而可长久者乎？君子之学，不主逆而主复。复目于心，不期暗而自不冶矣；复口于心，不期默而自不欺矣；复肝肾于心，不期惩窒而自节矣；复形于心，不期重而自重矣；复外驰之心于内，不期诚而自不伪矣。"帝谓文王，无然畔援，无然歆羡，诞先登于岸。"先登于岸者，先立其大之谓也。"小心翼翼，昭事上帝"，有以立于歆羡畔援之先，夫是故口、耳、百体无不顺正以从其令，夫何逆之有？《诗》曰："不识不知，顺帝之则。"

《易》言惩忿、窒欲，忿亦欲也。忿起于好胜，故好勇、好斗与货、色同病，好即欲也。凡不学之人，患莫甚货、色；学道之人，患莫甚好名；而皆起于我见。世儒多谓孟子言寡欲，不言无欲，力排宋儒无欲之说为出于二氏。不知孔子言无我，非无欲之极乎？"不忮不求，何用不臧"，寡欲之谓也；"无然畔援，无然歆羡，诞先登于岸"，无欲之谓也。彼以寡欲为足，无欲为非者，何足以臧乎？

"《诗》三百，一言以蔽之，曰：思无邪。"曷可以能令思无邪？说之者曰："发乎情，止乎礼义。"乌乎！情与礼义，果一而二，二而一耶？何以能发能收，自制其枢耶？吾读《国风》始《二南》终《豳》，而知圣人治情之政焉；读大、小《雅》文王、周公之诗，而知圣人反情于性离案：于性当据下文改复字。之学焉；读大、小《雅》文王、周公之诗，而知圣人尽性至命之学焉。乌乎！尽性至命之学，不可以语中人明矣；反情复性之学，不可语中人以下又明矣。是以天祖之颂，止以格鬼神，诏元后，不用之公卿诸侯焉；大、小《雅》乐章，用于两君相见之燕享，不用之士庶人焉。其通用于乡党邦国而化天下者，惟《二南》《豳风》，而无算乐肆业及于《国风》。然则发情止礼义者，惟士庶人是治，非王侯大人性命本原之学明矣。洛邑明堂既成，周公会千有七百国诸侯进见于清庙，然后与升歌而弦文、武，诸侯莫不玉色金声，汲然渊其志，和其情，愀然若复见文、武之身焉。性与天道，贯幽明礼乐于一原，此岂可求之乡党士庶人哉？古之学者，"歌诗三百，弦诗三百，舞诗三百"，未有离礼乐以为诗者。礼乐而崩丧矣，诵其词，通其诂训，论其世，逆其志，果遂能反情复性，同功于古之诗教乎？善哉，管子之言学也！曰："止怒莫若诗，去忧莫若乐，节乐莫若礼，守礼莫若敬，守敬莫若静。外敬内静，能反其性，性将大定。”后世之学诗理性情者，舍是曷以焉！《诗》曰“萧萧马鸣，悠悠旆旌”，动中有静也；“风雨萧萧，鸡鸣胶胶”，幽暗不忘其敬也。

默觚上·学篇五

人知地以上皆天，不知一身内外皆天也。“天聪明自我民聪明，天明威自我民明威。”人之心即天地之心，诚使物交物引之际，回光反顾，而天命有不赫然方寸者乎？“无曰高高在上，陟降厥士，日监在兹”，故圣人之言敬也，皆敬天也，“昭事上帝”，顾諟明命也。“文王陟降，在帝左右”，“帝谓文王”，“丘之祷久”，临在上，质在旁，一秩叙，一命讨，一尔室屋漏，何在而非天？羑里明夷，匡人、桓魋、南子、王孙贾，何一造次颠沛而非天？故观天心者于复，“有不善未尝不知，知之未尝复行也”；观人心者于独，独知独觉之地，人所不睹闻，天地之所睹闻也。至隐至微，莫见莫显。《诗》曰：“昊天曰明，及尔出王；昊天曰旦，及尔游衍。”

圣人之瞰天下，犹空谷之于万物也，泬寥之气满乎中而鞺鞳之声应乎外。是故“君子居其室，出其言善，则千里之外应之；出其言不善，则千里之外违之”，居室之于千里，千里之于居室，犹空谷之于万物也。地本阴窍于山川，口耳人之窍，空谷天地之窍，山泽其小谷与！天地其大谷与！曾子曰：“实之与实，若胶之与漆；虚之与实，若空谷之睹白日。”人之心其白日乎！人知心在身中，不知身在心中也。“万物皆备于我矣”，是以神动则气动，气动则声动，以神召气，以母召子，不疾而速，不呼而至。大哉神乎！一念而赫日，一言而雷霆，一举动而气满大宅。《诗》曰：“命之不易，无遏尔躬。”知天人之不二者，可与言性命矣。

人赖日月之光以生，抑知身自有其光明与生俱生乎？灵光如日，心也；神光如月，目也。光明聚则生，散则死；寤则昼，寐则夜；全则哲，昧则愚。火非此不明，水非此不清，金非此不莹，木石非此（火）则不生成。故光明者，人身之元神也。神聚于心而发于目，心照于万事，目照于万物。目不能容一尘，而心能容多垢乎？诚能心不受垢如目之不受尘者，于道几矣。回光反照，则为独知独觉；彻悟心源，万物备我，则为大知大觉；自非光明全复，乌能“与天地合德，与日月合明”哉！《诗》曰：“我心匪鉴，不可以茹。”又曰：“君子万年，介尔昭明。”

《诗》颂文王，一则曰“缉熙”，再则曰“缉熙”。熙者，人心本觉之光明乎！“帝谓文王，予怀明德。”《书》曰：“〔惟我〕文（王）〔考〕，若日（若）月〔之照临，〕（乍）光〔于四方，〕显于西土。”夫岂离人人灵觉之本明而别有光明也哉？“天之生斯民也，使先觉觉后觉”，而觉之小、大、恒、暂分焉。大觉如日，明觉如月，独觉如星，偏觉如燎炬，小觉如灯烛，偶觉如电光，妄觉如磷火。日光，圣也；月，贤也；星，君子也；燎，豪杰也；灯，儒生也；电，常人也；磷，小黠也。星月借日以为光，灯燎假物以为光，电磷乍隐乍见，有光如无光，岂知光之本体得于天，人人可以为日，可以为月乎？胡为小之而星、燎、灯、烛也，胡为暂之而电光、石火、萤火也？缉熙不缉熙而已。《诗》曰：“日就月将，学有缉熙于光明。”

默觚上·学篇六

君子之言孝也，敬而已矣；君子之言敬也，孝而已矣。“一举足不敢忘父母，一出言不敢忘父母”，虽言行满天下，而犹有失足、失口、失色于人者乎？“敬亲者不敢慢于人，爱亲者不敢恶于人”，而犹有怨于家邦、恫于神鬼者乎？“天地之性人为贵”，人之为道也，敬天地之性而不敢亵，全天地之性而不敢亏。“事亲如事天，事天如事亲”，“济济漆漆”，“如执玉，如奉盈”，不必言敬言诚言仁，而诚敬仁有不在其中者乎？“至德要道以顺天下，民用和睦”，不必言性言命言天道，而性命道德有不全其中者乎？大哉，孝之外无学，孝之外无道也！塞天地，横四海，亘古今，通圣凡，无有乎或外者也；彻精粗，兼体用，合内外，无有乎弗贯者也。《诗》曰：“夙兴夜寐，无忝尔所生。”

孝子亦天其亲而已，天何尝有不是之风雷哉？人不敢怨天而敢怨亲，是人其亲而未尝天其亲也；未天其亲，由未尝以道求其身也。诚以道求其身，则但见身有不尽之子职，何暇见亲之圣善不圣善哉！彼责善者，皆不自责其不善也；伤爱者，皆不自伤其不爱也。孤臣孽子，终日在尤咎之中，则无不可进之道谊，无不可宅之境遇，无不可格之骨肉。不能使妻子生敬，而能父母兄弟无间言者，无有也；不能见信于父母兄弟，而能见信于国人，无怨恫于家邦者，无有也。“有子七人，莫慰母心。”“惟顺于父母，可以解忧。”“不顺乎亲，不可以为子”；不得于天，不可以为人；暑雨祁寒，畴咨畴怨！夫是之谓天其亲也。《诗》曰：“敬天之怒，无敢戏豫；敬天之渝，无敢驰驱。”

“雍雍在宫，肃肃在庙，不显亦临，无射亦保”，敬以直内之学也；“肆戎疾不殄，烈假不瑕，不闻亦式，不谏亦入”，义以方外之学也；“肆成人有德，小子有造，古之人无斁，誉髦斯士”，成己以成物之学也；而冠之曰“惠于宗公，神罔时怨，神罔时恫，刑于寡妻”何哉？衽席寝奥之地，百官万民所不及见者，惟鬼神得而知之，惟夫妇得而见之。寡妻可刑，而鬼神无不可格者矣；妻子鬼神格，而百官万民无不可格者矣。文王之学，造端乎夫妇，其惟《关雎》乎！及其至也，察乎天地，惠宗公，享神鬼，御家邦之谓乎！子夏读《诗》叹曰：“《关雎》至矣乎！仰则天，俯则地。幽幽冥冥，德之所藏；纷纷沸沸，道之所行。大哉万物之所系，群生之所托命也！”情欲无介乎仪容，燕安不形于动静，然后足以配天地而奉神灵之统，握万福之原。《诗》曰：“不显亦临，无射亦保。”吾于《关雎》见之矣。

中浅外易者，不足以当大事。是故君子之容，惕乎若处四邻之中，俨乎常有介胄之容，瑟乎其中之莫缝焉，僩乎其外之莫讧焉。“肃肃兔罝”，言其瑟也；“赳赳武夫”，言其僩也。观大于细，观变于常，观谨于忽。冀缺耨而如宾，可以为大夫矣；日磾养马而严威，可以托孤寄命矣。有大贤，有中贤，有小贤；小贤君役，中贤君弼，大贤君师。可干城者不可为好仇，可好仇者不可为腹心。《书》曰：“〔惟〕文王尚克修和〔我〕有夏，亦惟有若虢叔，〔有若〕闳夭，(泰颠)〔有若〕散宜生，〔有若〕泰颠，〔有若〕南宫适。”“文王蔑德，降于国人”，谓五臣能以道辅文王，使以其精微之德降于国人，“公侯腹心”

之谓也。

船漏水入，内虚也；壶漏水出，外罅也。外欲之接，内欲之萌，皆以戏言戏动为之端；有一罅之乘焉，针芒泄元气，蚁漏溃江河，而全体不守矣。《淇(澳)〔奥〕》之诗，再言“瑟兮僩兮”，学道之士，必密栗其中而武毅其外，“德盛不狎侮”，始能弥尔性而固道基焉。“不重则不威”，出口入耳，若存若亡，始勤终怠，进锐退速，而德之存焉者寡矣，其能德音孔昭，仪一心结，以底大成乎？《淇(澳)〔奥〕》卒章，始以善谑不虐为宽绰，则德盛礼恭之流溢也。无蚤岁之严密，遽袭暮年之宽绰，不流晋人之旷达者几希。无身过易，无口过难；无口过易，无心过难。口者介身心之间，故存诚自不妄语始。

登高使人欲望，临深使人欲窥，处使然也；射使人端，钓使人恭，琴使人和，棋使人竞，事使然也；出林不得直趋，行险不得履绳，势使然也；函矢巫匠，殊欲人之生死，蓄谷蓄帛，分冀岁之饥丰，择术使然也。故诗书礼乐皆外益之事，而性情心术赖焉，无外之非内也。晋人歧而二之，高者索诸冥冥，荡者曰“礼岂为我辈设”，岂知先王所以为教乎？左规右矩，前准后绳，而中权衡焉。《诗》曰：“抑抑威仪，为德之隅。”

默觚上·学篇七

心为天君，神明出焉。众人以物为君，以身为臣，以心为使令，故终身役役而不知我之何存。圣人以心为君，以身为城，以五官为臣，故外欲不入谓之关，内欲不出谓之扃，终身泰然而不知物之可营，未有天君不居其所而能基道凝道者也。豪放之心，非道之所凝，凝道者其必基于宁静乎！泰宇宁只，天光发启；"虚室生白，吉祥止止。"神不守舍，物乃为灾；敬除其舍，道将自来。内逾外蛊，亟键其户；忠信甲胄，礼义(千)〔干〕橹。《诗》曰："瑟兮僩兮，赫兮(喧)〔咺〕兮。"

暑极不生暑而生寒，寒极不生寒而生暑。屈之甚者信必烈，伏之久者飞必决。故不如意之事，如意之所伏也；快意之事，忤意之所乘也。众所福，君子不福，不福其祸中之福也；众所利，君子不利，不利其害中之利也。消与长聚门，祸与福同根。岂惟世事物理有然哉？学问之道，其得之不难者，失之必易；惟艰难以得之者，斯能兢业以守之。《诗》曰："战战兢兢，如临深渊，如履薄冰。"

松栋云牖，不能乐尧、舜之忧，恫瘝忘富贵也；在陈畏匡，不能忧仲尼之乐，道义胜颠沛也。故圣人之道，不在豪放高远，而在枯槁寂寞之中。《易》曰"云上于天，需，君子以饮食燕乐"，此惟怀德未施之君子，韫雨为云者能之。不然，岂含哺之民，皆东海、北海就养之老;酒荒之士,皆南阳、东山抱膝之吟乎? 耕苍莽之野,钓寂寞之滨,而乐尧、舜之道焉,故可以达,可以穷,可以夷狄患难。故颜回、禹、稷同道。《诗》曰“泌之洋洋,可以乐饥”,先忧后乐之谓也。

不乱离,不知太平之难;不疾痛,不知无病之福;故君子于安思危,于治忧乱。望华膴,斯享有馀若不足;念冻馁,斯享不足若有馀;故世人处富如贫,君子处贫如富。与人之取,则天下无竞人;取人之舍,斯天下无困境;故君子辟丰如辟患,得歉如得福。《诗》曰:“温温恭人,如集于木;惴惴小心,如临于谷。”

“天下雷行,物与无妄。”迅雷风烈,有一人不肃然者乎,有一念敢妄萌者乎? 即无良之人,有不恐惧修省者乎? 诚莫诚于斯,敬莫敬于斯矣。常人之情,动忍于安乐时者十之一,动忍于忧惧时者十之九。人心能常如洊雷震罅之时,何患不与天合一?《诗》曰:“敬天之怒,无敢戏豫。”

默觚上·学篇八

“子所雅言:《诗》《书》、执礼。”“夫子之文章,可得而闻也。”“子罕言利、与命、与仁。”“夫子之言性与天道,不可得而闻也。”仁其性乎?命其天道乎?利其天人之参乎?圣人利、命、仁之教,不谆谆于《诗》《书》《礼》而独谆谆于《易》。《易》其言利、言命、言仁之书乎?“济川”、“攸往”、“建侯”、“行师”、“取女”、“见大人”,曷为不言其当行不当行,而屑屑然惟利不利是诏?圣人若曰,天下无不吉之善,无不凶之恶,无不悔且吝之小恶。世疑天人之不合一久矣,惟举天下是非、臧否、得失一决之于利不利,而后天与人合。故曰:“乾始能以美利利天下,不言所利,大矣哉!”甚哉是非之与利害一也,天道之与人事一也!知是非与利害一,而后可由利仁以几于安仁;知天道之与人事一,而后可造命立命以成其安命。王道之外无坦途,举皆荆棘,而不仁者安仁矣;仁义之外无功利,举皆祸殃,而不知命者安命矣。然则圣人何以罕言《易》?曰:《易》者,卜筮之书也,天道之书也。中古以后,地天之通绝矣,天与人日远矣,人且膜视乎天,且渐不信天敬天,圣人纵欲谆谆以天道诏人,天何言哉?使非空空然叩诸卜筮,受命如响,鬼神来告,曷以舍其偏是偏非,而信吉凶悔吝易知易从哉?故卜筮者,天人之参也,地天之通也。《诗》《书》《礼》皆人道设教,惟《易》则以神道设教。夫神道非专言祸福吉凶而不言是非者乎?《诗》曰:“奏假无言,时靡有争。”“是故君子不赏而民劝,不怒而民威于铁钺。”

命贫贱夭,而欲其贵富寿,难矣哉!命贵富寿,而欲其贫贱夭,奚难矣!命所不能拘者三,有君子焉,有小人焉。岔山欲壑,立乎岩墙,“下民之孽,匪降自天”,此恃命之小人,非命所拘者乎?诚知足,天不能贫;诚无求,天不能贱;诚外形骸,天不能病;诚身任天下万世,天不能绝。匪直是也,命当富而一介不取,命当贵而三公不易,命当寿而杀身成仁,舍生取义。匹夫碻然其志,天子不能与之富,上帝不能使之寿,此立命之君子,岂命所拘者乎?人定胜天,既可转贵富寿为贫贱夭,则贫贱夭亦可转为贵富寿。《诗》三百篇,福禄寿考,子孙昌炽,颂祷嘏祝而不疑。祈天永命,造化自我,此造命之君子,岂天所拘者乎?乌乎!圣人之教,详戒祸,略求福;及其求之也,惟修天爵,迓天庥,俟天命,抑亦异乎人之求之矣。《诗》曰:“岂弟君子,求福不回。”

人之受福泽于天也,或钟焉,或蠡焉,或勺焉。内自啬而外日积之,则挹彼注兹,一卮之福,或可至蠡至钟,用之而不尽;不外益而内日狼籍之,则盈钟之福渐至为蠡为勺,立涸而无馀。故曰:尊酌者众则速尽。万物之酌大贵之生者众矣,故大贵之生常速尽,非徒万物酌之也,又自酌其生以资天下之人。《诗》曰:“假以溢我,我其收之。”夫惟弥性孔固自求多福者,则其克承天(祐)〔祜〕,“如川之方至,以莫不增”,福愈溢,收愈多,又何日损之有?

为徼幸而辄成者,非小人之幸,天所以弃之而厚其疢乎!为徼幸而辄不成者,非君子之不幸,天所以厚之而戒其偷乎!必使雨露不膏荆棘,瑞雪不周污巷;雷霆日殷于三家之市,春风不及于空隧之谷;铢量寸度,石丈必差,操券责偿,曷以见天地之大哉?恢恢之网，疏而不失；石量寻度，径而寡失。“物之不齐，物之情也。”恩生害，害生恩，天地之苦心也。若夫不必困衡孤孽而后进，不以富贵燕安而辄溺者，尤君子中之君子哉！《诗》曰：“携无曰(易)〔益〕，牖民孔易。”

默觚上·学篇九

立德,立功,立言,立节,谓之四不朽。自夫杂霸为功,意气为节,文词为言,而三者始不皆出于道德,而崇道德者又或不尽兼功节言,大道遂为天下裂。君子之言,有德之言也;君子之功,有体之用也;君子之节,仁者之勇也。故无功、节、言之德,于世为不曜之星;无德之功、节、言,于身心为无原之雨;君子皆弗取焉。《诗》曰:"瑟兮僩兮,赫兮(喧)〔咺〕兮,有(斐)〔匪〕君子,终不可谖兮。"

至德以为道本,颜渊、仲弓以之;敏德以为行本,孝德以知逆恶,曾子、子羔、子路之徒以之;后世"道学""独行"二传所由分与?师以贤得民,子思、孟子当仁于齐、鲁;儒以道得民,诸子身通六艺,友教于西河,后世"道学""儒林"二传所由分与?惟周公、仲尼,内圣外王,以道兼艺,立师儒之大宗。天下后世,学焉而得其性之所近,仁者见仁焉,知者见知焉,用焉而各效其材之所宜。三公坐而论道,德行之任也;士大夫作而行之,政事、言语、文学之职也。如必欲责尊德性者以问学之不周,责问学者以德性之不笃,是火日外曜者而欲其内涵,金水内涵者必兼其外曜乎?体用一原,匪圣曷全?"肫肫其仁,渊渊其渊。"《诗》曰:"德辖如毛,民鲜克举之。"

三代以上,君师道一而礼乐为治法;三代以下,君师道二而礼乐为虚文。古者岂独以君兼师而已,自冢宰、司徒、宗伯下至师氏、保氏、卿、大夫，何一非士之师表？“小德役大德，小贤役大贤”，有位之君子，即有德之君子也，故道德一而风俗同。自孔、孟出有儒名，而世之有位君子始自外于儒矣；宋贤出有道学名，而世之儒者又自外于学道矣。《雅》《颂》述文、武作人养士之政，瞽宗、辟雍、《振鹭》、西雍、《棫朴》《菁莪》，至详且尽，而十三《国风》上下数百年，刺学校者，自《子衿》一诗外无闻焉；《春秋》列国二百四十年，自郑人游乡校以议执政外无闻焉；功利兴而道德教化皆土苴矣。有位与有德，泮然二途；治经之儒与明道之儒、政事之儒，又泮然三途。荀子曰：“昊天不复，忧无疆也；千岁必反，古之常也；弟子勉学，天不忘也。”《诗》曰：“纵我不往，子宁不嗣音！”

曷谓道之器？曰“礼乐”；曷谓道之断？曰“兵刑”；曷谓道之资？曰“食货”。道形诸事谓之治；以其事笔之方策，俾天下后世得以求道而制事，谓之经；藏之成均、辟雍，掌以师氏、保氏、大乐正，谓之师儒；师儒所教育，由小学进之国学，由侯国贡之王朝，谓之士；士之能九年通经者，以淑其身，以形为事业，则能以《周易》决疑，以《洪范》占变，以《春秋》断事，以《礼》《乐》服制兴教化，以《周官》致太平，以《禹贡》行河，以《三百五篇》当谏书，以出使专对，谓之以经术为治术。曾有以通经致用为诟厉者乎？以诂训音声蔽小学，以名物器服蔽《三礼》，以象数蔽《易》，以鸟兽草木蔽《诗》，毕生治经，无一言益己，无一事可验诸治者乎？乌乎！古此方策，今亦此方策；古此学校，今亦此学校；宾宾焉以为先王之道在是，吾不谓先王之道不在是也，如国家何？《诗》曰：“匪先民是程，匪大犹是经，维迩言是争。”

默觚上·学篇十

怀传国之宝者，不屑角千金之璧；怀千金之璧者，不屑角百金之璞；怀百金之璞者，不屑角碔砆之石。动与物角，惟恐不胜者，其所挟庸也。瓶笙之水，愈沸则响愈微；彼惟恐人不闻者，中不足也。明珠藏千仞之渊，黄金韫万仞之崖，珊瑚沈大海之底，采者不避窮䠶而致之；彼炫鬻于市而人莫顾者，赝且贱也。钟磬之器愈厚者，则声愈从容；薄者反是。故德薄者无卑辞，德厚者无盈色。《诗》曰："汉有游女，不可求思；汉之广矣，不可泳思。"

人必有终身之忧，而后能有不改之乐。君子所忧乐如之何？曰：所忧生于所苦。不苦行险，不知居易之乐也；不苦嗜欲，不知澹泊之乐也；不苦驰骛，不知收敛之乐也；不苦争竞，不知恬退之乐也；不苦憧扰，不知宁静之乐也；苦生忧，忧生嗜，嗜生乐。岂惟君子之性分然哉？即世俗亦有终身之忧乐焉，忧利欲之不遂其身也，忧利禄之不及其子孙也，忧谀闻之不哗于一世也。庸讵知吾所谓苦，非彼所谓甘，吾所谓忧，非彼所谓乐乎？《诗》曰："谁谓荼苦？其甘如荠。"

君子以道为乐，则但见欲之苦焉；小人以欲为乐，则但见道之苦焉。欲求孔、颜之所乐，先求孔、颜之所苦。忿、欲皆火也，未有炎上而不苦者也。澹莫澹于五谷之甘乎，乐莫乐于道谊之湛乎！

故世味不澹者，道味不浓；熟处不生者，生处不熟。道念苟同情念，何凡不圣矣；道味苟同世味，何愚不哲矣！《诗》曰："求之不得，寤寐思服。"

"理义说我心，犹刍豢之说我口。"不言"犹声色之说我耳目"，何耶？耳目于声色，吾见人亦见之，吾闻人亦闻之；口之于味，甘、苦、浓、澹，惟自喻而人莫与焉，贵其自得之也；自得之而人不知，斯真自得矣。其寐澄然，其俯仰浩然，施诸四体，四体不言而喻，岂与夫饰文章，华鞶帨，殚一生之力说人耳目，而惟恐人之不知者乎？"既醉以酒，既饱以德"，"人不知而不愠"，几见醉饱而患人之不知者？《诗》曰："考槃在涧，硕人之宽。独寐寤言，永矢弗谖。"

默觚上·学篇十一

君子之于道也，始于一，韬于一，积于一，优游般乐于一。一生变，变生化，化生无穷。所谓一者何也？地之中也有土圭，道之中也有土圭。九流诸子裂道一隅而自霸，道其任裂与？事在四方，道在中央，圣人执要，四方来效。故曰："其仪一兮，心如结兮。"然则树之一以为的而号于众欤？椟玉者不炫，舟玉者不饰，恶其文之著也。故曰："衣锦尚絅。"然则株守夫一者，何以适夫千变，全乎大用欤？举一隅，不足反三隅，望之尽，指之无馀，何以阴噏而阳呿，何以海涵而坤负欤？观乎天文以察变，观乎地文以理孙，观乎人文以化成，语乎其并包无垠者也。故君子之道，始于一，韬于一，积于一，优游般乐于一。一生变，变生化，化生无穷。《诗》曰："沔彼流水，朝宗于海。"

天下物无独必有对；而又谓两高不可重，两大不可容，两贵不可双，两势不可同，重、容、双、同必争其功。何耶？有对之中必一主一辅，则对而不失为独。乾尊坤卑，天地定位，万物则而象之，此尊无二上之谊焉。是以君令臣必共，父命子必宗，夫唱妇必从。天包地外，月受日光。虽相反如阴阳、寒暑、昼夜，而春非冬不生，四夷非中国莫统，小人非君子莫为缾幪，相反适以相成也。手足之左不如右强，目不两视而明，耳不并听而聪，鼻息不同时而妨，形虽两而体则一也。是以君子之学，先立其大而小者从令，致专于一，则殊途同归。道以多歧亡羊，学以多方丧生。其为治也亦然。《书》曰："一人有庆，兆民赖之。"《诗》曰："其仪不忒，正是四国。"

君子用世之学，自外入者其力弸，自内出者其力弘。力之小大，由于心之翕散，天地人之所同也。天地之气，翕则灵，不翕则不灵，小翕则小灵，大翕则大灵。风、云、雷、雨之气翕，则为震动之能，而郁嵳摧茂分焉；水、火、土、石之气翕，则为岳渎之神，而淑慝章瘅分焉；耳目、手足、口腹之气翕，则为心性之用，而是非好恶分焉。雷雨少者震动少，出川小者神亓卑，人物细者知觉运动蠢而微，视其翕聚之小大而作用之小大因之，孰谓发扬之不由于翕聚哉？人能翕其数十年之精力于技艺，则技艺且必通神，而况翕聚之于道德者乎？天地鬼神且莫违，而况于人乎？不厚其本而求其末，是土偶作威福以求食也，徒劳日拙矣。《诗》曰："鼓钟于宫，声闻于外。"

"与之齿者去其角，傅之翼者两其足。"非天以是限之也，齿即角所变，翼即足所化也。人之智虑亦然，丰于此则必啬于彼，详于末则必荒于本。故劳心者不劳力，尚武者不修文；文学每短于政事，政事多绌于文学；惟本原盛大者，能时措出之而不穷，故君子务本，专用力于德性而不敢外骛，恐其分吾德性之功而两失之也。羽翼美者伤其骸，枝叶茂者伤其荄。经霜雪而后雕之木，必非有灼灼夭艳之材也。故饰其外，伤其内；扶其情，害其神；见其文，蔽其真。能两美者，天下无之。《抑》戒之诗，"修尔车马，弓矢戎兵"者，不过数言，而惟谆谆于身心言动之际，岂非贯用于体之圣学哉！

举足者，举左则止右，举右则止左，动根于所止也；举手者，左画圆则右不成方，左画方则右不成圆，有二形无二心也。梦盗箪食而耻,梦盗万金而耻,梦盗一国之宝而耻,事有小大,心无小大也。君子观于举足,知动静之不二;观于举手,知内外之不二;观于举念,知大小之不二。故旧习一销者百销,本体一复者百复。《诗》曰:“淑人君子,其仪一兮,其仪一兮,心如结兮。”

默觚上·学篇十二

天地，是非之域也；身心，是非之舍也；智愚贤不肖，是非之果也；古往今来，是非之场垒也。方隅之士，入主出奴，日相斗战，物而不化，岂知大人殊途共归，百虑一致，无不代行而错明乎？孔、老异学而相敬，夷、惠异德而同圣，箕、比异迹而同仁，四科并出于尼山，九流同宗乎古帝。使孟子而用世，必用杨、墨，不用仪、秦也；韩愈谪潮，宁友大颠，不友俗士也。朱、陆论学，砥砺不遗馀力，而南渡来泰山乔岳不为功利术数所汩没者，两相推无异词也。其轨辙不同者，道之并育并行所以大；其同是尧而非桀者，性善秉彝之无二也。孰浑融斯？孰默识斯？孰一神而两化斯？《诗》曰："周道如砥"，"君子所履，小人所视。"

柳下圣之和，和之极为不恭，其敝也邻于老；伯夷圣之清，清之极为隘，其敝也邻于杨；伊尹圣之任，任极而殉身救民太过，亦可邻于墨。虽然，老子治天下亦何可得哉！墨子治天下亦何可得哉！柳下、伯夷、伊尹，方以内之圣也；老聃、墨翟，方以外之圣也。惟圣人时乘六龙以御天，潜龙飞跃，无有定在，时惠时夷时尹而非惠、夷、尹也；有时似老似墨似杨而非老、墨、杨也。"溥博渊泉而时出之"，圣人之治天下，更何可得哉！若夫学者循焉而得其性之所近，即偏至一诣焉，或狷而隘，或狂而不恭，能祛利欲而未能化其气质，已超乡愿倍蓰矣，超少正卯、仪、秦万万矣。胡广中庸，非圣之时也。《诗》曰："鱼潜在渊，或在于渚。"言必渊乎道，渚乎道也。

气质之性，其犹药性乎！各有所宜，即各有所偏；非煅制不能入品，非剂和众味，君臣佐使互相生克，不能调其过不及。故气质之性，君子有不性者焉。仁义礼智，孤行偏发，皆足以偾事。贤智之过，有时与愚不肖相去唯阿，况以利欲济其气质，但有不及无太过乎？今夫迂、厚、刚、介、宽、审，贤者之过也。今世之士，患迂、患厚、患刚、患介、患宽、患审者几何人？患俗、患薄、患柔、患滥、患隘、患粗疏者，则滔滔皆是，求如贤智之过且不可得，矧望其纯德性之用而无气质之偏耶？非学胡匡？非学胡成？《诗》曰："庶人之愚，亦职维疾；哲人之愚，亦维斯戾。"

默觚上·学篇十三

因树以为荣枯者华也，华之内有果，果之内有仁，迨仁既成而不因树以荣枯矣；因气以为生死者身也，身之内有心，心之内有仁，迨仁既成而不因形气以生死矣。性根于心，萌芽于意，枝分为念，𣟗茂为情，则性之华也。善其果实之熟，恶其荆棘之歧乎！果复其核，情返乎性，核复生果；由一至万，则果遍天下，众善齐归而性大成矣。故曰："天下归仁焉。"圣人以天下万世为果，善人君子以一国数百年为果，众人以一身一家为果。《诗》曰："实种实褎，实坚实好。"

更色而不更叶者松柏也，更叶而不更条者众木也，更条而不更根者百草也，更根而不更种者五谷也。谷种曰仁，实函斯活。仁者天地之心也，天生一人，即赋以此种子之仁，油然涔然不容已于方寸。故一粒之仁，可蕃衍化育，成千百万亿之仁于无穷，横六合，亘古今，无有乎不同，无有乎或变者也。仁种之不成熟奈何？曰：荑稗夺之也。地力、雨露、人事，滋于彼则耗于此。功利之稗一，记丑之稗一，词章之稗一，技艺嗜好之稗一，生气渗泄，外强中干，而仁之存者寡矣。自非旋其地力、雨露、人事毕注于斯，日夜滋息于斯，其能膏液融渥油然涔然不容已乎？《诗》曰："毋田甫田，维莠骄骄。"又曰："荼蓼朽止，黍稷茂止。"

禾未熟而登场，获者弃之矣；果未熟而登盘，食者吐之矣。是故治之因者，政之熟者也；俗之庞者，化之熟者也；功之成者，虑之熟者也；名之归者，德之熟者也。政未熟而急求治，治必乱；化未熟而急变俗，俗必骇；虑未熟而急图功，功必阻；德未熟而急知名，名必辱。《诗》曰："既方既(阜)〔皁〕，既坚既好。"

孔子登东山而小鲁，登泰山而小天下，况君子登颜、孟之东山，登周公、孔子之泰山乎？牺、农、黄、唐、禹、汤、文、武，圣之高、曾也；周、孔，圣之祖父也；颜、曾，圣之宗子也；孟子，圣之别子也。使我后人道腴而义粱，诗冠而礼裳，非数圣人孰菑畲之而衣被之乎？口之匪艰，性之为艰。尼日尧墙，有觌斯皇，亦足以发愤忘食矣。宁学圣人而未至，不欲以一善成名。岂曰仁之为数重，为道远，莫殚莫究而姑画中道，废半途乎？《诗》曰："高山仰止，景行行止。"

宁学圣人而未至，不欲以一善成名，君子之立志也有然；宁以一善成名，毋学圣人而未至，君子之下学也有然。故未能为言不必信、行不必果之大人，未可轻硁硁信果之小人；与貌为言不顾行、行不顾言之狂士，宁为慥慥笃实之君子。《诗》曰："无田甫田，维莠骄骄。"

至神无不化也，至诚无不格也。精神全而光气发，则傅岩、渭滨能入明王之梦卜。《诗》曰："鹤鸣于九皋，声闻于天。"至诚积而风教移，则箕子、泰伯能开绝域之文明。《诗》曰："鹤鸣于九皋，声闻于野。"

喧而愈寂者流泉也，君子之言似之，故终日言而未尝言；动而愈虚者白云也，君子之行似之，故终日事而未尝事。虽然，二者亦各有本焉。山虚则云生，谷虚则泉出，故曰"泽山咸，君子以虚受人"，聚天下之善而时出之，其惟心之无我者乎！《诗》曰："不大声以色。""不识不知，顺帝之则。"

默觚上·学篇十四

问:“如何知昼夜之道?”曰:“知寤寐则知昼夜矣。”“如何知生死之说?”曰:“知寤寐则知生死矣。”“如何知鬼神之情状?”曰:“知寤寐则知鬼神矣。”未达。曰:“寐时之梦,寤时之心景也。夜者昼之景,死者生之景,鬼神者人之景。梦中之境,游魂为变,鬼神之情状也。境界心所显,情状念所幻,惟至人无念则无梦,盖境泯于心而寤寐一矣。寤寐一则昼夜一,生死一,幽明一,古今一,故《易》言知昼夜,知生死,知鬼神。舍尽心知性何以知天,舍存心养性曷以事天哉?”“然则文王何以梦帝锡?孔子何以梦周公?”曰:“有主之梦,梦境皆真;无主之梦,梦境皆妄。‘清明在躬,志气如神,嗜欲将至,有开必先,天降时雨,山川出云。’至诚前知,先觉觉后觉,此非大人所能占也。彼熊罴、蛇虺、旐旟、众鱼之幻,何足语知道!”

其道而纯阳与!其生也,与日月合其明;其没也,其气发扬于上为昭明。“文王在上,于昭于天”,五方之帝之佐,皆圣贤既没之神为之。尧乘白云而归帝乡,傅说骑箕尾而为列星。其次者犹祀于瞽宗、方社、四岳,各如其德业之大小为秩之尊卑,地祇与天神相升降焉。故曰“君子上达”。其道而纯阴与!其生也,与鬼蜮合其幽,其没也,魄降于地,精气为物,游魂为变。鲧化黄熊,伯有为厉,彭生为豕,方相氏傩厉而驱之,鼎铸神奸而象之。故曰“小人下达”。惟圣人通于幽明之理,故制礼作乐,禴帝禴亲,进退百神五祀,声气合莫,流动充满于天地之间,则天神降,地祇出,人鬼享,而制作与造化参焉,阴教与王治辅焉,孰谓太虚聚为气,气散为太虚而贤愚同尽乎,礼乐皆刍狗而神道无设教乎?《诗》曰:“明明在下,赫赫在上。”

为生计而不为死计,为子孙计而不为身心计者,好利之通蔽也;为身后名字计而不为身后性命计者,好名之通蔽也。“朝闻道,夕死可矣”,不闻道而死,曷异蜉蝣之朝生暮死乎?人生十五以前,惟知为身计;三十以前,惟知为家计;四十以往,惟知为子孙计,为身后名计;其为性命计者,千万中无一焉。《诗》曰:“蜉蝣之羽,衣裳楚楚。心之忧矣,于我归处。”不知此身之所归者,岂独百年为蜉蝣,即数百年、数千年之名,亦孰非楚楚如云之蜉蝣乎?

太虚之精气流动,充盈于天地间,必有入也。集于列星,与为光芒;集于水火,与为润旸;集于金木,与为柔刚;集于珠玉,与为精英;集于圣人,与为敻明;藏于胸中为之智;启于耳目之间谓之聪明;藏于肾则骨坚强;刑于志则材茂刚。人之生也不过数十年,天地之水火在人身用之经数十年,饮食益之,七情六淫沴之,始而壮,既而衰矣。衰则将去,于是乎水不滋骨而材志茶矣,火不发智而聪明损矣。天之所降,山川之所钟,及其衰也,天与山川不能留。尽其才而智日劭者,志之成离案:成宜作盛。乎!不尽才而智益囿者,志之羸乎!才不才而智不智者,志奚志乎?夫惟圣人君子,玩心于高明,啬其精,崇其志,俯焉孳孳,日去人远,去天近,耄而德业愈巍奂,卒能归根复命以反于於穆之天。故此数十年中,惟人所自用也,用之天则天矣,用之物则物矣。太虚者万物之真宅也。《诗》曰:“百岁之后,归于其室。”视其生之所安而归宅焉耳。

有豢身之学，爵禄而止矣；有华身之学，谀闻而止矣；有以身济身之学，猷效邦国而止矣；有践形尽性之学，耄老不足，死生夭寿不可离，则未知所止矣。由浓华而进于澹泊，可以为达士，未若由澹泊而进于恐惧也；由固陋而进于淹通，可以为硕儒，未若反淹通而会于本原也。《诗》曰“高山仰止，景行行止”，《诗》之好仁如是夫！不知年数之不足，“俯焉日有孳孳，毙而后已”。

默觚下·治篇一

人有恒言曰“才情”，才生于情，未有无情而有才者也。慈母情爱赤子，自有能鞠赤子之才；手足情卫头目，自有能捍头目之才。无情于民物而能才济民物，自古至今未之有也。小人于国、于君、于民，皆漠然无情，故其心思智力不以济物而专以伤物，是鸷禽之爪牙，蜂虿之芒刺也。才乎，才乎！《诗》曰：“凡民有丧，匍匐救之。”

人有恒言曰“学问”，未有学而不资于问者也。土非土不高，水非水不流，人非人不济，马非马不走。绝世之资，必不如专门之夙习也；独得之见，必不如众议之参同也。巧者不过习者之门，合四十九人之智，智于尧、禹，岂惟自视欿然哉？道固无尽臧，人固无尽益也。是以《鹿鸣》得食而相呼，《伐木》同声而求友。

读《皇皇者华》之诗，喟然曰：为此诗者其知治天下乎！一章曰“周爰咨诹”，二章曰“周爰咨谋”，三章曰“周爰咨度”，四章曰“周爰咨询”。世固有负苍生之望，为道德之宗，起而应事，望实并损者，何哉？以匡居之虚理验诸实事，其效者十不三四；以一己之意见质诸人人，其合者十不五六。古今异宜，南北异俗，自非设身处地，乌能随盂水为方圆也？自非众议参同，乌能闭户造车出门合辙也？历山川但壮游览而不考其形势，阅井疆但观市肆而不察其风俗,揽人材但取文采而不审其才德,一旦身预天下之事,利不知孰兴,害不知孰革,荐黜委任不知孰贤不肖,自非持方枘纳圆凿而何以哉?夫士而欲任天下之重,必自其勤访问始,勤访问,必自其无事之日始,《皇华》之诗知之矣。

自古有不王道之富强,无不富强之王道。王伯之分,在其心不在其迹也。心有公私,迹无胡越。《易》十三卦述古圣人制作,首以田渔、耒耜、市易,且舟车致远以通之,击柝弧矢以卫之;禹平水土,即制贡赋而奋武卫;《洪范》八政,始食货而终宾师;无非以足食足兵为治天下之具。后儒特因孟子义利、王伯之辩,遂以兵食归之五伯,讳而不言,曾亦思足民、治赋皆圣门之事,农桑、树畜即孟子之言乎?抑思屈原志三后之纯粹,而亦曰"惜往日之曾信兮","国富强而法立",孔明王佐之才而自比管、乐乎?王道至纤至悉,井牧、徭役、兵赋,皆性命之精微流行其间。使其口心性,躬礼义,动言万物一体,而民瘼之不求,吏治之不习,国计边防之不问;一旦与人家国,上不足制国用,外不足靖疆圉,下不足苏民困,举平日胞与民物之空谈,至此无一事可效诸民物,天下亦安用此无用之王道哉?《诗》曰:"监观四方,求民之莫。"

工骚墨之士,以农桑为俗务,而不知俗学之病人更甚于俗吏;托玄虚之理,以政事为粗才,而不知腐儒之无用亦同于异端。彼钱谷簿书不可言学问矣,浮藻饾饤可为圣学乎?释老不可治天下国家矣,心性迂谈可治天下乎?《诗》曰:"民之质矣,日用饮食。"

为治者不专注其大而但事节目,则安危否泰之大端失之目睫矣;用人者不务取其大而专取小知,则卓荦俊伟之材失之交臂矣。故为国家厘细务百,不若定大计一;为国家得能吏百,不若得硕辅一。君子以细行律身,不以细行取人,不以劃剧理繁塞艰钜。国于天地,有与立焉,斯见小欲速之弊祛而百年苞桑之业固也。《诗》曰:"出话不然,为犹不远。"

天地之生才也,"予之齿者去其角,两其足者傅之翼",是以造化无全功,阴阳无全能。以虞廷五臣皆圣人之材,而明刑、教稼、治水、典胄,终身不易其官。吾知孔子用世,必不使游、夏司繁剧而由、求典文章,必不使曾、冉专对使命而宰、赣师保坐论。天地有所不能强,而况于人乎?后世之养人用人也不然。其造之试之也,专以无益之画饼,无用之雕虫,不识兵农礼乐工虞士师为何事;及一旦用之也,则又一人而遍责以六官之职,或一岁而遍历四方民夷之风俗;举孔门四科所不兼,唐、虞九官所不摄者,而望之科举兔册之人。始也桃李望其松柏,继也彩胜望其桃李;及事不治,则拊髀而叹天下之无才。乌乎!天下果真无才哉?《诗》曰"螟蛉有子,(果)〔蜾〕蠃负之。教诲尔子,式谷似之",言所用必所养,所养必所用也;又曰"维南有箕,不可以簸扬",言所用非所养,所养非所用也。

山林之人欲济物,必分己之财;乡闾之子欲去弊,必资官之势;不必己财而可以惠物,不藉人势而可以祛蠹者,其惟在位君子乎?操刀而不割,拥楫而不度,世无此蠢愚之人。故君子用世,随大随小,皆全力赴之,为其事而无其功者,未之有也。彼穑而我飧之,彼织而我温之,彼狩而我貊之,彼驭而我轩之,彼匠构而我帡之,彼赋税商贾而我便之,彼干盾捍卫而我安之。彼于我何酬,我于彼何功?天于彼何啬,于我何丰?思及此而犹泄泄于民上者,非人心也。《诗》曰:"彼君子兮,不素食兮!"

默觚下·治篇二

《大雅》言文王之伐密也，先之曰“无然畔援，无然歆羡，诞先登于岸”；述文王之伐崇也，先之曰“予怀明德，不大声以色，不长夏以革，不识不知，顺帝之则”。乌乎！事功纯乎道德，有若是哉！礼乐兵刑出于喜怒哀乐，赐予其宫室，亦犹庆赏于国也；忿怒其臣妾，亦犹用刑罚于万民也；夫然后可以修大刑而奉天之命，夫然后可以一怒而安天下之民。武王、周公继志述事，(《緜诗》)〔《大明》〕颂牧野之役曰：“上帝临女，毋贰尔心。”“天命有德，五服五章哉！天讨有罪，五刑五用哉！”成、周之征诛，犹之唐、虞之命讨也，事功之迹俱化矣。

君子读《二雅》至厉、宣、幽、平之际，读《国风》至《二南》《豳》之《诗》，喟然曰：六经其皆圣人忧患之书乎！“天下之生久矣，一治一乱”；治久习安，安生乐，乐生乱；乱久习患，患生忧，忧生治。《洪范》贵不列于五福，崇高者忧劳之地，非安享之地也。康庄之仁我也，不如太行。故真人之养生，圣人之养性，帝王之祈天永命，皆忧惧以为本焉。真人逆精以反气，圣人逆情以复性，帝王逆气运以拨乱反治。逆则生，顺则夭矣；逆则圣，顺则狂矣。草木不霜雪，则生意不固；人不忧患，则智慧不成。大哉《易》之为逆数乎！五行不顺生，相克乃相成乎！鱼逆水则鳞不頳，禽逆风则毛不横。《诗》曰：

“譬彼舟流，不知所届。心之忧矣，不遑假寐。”顺流之可畏也如是夫！

人主修德之难也，倍于士庶乎！奸声在堂，谀舌在旁，曼靡在床，酏醴在觞，娱兽在场，所以蛊我心者，四面伺之，虽有忧勤聪智之君，不能无一罅之间也。天下之责望主德也，亦倍于士庶乎！高明之瞰者千计，中泽之嗷者亿计，敌国肘腋之环伺者万计，无一瑕玷而可匿也，无一体用而可缺也。守专城之材，不可以相，长千夫之勇，不可以将；一将一相之任，不可以君四海；况于乃逸、乃谚、既诞，以天位为敖乐者乎？《卷阿》之诗，言“俾尔〔弥〕尔性”者三，言履天位之君子，非性与天合，德足配天，即不足主百神而纲四方也。知此而不战战兢兢于上者，非人情也。《诗》曰：“天难谌斯，不易维王。”

一围之木持千钧之厦，五寸之键而制合开者，所居要也。大匠不斫，大庖不豆，大勇不斗，大政不险。天下大器也，君相大官也。处大官者，不欲小察，不欲小智，不矜小艺，据其要，制其总，若摄气母于北斗之枢，以斠万物有馀矣。王者之道犹龙首，高居而远望，深视而审听，示其形，忳其情，若天之高不可极也，若渊之深不可测也。赏罚于众人所及见，而所不及见者潜化焉；端默于众人所不加意，而人所加意者莫遁焉。彼铺张于条教号令之末，矜诩于发奸摘覆之神，曷足语知道？《诗》曰：“之子于征，有闻无声。”

《诗》言“岂弟君子”者十有八，说者曰：“岂弟，乐易也。”“乾以易知，坤以简能；易则易知，简则易从；易知则有亲，易从则有功。”大哉岂弟之为德乎！世言王道无近功，此不知王道之言也。知者知之，愚者不知，不可以教民；巧者能之，拙者不能，不可以治民。非令下如流水之原，不可为善政；非立效如时雨之降，不可以为圣功;谓王道无近功者,未得其要也。主好要则百事详,主好详则百事荒。知岂弟不岂弟之分,则知王伯矣;知岂弟不岂弟之分,则知君子小人矣。后世人主之岂弟者,其汉文帝、宋仁宗乎!反乎岂弟者,其汉武帝之桑弘〔羊〕、宋神宗之安石乎!《诗》曰:"谁能烹鱼?溉之釜鬵。"言烹鱼烦则碎,治民烦则乱,是以治大国若烹小鲜。

邓析、子产,同一竹刑也,邓析受诛而郑人不怜,子产则遗爱众母,兴歌谁嗣;商君、诸葛,同一严法也,商君车裂而秦人不怜,武侯则巷祭路哭,白帽成俗。《诗》曰:"岂弟君子,民之父母。"岂弟之反为苦难,邓析、商君之谓也;岂以强教之,弟以说安之,子产、武侯之谓也。

秦汤方燠,九州为炉,故汉初曹参、盖公沐之清风而清静以治。若乃席丰履豫,泰久包荒,万几丛脞于上,百慝养痈于下,乃不厉精图治以使民无事,而但以清谭清静为无事,有不转多事者乎?皇春帝夏,王秋伯冬,气化日禅,虽牺、黄复生,不能返于太古之淳。是以尧步、舜趋、禹驰、汤骤,世愈降则愈劳。况欲以过门不入、日昃不食之世,反诸标枝野鹿,其不为西晋者几希?《诗》曰:"民莫不逸,我独不敢休!"是以夙夜匪懈,山甫之佐中兴;夙兴夜寐,卫武之相王室。

"桑之未落,其叶沃若",其文、武、成、康之盛乎!"桑之落矣,其黄而陨",其周室之东乎!文王有《二南》而歌颂始拱把矣,成王有《雅》《颂》而歌颂始寻丈矣;至康王而颂声寝,珮玉有晏起之刺,《伐木》有鸟鸣之刺;宣王中兴而《沔水》《鹤鸣》《庭燎》《祈父》《白驹》《黄鸟》,刺诗半于变《雅》。何诗人之责备贤辟若此哉?汉武建元之盛,未闻其再建元也,唐玄开元之盛,未闻其再开元也。《乾》六爻不言吉而悔亢,《泰》六爻不言泰而忧陂,《丰》之象曰:

“勿忧宜日中。”盈虚消息,天地四时鬼神不能违,而况于人乎?汉文帝日谨一日以考终为幸,光武日谨一日以十年为远,三代既往,圣贤兢业之心,惟二君有焉。文帝拊髀颇、牧,而以李广、周亚夫贻之景、武;光武闭关拒质,甘以西域付之荒外;二君岂真不能戡匈奴者哉,岂真无雄才大略者哉?功业之心,不胜其爱民之心也;才智自雄之心,不胜其持盈忧盛之心也。《颂》声寝于康王,《二雅》变于宣王,其道德之终,而功业才智之竭乎!故不明四始、五际之义,不可以读《诗》。

默觚下·治篇三

三代以上之天下，礼乐而已矣；三代以下之天下，赋役而已矣。然变《风》变《雅》，多哀行役之苦，刺征役之烦，而刺重敛者惟一《硕鼠》，则知井田什一尚存，履亩未税，民惟困役，不困赋焉。春秋以前之诸侯，朝聘而已矣；春秋以后之诸侯，攻战而已矣。然陈、郑介大国之间，受兵无宁岁，而民俗佚冶晏如，则知其时车战之制尚存，师行所至，井堙木刊，而无攘臣妾、毁廛庐之患；且请服则盟，未尝如狄之入卫，财贿牲畜荡然一空焉。春秋以前，有流民而无流寇；春秋以后，流寇皆起于流民，往往鼽宗社，痡四海。读《诗》则《硕鼠》"适彼乐郊"，《黄鸟》"复我邦族"，《鸿雁》劳来中泽，未闻潢池揭竿之患，此封建长于郡县者一也。春秋以后，夷狄与中国为二；春秋以前，夷狄与中国为一。读《诗》与《春秋》，知古者名山大泽不以封，列国无守险之事，故西戎、徐戎、陆浑之戎、赤狄、白狄、姜戎、太原之戎，乘虚得错处其间。后世关塞险要，尽属王朝，而长城以限华、夷，戎、狄攘诸塞外，此郡县之优乎封建者一也。由前三说观之，五伯者，三王之罪人，中夏之功臣；由后一说观之，七雄、嬴秦者，罪在一时，功在万世。

礼乐征伐，先王治世之大物也，自天子出则王，自诸侯出则伯。然王世以礼乐统征伐，故《彤弓》《车攻》《吉日》之诗，虽事主征伐，莫不本礼乐以行之;伯世以征伐统礼乐,故冠裳必载誓盟,聘享无非师捷,虽事邻礼乐,亦莫不参征伐以出之。礼乐胜则纯乎道德,如春风之长万物而不知;征伐胜则纯乎威力,如夏日威天下而不得不循其法。惟其所假犹先王之仁义,故《曹风》思郇伯,《春秋》予桓、文焉。及其衰也,仁义去而诈力独存,于是周虽久王,有礼乐,无征伐,王室声灵不行,徒托重于先王典制名器以羁縻列国。晋之久伯也,有征伐,无礼乐,士鞅、栾黡惟贿是求,虒祈宫成,徒以甲车四千乘恫喝携贰。夏日往而秋霜栗冽,物不能堪,于是裂为七国,为嬴秦,罟天下于冰霜中者二百馀载,暨西汉文、景而始息。甚哉功利之殃人,而王道不可一日熄乎!三皇以后,秦以前,一气运焉;汉以后,元以前,一气运焉;其历年有远近,即其得于先王维持之道有厚薄。故汉、唐、宋女祸、夷狄、乱臣、贼子迭出而不至遽亡,民生其间,得少休息十馀世,披其牒,考其享祚历年之久近,而其所得于道之分数可知也。《诗》曰:"泛泛杨舟,绋缅维之,乐只君子,福禄膍之。"

治天下之具,其非势、利、名乎!井田,利乎;封建,势乎;学校,名乎!圣人以其势、利、名公天下,身忧天下之忧而无天下之乐,故褰裳去之,而樽俎揖让兴焉;后世以其势、利、名私一身,穷天下之乐而不知忧天下之忧,故慢藏守之,而奸雄觊夺兴焉。争让之分,帝王之忧乐天下为之也。"天地之大德曰生,圣人之大宝曰位,何以守位曰仁,古"人""仁"字通用,如《论语》"井有仁焉"之"仁"。何以聚人曰财,理财正辞禁民为非曰义。"人所聚而势生焉,财所在而人聚焉,名义所禁遏而治乱生焉。圣人乘天下之势,犹蛟龙之乘云雾,不崇朝雨天下而莫知谁尸其权。大哉神器,亿万生灵之所托命也,而智可暗奸,而力可觊图乎?夫惟使势、利、名纯出乎道德者,可以治天下矣。故曰:“天大,地大,道大,王亦大。域中有四大,而王处一焉。”《诗》曰:“立我烝民,莫匪尔极。”“无此疆尔界,陈常于时夏。”

人者,天地之仁也。人之所聚,仁气积焉;人之所去,阴气积焉。山谷之中,屯兵十万,则穷冬若春;邃宇华堂,悄无綦迹,则幽阴袭人。人气所缊,横行为风,上泄为云,望气吹律而吉凶占之。南阳、洛阳、晋阳、凤阳,今日寥落之区,昔日云龙风虎之地,地气随人气而迁徙也。“天地之性人为贵”,天子者,众人所积而成,而侮慢人者,非侮慢天乎?人聚则强,人散则尪,人静则昌,人讼则荒,人背则亡,故天子自视为众人中之一人,斯视天下为天下之天下。《诗》曰:“无竞惟人,四方其训之。”

圣人以名教治天下之君子,以美利利天下之庶人。求田问舍,服贾牵牛,以卿大夫为细民之行则讥之,细民不责以卿大夫之行也;故《国风》刺淫者数十篇,而刺民好利者无一焉。变《雅·节南山》《正月》《十月之交》《桑柔》,无非刺姻亚之膴仕,富禄之洽比,徂向之车马,贪人之败类;“如贾三倍,君子是识”,以利为厉戒,而刺好名者无一焉。“国君过市则刑人赦,夫人过市罚一幕,世子过市罚一帟,命夫过市罚一盖,命妇过市罚一帷。”“礼、义、廉、耻,国之四维”,故于士大夫则开之于名而塞之于利,于百姓则开之于利而坊之于淫。虽然,“民之秉彝,好是懿德”,中人以上,何必名誉始足劝乎?孔、孟论学,始并名利而兼戒之,首严克伐,次严义利,而无一言及于远色。故曰:刑以坊淫,庶民之事也;命以坊欲,士大夫之事也;礼以坊德,圣贤自治之学也。世之极盛也,使天下以义为利,其次则以民为利。《诗》曰:“庶人之愚,亦职维疾;哲人之愚,亦维斯戾。”

强人之所不能，法必不立；禁人之所必犯，法必不行。虽然，立能行之法，禁能革之事，而求治太速，疾恶太严，革弊太尽，亦有激而反之者矣；用人太骤，听言太轻，处己太峻，亦有能发不能收之者矣。兼黄、老、申、韩之所长而去其所短，斯治国之庖丁乎！《诗》曰："伐木(椅)〔掎〕矣，析薪(杝)〔扡〕矣。"

默觚下·治篇四

医之活人，方也；杀人，亦方也。人君治天下，法也；害天下，亦法也。不难于得方而难得用方之医，不难于立法而难得行法之人。青苗之法，韩琦、程伯子所部必不至厉民；周家彻法，阳货、荣夷公行之，断无不为暴。弓矢，中之具也，而非所以中也；法令，治之具也，而非所以治也。买公田省饷之策，出于叶适，而贾似道行之，遂以亡国。是以《郡县》《生员》二论，顾亭林之少作，《日知录》成而自删之；《限田》三篇，魏叔子三年而后成，友朋诘难而卒毁之。君子不轻为变法之议，而惟去法外之弊，弊去而法仍复其初矣。不汲汲求立法，而惟求用法之人，得其人自能立法矣。《诗》曰："不失其驰，舍矢如破。"

山居难与论舟行之险，泽居难与论梯陟之艰。处富不可与论贫，处暇不可与虑猝，处亨不可与言困，处平世不可与论患难。况立乎后世以指往古，所闻异词，所传闻又异词。曾不设身以处地，不平心以衡其轻重，而徒以事后之成败谳局中之当否，古人其如汝何哉？郅都、宁成，古之酷吏也；胡寅父子，世之酷儒也。《诗》曰："他人有心，予(揣)〔忖〕度之。"又曰："伐柯伐柯，其则不远。"《诗》之忠恕也如是夫！

同俭也，或以之养廉，或以之济贫；同礼也，或以之将孙，或以之济争;同一下人也,出自富贵,人以为谦;出自贫贱,人以为谄。辟谷与市田宅不同,同归于免祸之智;闭户与坐怀不同,同归于暗昧之清。狂者东走,逐狂者亦东走;溺者入水,救溺者亦入水。或吹火而然,或吹火而灭,所以吹者异也。故以迹观人,则不足以知人;以迹师古,则不足以希古。诗曰:"唐棣之华,翩其反而。"

秦以尽坏古制败,莽以(动)〔剿〕袭古制败,何其异轨而同归耶?秦之暴,不封建亡,即封建亦亡,两晋八王之事可见已;莽之悖,复井田亡,不复井田亦亡,隋炀、朱梁之辙是矣。《诗》曰:"枝叶未有害,本实先拨。"

默觚下·治篇五

三代以上,天皆不同今日之天,地皆不同今日之地,人皆不同今日之人,物皆不同今日之物。天官之书,古有而今无者若干星,古无而今有者若干星;天差而西,岁差而东,是天不同后世之天也。独河徙决,淤阏千里,荥泽、钜野塞为平原;济、汳莫辨源流,碣石沦于渤澥;井田废而沟洫为墟,云梦竭而洞庭始大;十薮湮其九,三江阏其二,九河、九江不存其一;雍州田上上,今但平芜;扬州田下下,今称陆海;“高岸为谷,深谷为陵”;是地不同于后世之地也。燕、赵、卫、郑,昔繁佳冶;齐、鲁、睢、涣,古富绮纨;三楚今谁长鬣?勾吴岂有文身?淮、徐孰戎、夷之种?伊川畴被发之伦?茶黄互市,为制夷之要;疹痘有无,区中外之坊;岂可例诸唐、宋以前,求其脏府之故;是人变于古矣。黍稷五谷之长,数麻菽而不数稻;亨葵五菜之主,芼蓼藿而不及菘;枌榆养老之珍,今荒馑始食其皮;荇藻蕡蘩,以共祭祀;堇荼荁薇,恒佐饔飧;蜉蝣蛴螬,古实甘美之羹;陆玑言蜉蝣,陶弘景言螬蛴可食,皆异于今。蚳蜗蜩蜃,礼则燕食之醢;今畴登鼎俎、荐齿牙?布有麻葛而无吉贝,币有黄金而无白银,纨绮称睢、涣而无吴、越;今皆反之,是物迁于古矣。媵娣侄于昏礼,登孙尸于祭祀;跪地以坐,抟饭以食;跣足舞蹈以为敬,刀漆以为书,贝币以为货,霤奥以为宫,四面左右个以为堂,刍灵明器以为葬;乘车以战，肉刑以治；不谓大愚，则谓大戾，岂独封建之于郡县，井田之于阡陌哉？故气化无一息不变者也，其不变者道而已，势则日变而不可复者也。天有老物，人有老物，文有老物。柞薪之木，传其火而化其火；代嬗之孙，传其祖而化其祖。古乃有古，执古以绳今，是为诬今；执今以律古，是为诬古；诬今不可以为治，诬古不可以语学。《诗》曰："岂其食鱼，必河之鲂？岂其取妻，必齐之姜？"

租、庸、调变而两税，两税变而条编。变古愈尽，便民愈甚，虽圣王复作，必不舍条编而复两税，舍两税而复租、庸、调也；乡举里选变而门望，门望变而考试，丁庸变而差役，差役变而雇役，虽圣王复作，必不舍科举而复选举，舍雇役而为差役也；丘甲变而府兵，府兵变而矿骑、而营伍，虽圣王复作，必不舍营伍而复为屯田、为府兵也。天下事，人情所不便者变可复，人情所群便者变则不可复。江河百源，一趋于海，反江河之水而复归之山，得乎？履不必同，期于适足；治不必同，期于利民。是以忠、质、文异尚，子、丑、寅异建，五帝不袭礼，三王不沿乐，况郡县之世而谈封建，阡陌之世而谈井田，笞杖之世而谈肉刑哉！"礼，时为大，顺次之，体次之，宜次之。"《周颂·勺篇》，美成王能酌先祖之道以养天下也。《诗》曰："物其有矣，维其时矣。"

庄生喜言上古，上古之风必不可复，徒使晋人糠秕礼法而祸世教；宋儒专言三代，三代井田、封建、选举必不可复，徒使功利之徒以迂疏病儒术。君子之为治也，无三代以上之心则必俗，不知三代以下之情势则必迂。读父书者不可与言兵，守陈案者不可与言律，好剿袭者不可与言文；善琴弈者不视谱，善相马者不按图，善治民者不泥法；无他，亲历诸身而已。读黄、农之书，用以杀人，谓之庸医；读周、孔之书，用以误天下，得不谓之庸儒乎？靡独无益一时也，又使天下之人不信圣人之道。《诗》曰："(园)〔爰〕有树檀，其下维(箨)〔萚〕。"君子学古之道，犹食笋而去其箨也。

默觚下·治篇六

明月之夜，可远视而不可近书，犹清谈玄虚之士不可以治民；雾霜之朝，可近书而不可远视，犹小察综练之材不可以虑远。得诸天者固已殊矣，即学圣人之学而性所各近者，何独不然！火日外照而内暗，故足民治赋之才不可以语性命，此亲民而未明德者也；金水内照而外暗，故潜修养性之儒未可皆共事功，此明德而未能亲民者也。学道者宜各自知所短，用人者宜各因其所长；勿以师儒治郡国，勿以方面之材责师儒；非体用之殊途，乃因材之难强也。若乃志伊学颜之君子，固以内圣外王为准鹄，夫何本末偏枯之有！《诗》曰："左之左之，君子宜之；右之右之，君子有之。惟其有之，是以似之。"

一介一和惠与夷，一去一奴微与箕；一生一死婴与臼，一覆一复申与伍；一荣一辱李与苏，一默一言介与狐；一亮一瑾蜀与吴，一攻一守墨与输；相反相成狷与狂，相嘲相得惠与庄；羊、陆相仇而相睦，葛、马相敌而相服，尹、邢相爱始相妒。故君子之用世也，道不必尽同；智士之同朝也，辙不必相合；然大人致一用两，未尝不代明而错行也。《诗》曰："泾以渭浊，湜湜其沚。"

轻诺似烈而寡信，多艺似能而寡效，进锐似精而去速，讦细似察而烦苛，姝姁似惠而无实，此似是而非者也；大权似专而有功，大智似愚而内明，执法似严而成物，正谏似激而情忠，此似非而是者也;非御情之相反,乃近理之多似也。听言察貌,或失其真;诡情御物,或失其实;将何道以全之乎?《诗》曰:“析薪如之何?匪斧不克。”又曰:“伐柯伐柯,其则不远。”观其生者,不在于先观我生乎?

有以兼听而得,有以兼听而失;有以独断而成,有以独断而败。晋武平吴,晋明平王敦,唐宪宗讨淮、蔡,周世宗征泽、潞,皆以独断而成;昭烈伐吴,苻坚伐晋,皆以独断而败;汉祖、唐宗以兼听君子而兴,汉元、唐代以兼听小人而乱。然则如之何而可?曰“知己知彼,百战百胜”,彼骄兵、愤兵、贪兵,可谓知彼知己乎?“为政在人,取人以身”,彼贤奸杂用者,非其心之公私露淆乎?《诗》曰“谁秉国成,不自为政”,言当以执两为兼听而不以狐疑为兼听也。“国虽靡止,或圣或否;民虽靡膴,或哲或谋,或肃或乂”;言当以达聪为独断,而不以臆决为独断也。

国家有一说议,则必有数庸议以持之;有一伟略,则必有数庸略以格之;故圣人恶似是而非之人,国家忌似是而非之论。其言之有故,其持之成理,上傅会乎经义,使人主中其腊毒而不自知,君子所深恶也。汉成帝因天变,言者多攻王氏,就决于张禹,此西汉存亡一大机,而张禹以“天道不可得闻”解之,王氏遂不得复动;晋孝武欲废会稽王道子,此东晋存亡一大机,而徐邈以“恐伤太后”阻之,道子遂复柄用而不可救;西晋亡于吏蠹民困,元帝南渡,遣巡察郡邑之使分别黜陟,而顾和以烧梁狱词柅其行;唐李德裕收吐蕃维州千馀里之地,而僧孺以《春秋》纳叛人挠其议;宋夏元昊死,子幼国内乱,边臣请乘衅,而宋臣以《春秋》不伐丧格其谋。论卑而易行,苟安而不犯难,其迹何尝不近忠厚长者,其称引比附何尝不托于六艺?夫孰知其误人家国壹至此哉!《诗》曰:“(谁)〔维〕号斯言,有伦有脊。”

默觚下·治篇七

不知人之短，不知人之长，不知人长中之短，不知人短中之长，则不可以用人，不可以教人。用人者，取人之长，辟人之短；教人者，成人之长，去人之短也。惟尽知己之所短而后能去人之短，惟不恃己之所长而后能收人之长；不然，但取己所明而已，但取己所近而已。语有之，夜行者前其手，然而桥足也。开明于东而万有皆烛，其不在穷理乎？《诗》曰："他人有心，予(揣)〔忖〕度之。"知己知人之谓耶！

度内之事，中人可能；度外之功，非豪杰不能；世俗所谓度外，君子所谓性分内也。天下大事，或利于千万世者，不必利于一时；或利于千万人者，不必利于一夫；或利于千万事者，不必利于一二端；故非任事之难，而排庸俗众议之难。《诗》大小二《雅》，言"大猷"者二，言"远猷"者二，言"壮猷"者一。何谓"大猷"？批郤导窾，迎刃而解，棋局一着胜人千百者是也。何谓"远猷"？事机出耳目之表，利害及百十年之后者是也。何谓"壮猷"？非常之策，陈汤不奏于公卿；破格之功，班超不谋于从事；出奇冒险，不拘文法，不顾利害者是也。器不弘者不能胜大猷，识不裕者不能烛远猷，识远器大而无雄气胆决者不能具壮猷。壮猷天授，不可学，器识可学而扩焉。彼安常习故之流，所安者目前，所知者陈例，所辟者嫌疑，得不震而疑，同声而挠格者乎？《诗》曰“匪先民是程，匪大犹是经”，叹大犹之难成也；“出话不然，为犹不远”，叹远犹之多阻也。

古豪杰之用世，有行事可及而望不可及者，何哉？同恩而独使人感，同威而独使人畏，同功而其名独震，同位而其势独崇，此必有出于事业名位之外者矣。有德望，有才望，有清望。晏平仲、柳下惠、汲黯、霍光、羊祜、谢安、高允，其德望欤！子臧、季札、鲁仲连、杨震、李固、杨绾、元德秀，其清望欤！管仲、子产、信陵君、乐毅、贾谊、陈汤、祖逖、姚崇、李德裕，其才望欤！不宁惟是，邓禹、孔融、刘备、刘琨，百战百败，而当时奸雄畏之，豪杰慕之，所至从者如归市，此岂他人可强致者乎？国于天地，有与立焉。以天下之大，祖宗数百年之培养，而无一二魁垒耆硕之望，足系海内之人心，备国家之缓急，为四夷所詟服者，隐然镇压中外，如乔岳干城之可恃，故国乔木之谓何？《诗》曰“行归于周，万民所望”，国有人之谓也；“洵有情兮，而无望兮”，国无人之谓也。

临大事然后见才之难。何以见其难？曰：难其敏，难其周，难其暇也。事变之来，机不容发，事后追悟，与不悟同。人踌躇旬日始决者，此一见而立决之；人反复数百言不剖者，此片言立剖之；非天下至敏，其孰能与于斯？是非大较，可望而知也；利害曲折，非一望可知也。人仅悉其形，此并悉其情；人仅区处目前，此并旁烛未然，若数计而蓍卜；非天下至周，其孰能与于斯？震惊百里，匕鬯皆失，竭力应之，事应而力已殚，畴则行所无事，沛若有馀者乎？非天下至暇，其孰能与于斯？天下无事，庸人不庸人；天下非多难，豪杰不豪杰。九死之病，可以试医；万变之乘，可以试智。昭烈与曹操，张说与姚崇，料事同而迟速不同，一敏一不敏也；司马懿服诸葛之营垒，亚夫备吴、楚于西北，一周一不周也；王坦之倒笏而谢安赌棋,一暇一不暇也。三者亦出于天,亦成于学;成于学者能晞其敏周,终难晞其暇豫。周公流言东征,《诗》不颂其多才多艺之敏、三吐三握之周,而惟曰:“公孙硕肤,赤舄几几。”几几,安也,安即暇之谓也。

有才臣,有能臣,世人动以能为才,非也。小事不糊涂之谓能,大事不糊涂之谓才。才臣疏节阔目,往往不可小知;能臣又近烛有馀,远猷不足,可以佐承平,不可以胜大变。夫惟用才臣于庙堂,而能臣供其臂指,斯两得之乎!临大事,决大计,识足以应变,量足以镇猝,气足以摄众,若张良、霍光、庞士元、谢安、陆贽、寇准、韩琦、李纲,其才臣与!理繁剸剧,万夫之禀,一目十行,五官并用,无留牍,无遁情,若赵广汉、张敞、陶侃、刘晏,其能臣欤!至若兼才能而有之,若管仲、子产、萧何、诸葛亮,尤古今不数人也;姚崇、张咏,抑其次也。欲求救时之相,非才臣不可。《诗》曰:“讦谟定命,远犹辰告。”

默觚下·治篇八

人主与忠信道德之士处,若服兰芍然,久而不知其芳也;若食五谷然,久而不觉其益也。彼其所益者在本原,非枝叶之末也;天下阴被其赐,而史臣莫书其功。故宣王在内之臣曰张仲孝友,而萧望之谓张敞材轻非师傅之器。《诗》曰:"有冯有翼,有孝有德。"

国家之赖贤才也,功莫大于成君德,而立政次之,故有内匡,有外匡。与离娄同楫罔不济,与师冕同辙罔不蹶;成王与周公同居,故成王化而为周公;管、蔡与禄父同居,故管、蔡化而为禄父;此内匡之益也。得一后夔,天下无难正之五音;得一伯乐,天下无难驭之良马;得一颇、牧,天下无难御之外侮;此外匡之益也。国以一人兴,以一人亡。亡国之主,莫不忠其所亲而贤其所任,夫孰知其究安极哉!《诗》曰:"尹氏大师,维周之氐。四方是维,天子是毗。"

星非能自高也,引而高之者天也;物非能自浮也,载而浮之者水也;臣非能自遇也,引而进之者君也。天下奇士不常有,而天下之明君不世出。故天之降才也,千夫而一人;才之遇主也,千载而一君。然微扬侧陋之尧,则雷泽之渔父耳;微梦良弼之高宗,则筑岩之胥靡耳。世非无爨桐之患而患无蔡邕,世非无牛铎之患而患无张华。自古及今,遗逸之贤,十倍于遇主之贤,则奇才之难得,又不如明君之难得也。故与其臣求君,不如君求臣。箕子、胶鬲盈朝,而不能使商辛为高宗;家父、凡伯盈朝,而不能使幽王为周宣。《诗》曰:“念彼共人,涕零如雨。”

孤举者难起,众行者易趋;倾厦非一木之支也,决河非捧土之障也。一萧何而助之者良、平、信、越,一邓禹而助之者二十七将,一玄龄而助之者十七学士,马曳轮也;羽、飞死,法正、庞士元死,而孔明自将以出祁山,身曳轮也。哀哉!《诗》曰:“终其永怀,又窘阴雨。其车既载,乃弃尔辅。载输尔载,将伯助予。”

博弈之交不日,饮食之交不月,势利之交不年,意气声名之交不世,惟道义之交万古如一堂也,四海如一室也。爵禄羁之者可臣,金帛啖之者可役,饮食干糇之者可畜;壮士不可饮食致也,豪杰不可金帛致也,君子不可好爵(縻)〔靡〕也。是以朋友君臣,以类相亲;舜有膻行,取人以身。《诗》曰:“敝笱在梁,其鱼鲂鳏。”“白驹空谷,生刍一束。”

天下小人不可尽诛,小人之有才者尤不能不用,但止可驱策于边疆而不可用于腹心密勿之地。故《易》言“内君子而外小人”也。寇莱公、赵汝愚、于忠肃,再造之功,得主之专,皆千载一时。使寇公留王钦若于方面,何至进城下孤注之谗!赵公予侂胄一节钺,何至酿内批党禁之祸!于公出石亨于九边,何至生中夜夺门之变!置虎狼于肘腋,谁之过与?乌乎!贤人而得主,旷世难逢,有鱼水之遇,有逐小人之权,而反为小人倒持阿柄,使善治败于垂成,奇勋翻为祸首,讵不惜哉!周之皇父,汉之上官桀,唐之李勣,元末之伯颜,皆边塞将材而不可秉钧当轴,则又君上用人之鉴也。《诗》曰:“赳赳武夫,公侯干城。”末章曰:“赳赳武夫,公侯腹心。”干城之武夫,不可为腹心明矣,矧并不可干城者而腹心之乎?

默觚下·治篇九

国家之有人材，犹山川之有草木，蔚然羽仪，而非山麓高大深厚之气不能生也。夫惟人君不以高危自处，而以谦卑育物为心，人人得而亲近之，亦人人得而取给之。地山之《谦》，卑不可逾；岂弟如此，而何匮竭散亡险哀之有？“天地变化，草木蕃；天地闭，贤人隐”；故人材者，求之则愈出，置之则愈匮。唐陆贽言：“天后以宽得人，德宗以苛失士。”宋庆历中培养之人材，数世用之不尽，而况乎侧席贤人之主乎？《诗》曰：“瞻彼旱麓，榛楛济济。岂弟君子，干禄岂弟。”

文王之辟雍、明堂、三灵同地，凡治岐之大政，皆行其中。《大雅·棫朴》《旱麓》《思齐》《灵台》，皆颂文王作人之盛，孟子亦言“待文王而兴”。是古今作人莫盛于文王，而孟子告齐宣以文王治岐，关市、泽梁、罪孥、鳏寡之政，只及养不及教，何哉？战国救民水火之世，所急者养民，故未暇及辟雍之礼乐。虽然，文王之作人也，有造士之政焉，有求贤之政焉。《棫朴》琢髦士，《旱麓》兴鸢鱼，《思齐》造成人小子，皆即《文王世子》所述辟雍大学造士之政也。《小雅·皇华》教使臣以咨才、咨事、咨义、咨难，必周访四方之贤士，归言于朝，此则輶轩四出，而八虞、二虢之友教，二老西归之就养，闳夭、散宜生之见知，殷士抱器之来归，奔走疏附，后先御侮，故曰"三分天下有其二",盖先得天下人材三分之二也。天下之士说而归之,其民焉往?斯求贤之政也。造士之作人也密,求贤之作人也神。闻风而兴,向化而奋,如蛰启于春霆,虽中林野人,伐枚妇女,罝罘虞人,皆振振蛰蛰,有士君子之行,神矣哉!盛矣哉!文王一世所造之材,子孙数十世用之不尽,后之为人君者,其亦盍监于斯!

当武王崩,三监叛,商、奄五十国并起,周公何以能化殷顽于期月?何以东征而四国是吪耶?何以作新大邑于东国洛,四方民大和会,侯、甸、男邦、采、卫百工播民和耶?《书》一不言其所由,但曰"见士于周,周公咸勤,乃洪大诰治"。乌乎!周公得多士之心,先于得多方之心矣。七族、三族之豪,皆肤敏之彦也,皆故家遗俗六七王所培养也;为政不为巨室所慕而能为四方慕者寡矣!周公自居东以来,过师衽席之上,无日不与殷士民相亲,然方在军中,昼接不暇。及还师度河之后,迁殷民于洛邑,始日日进其士而见之,一饭三吐哺,一沐三握发;而又择其中之贤材,贽而师见者十人,友见者十二人,穷巷白屋先见者四十九人,进善百人,教士千人。《说苑》朝读书百篇,暮见七十士。《墨子》朝所读者,即多士所上之书也,计旬月之间,士之一善一艺罔不悉,闾左一利一害罔不毕陈于前矣。然后量能而授之职,授之田宅,又率以祀文王,黼冔祼将,骏奔走于庙。其客欤,其一家之人欤!于是殷士憾见周公之晚也,曰"我觏之子,衮衣绣裳","我觏之子,笾豆有践",惟恐公之西归而不得复见焉。古之得人家国者,先得其贤才,士心之归如此,而民心有不景从者乎?岂惟殷士,盖豳、岐从征之士,亦无一不与殷士相兄弟友朋焉,道德一而风俗同矣。周公训鲁公曰:"平易近民,民必归之。"平,地道也;易,天道也。易则易亲,简则易从,易简天下之理得矣。豳人颂之曰:“公孙硕肤,赤舄几几。”此必非衢谣巷谚所能道也,非辟雍振鹭之士不足以知公德之盛也。公一身所育之才,周家八百年用之不尽,后世为相者,其亦盍鉴于斯!

封建之世喜分而恶合,故晋、楚蚕食,《春秋》恶之,尝欲众建诸侯而少其力;郡县之世喜合而恶分,故三国、五季、十六国之世,不如一统之息争;二者皆所以尊王,而治法本于治人,则又皆以用贤用亲为得失。其在封建之世,一于用亲者,国可久而势恒弱,一于用贤者,国势强而或先亡。周之兴也,亲贤并用,闳、颠、吕、散、八虞与周、召、荣、毕夹辅;流及后世,则鲁、卫、宋、郑专用亲,齐、晋专用贤。故三桓、七穆、六卿之属,维持宋、鲁、郑,相忍为国,至春秋后犹百馀岁,而卫尤后亡,则用亲之明效也;齐之同姓有国、崔、栾、高,而不如管氏、陈氏之专国,晋自献公后,诅无畜群公子,而所用狐、赵、韩、魏、范,其始足以创伯,其卒足以夺国,则用贤之明效也。两除其弊而兼收其利者惟楚乎!其令尹、司马执兵柄者皆同姓,而一有罪则刑之无赦,又参以斗谷、叔敖、叶公、伯州犁、巫臣异姓之贤材,故其国势半天下而与周相终始。至郡县一统之世,其势虽合,而秦以不用亲速亡,晋以用亲速亡,隋以亲贤皆不用速亡,则其开基创业,本实先拨,又有立于用人之先者哉!《诗》曰“价人维藩,大师维垣”,言用贤也;“大邦维屏,大宗维翰”,言用亲也。

后世之事,胜于三代者三大端:文帝废肉刑,三代酷而后世仁也;柳子非封建,三代私而后代公也;世族变为贡举,与封建之变为郡县何异?三代用人,世族之弊,贵以袭贵,贱以袭贱,与封建并起于上古,皆不公之大者。虽古人教育有道,其公卿胄子多通六艺,岂能世世皆贤于草野之人?古圣王未必不灼知其弊,而封建不变,则世族亦不能变,莘野、傅岩、渭滨之举,间世一出,不数见也。以展季之圣,孔子之圣,通国皆知之,而士师、司寇不安其位;使二圣人生于三桓之族,何患不大行其道乎?春秋诸卿,有公族,有世族,其执政之卿,谋国之大夫,无非此二族者。公族有鲁之三桓,宋之七穆,郑之六卿,世族则晋之栾、郤、智、范、韩、赵、魏,齐之高、鲍、陈、田,卫之孙、甯,皆世执国柄,单寒之子无闻焉。秦人崛起,乃广求异国之人而用之,由余、蹇叔、百里奚、丕豹、公孙枝、卫鞅之属,无非疏远。由是六国效之,游士大起,乐毅、苏、张、范睢、李斯、蔡泽、虞卿,皆徒步而取相印;气运自此将变,不独井田、封建之将为郡县、阡陌而已。孔子得位行道,必蚤有以大变其法,举四科以代豪宗,故深赞公叔文子之举僎,而《春秋》书尹氏卒以著世卿之戒,秦、汉以后,公族虽更而世族尚不全革,九品中正之弊,至于上品无寒门,下品无世族,以魏孝文之贤而不能用李彪、李冲之议。自唐以后,乃仿佛立贤无方之谊,至宋、明而始尽变其辙焉,虽所以教之未尽其道,而其用人之制,则三代私而后世公也。《诗》曰:“殊异乎公路。”“殊异乎公族。”

以衡泌为静而城市为器,以薖轴为尊而城邑为俗,其起于东周之叔世乎!古之遁世者,必傅岩、莘、渭之天民大人,或抱至德而遁焉,或抱命世之材而遁焉,或抱礼乐而遁焉,无所抱则无可遁者。圣王求士与士之求道,固不于野而于城邑也。城中曰都,人萃则气萃,气萃斯材薮焉;野外曰鄙,人涣则气涣,气涣斯材少焉。处农就田野,处商就市井,处工就官府,处士就燕闲。小学在公宫南之左,大学在郊,瞽宗、辟雍、泮宫、柱下,固册府礼乐之渊渚,师友讲习之林囿也。山林之气虽清,而礼乐不在,师友无资,都邑学未成之士而即入山中,则去昭旷而就封蔀矣。是以青衿必于城阙,议论必于乡校,闻见广则聪明辟,胜友多而学易成。其野处不匿之秀,则迁之都中,而乡大夫宾兴之,未闻授书名之闾里塾师、农子恒农者而有可宾兴之贤能也,乌有舍国士、天下士而友一乡、一闾之士者乎?乌有舍国士、天下士而求一乡、一闾之士者乎?《伐木》求友之诗曰:“出自幽谷,迁于乔木。”

默觚下·治篇十

人各有能有不能。孔融名节重一世，而敌遇袁、吕，每战辄衄；张昭謇谔于东吴，而曹兵南下，惟劝迎降；石星直节震明代，及任本兵，日本之役惟调停贿款；故知承平直谅之士，难尽责以临危应变之才也。有守不必有为，有为不皆有守。使责陈汤、桑维翰、赵普、刘铤以廉介，责李勣、韦孝宽以忠义，其可觊乎？太师皇父，中兴名将，荡平淮夷，媲美方、召。而幽王之世，"择三有事"，"以(车)〔居〕徂向"，"不慭遗一老，俾守我王"，是犹上官桀力战敢深入而不可托孤寄命也。是以明王任忠亮于台辅，付赳武于干城，易地则皆败。《诗》曰："人知其一，莫知其他。"

专以才取人，必致取利口；专以德取人，必致取乡愿。虽然，利口有二，乡愿亦有二：有不可大受而可小知之利口，君子在上，可驱策用之；若夫辩足以饰非炫听，智足以舞文树党，警敏强记，口若河悬，如张汤、荀勖、朱异、吕惠卿者，不可一日近，而究谁能不近之？有不可临大节而可佐承平之乡愿，孔光、冯道、范质，平时不失为贤相；若夫深中厚貌，以小忠小信结主知，以曲谨小廉拒物议，欺世盗誉，静言庸违，明主亦倾任而不疑，如庞萌、林甫、杞、桧者，不可一日容，而究谁能不容之？乌乎！世有君子，能远无才之小人，未必能远有才之小人也；能识毗阳之小人，未必能识毗阴之小人也。天生尤物，足以移人，尧、舜畏之，仲尼恶之，而欲烛神奸于后世之中主，不其难哉！《诗》曰："荏(苒)〔染〕柔木，君子树之。往来行言，心焉数之。"《书》曰："何畏乎巧言令色孔壬。"

马融之附梁冀，弹李固，绛帷女乐为之与？潘岳之附贾谧，陷愍、怀，园林丝竹为之与？苏子所谓廉俭者士人之小节，而道谊大坊必以之为本，乌有宫室妻妾穷乏之不忘而能勿易其本心者乎？虽然，尚有不贪财色而独贪权势如公孙弘、王衍、王敦、卢杞、王安石、蔡卞其人者，尚有不贪权势而独惜身命如孔光、谯周、冯道、范质其人者，廉洁尚不足恃，矧不廉洁者乎？是以但轻财色为有廉，并轻权势为有耻；辞受取予不苟为有廉，进退出处不苟为有耻。孔、孟之学，言耻不言廉，有以夫！《诗》曰："尚不愧于屋漏。"

"既明且哲，以保其身"，何以异于孔光、公孙弘、胡广之保身，而夫子独许《烝民》之诗为知道耶？曰"邦国若否，仲山甫明之"，则模棱非所以保身矣；"衮职有阙，维仲山甫补之"，则逢长缄默非所以保身矣；柔不茹，刚不吐，强御矜寡不畏侮，则优柔养奸非所以保身矣。彼孔光、胡广、公孙弘，何尝不柔嘉而令色仪乎？何尝不小心而式古训力威仪乎？是非、利害、进退、出处之间，金锡、珉瑜立判焉。故知明哲保身，必大德不逾闲以为本。

费仲、飞廉不日蛊其君，则夏、商不亡而身亦不戮；囊瓦、宰嚭、李斯不卖国媢贤，则吴、楚、秦不亡而身亦免族；竖刁、易牙、王甫、曹节、李辅国、仇士良不日导人主于邪，则汉、唐离案：汉、唐上疑脱齐字，然竖刁、易牙不见诛于齐，疑衍此四字为是。不乱而宦官亦不诛；林甫、杞、桧即不为奸臣，亦必位宰相，而臣主俱荣，身名俱泰，无冰山万年之臭；小人亦何利而为此哉，君子亦何负而不为哉？乌乎！帝王利民，即所以利国也；大臣利国，即所以利家也；士庶人利人，即所以利己也。自王公大人下至马庸沽保,未有终日济人利物其心而不要天之祐者;自王公大人下至马庸沽保,未有终日自私自利其心而不为天人之所恶者。《诗》曰“南有樛木,甘瓠累之”,“茑与女萝,施于松上”,乌有木偾而瓠不窳,松僵而萝不悴者乎?“雨我公田,遂及我私”,乌有公田如云,私田如焚者乎?

公孙弘以荐仲舒者倾仲舒,石显以荐京房者挤京房,卢杞以荐颜真卿者陷真卿,以荐李揆者危李揆,皇甫(鏄)〔镈〕以荐韩愈者坑韩愈,世主堕其术中而不悟。不宁惟是,邓骘以朝歌贼横,遂出虞诩长朝歌;梁冀以广陵盗炽,遂出张纲守广陵;其假手以快毒,今古固一辙也。而仲舒卒格骄主,李揆卒款吐蕃,韩愈卒服叛镇,纲、诩卒平盗贼,皆适以成其功名;即京房、真卿亦适以成其忠义,争光日月。小人所为,亦何往不福君子哉!《诗》曰:“嘉我未老,鲜我方将,(膂)〔旅〕力方刚,经营四方。”

默觚下·治篇十一

三代以上之人材，由乎教化；三代以下之人材，乘乎气运。乘气运而生者，运尽则息，惟教化出之无穷。气运所生亦有二：国之将昌也，其人材皆如霆启蛰，乘春阳愤盈，而所至百物受其祥；衰则反是，其人材如蛰墐户，湫闭槁窳，所至而百物受其伧傢。是以入其国，观其条教号令，聆其谣议文章，占其山川云物，而国之休悴可知也。岂天地生材之心久而息乎，抑人力物力久而爱其宝乎？冈陵川阜，与宗社之培植，相摩荡，相推移，滃勃郁积，日出而不穷，奚其息也，奚其爱也？疆窭未亏，人民未变，水土未绸；糟者犹糟，实者犹实，玉者犹玉，酒者犹酒；穹然者犹穹于上，颓然者犹颓于下，林林总总者犹日奔攘于侧；问其光岳之钟，则刍灵焉；问其山泽之藏，则梠朽焉。稽其籍，陈其器，考其数，诹诸百执事之人，卮何以漏？根何以蠹？高岸何以谷？茎茅何以菰？堂询诸庭，庭询诸户，户询诸国门，国门询诸郊野，郊野询诸四荒，无相复者；及其复之，则已非子、姬之氏矣。《诗》曰："池之竭矣，不云自频；泉之竭矣，不云自中。"

《蟋蟀》之诗三曰"无已太康"，"好乐无荒"。荒者乱之萌也，乱不生于乱而生于太康之时。堂陛玩愒，其一荒；政令丛琐，其二荒；物力耗匮，其三荒；人材嵬茶，其四荒；谣俗浇酗，其五荒；边埸弛警，其六荒；大荒之萌未有不由此六荒者也。去草昧愈远，人心愈溺，其朝野上下莫不玩细娱而苟近安，安其危而利其菑，职思其居者容有之矣，畴则职思其忧者乎？畴则职思其外者乎？以持禄养骄为镇静，以深虑远计为狂愚，以繁文缛节为足黼太平，以科条律例为足剔奸蠹，甚至圜熟为才，模棱为德，画饼为文，养痈为武，头会箕敛为富，“出话不然，为犹不远”，举物力、人材、风俗尽销铄于泯泯之中，方以为泰之极也。《泰》之九五曰：“无平不陂，无往不复。”霜未冰，月几望，气数与人事合并，沉溺而不可救，奈之何哉！诚欲倾否而保泰，必自堂陛之不太康始。《诗》曰“民莫不逸，我独不敢休”，“无已太康”之谓哉！

历代亡天下之患有七：暴君、强藩、女主、外戚、宦寺、权奸、鄙夫也。暴君无论矣，强藩、女主、外戚、宦寺、奸相，皆必乘乱世暗君而始得肆其毒，人人得而知之，人人得而攻之。惟鄙夫则不然，虽当全盛之世，有愿治之君，而鄙夫胸中，除富贵而外不知国计民生为何事，除私党而外不知人材为何物；所陈诸上者，无非肤琐不急之谈，纷饰润色之事；以宴安酖毒为培元气，以养痈贻患为守旧章，以缄默固宠为保明哲，人主被其薰陶渐摩，亦潜化于痿痹不仁而莫之觉。岂知久之又久，无职不旷，无事不蛊，其害且在强藩、女祸、外戚、宦寺、权奸之上；其人则方托老成文学，光辅升平，攻之无可攻，刺之无可刺，使天下阴受其害而己不与其责焉。古之庸医杀人；今之庸医，不能生人，亦不敢杀人，不问寒、热、虚、实、内伤、外感，概予温补和解之剂，致人于不生不死之间，而病日深日痼。故鄙夫之害治也，犹乡愿之害德也，圣人不恶小人而恶鄙夫乡愿，岂不深哉！《诗》曰：“多将熇熇，不可救药。”

人材之高下，下知上易，上知下难；政治之得失，上达下易，下达上难。君之知相也不如大夫，相之知大夫也不如士，大夫之知士也不如民，诚使上之知下同于下之知上，则天下无不当之人材矣；政治之疾苦，民间不能尽达之守令，达之守令者不能尽达之诸侯，达之诸侯者不能尽达之天子，诚能使壅情之人皆为达情之人，则天下无不起之疾苦矣。虽然，更有怀才抱道之士，君相不知，臣下亦不知者，更有国家之大利大害，上下非有心壅之，而实亦无人深悉之者，更何如哉？《诗》曰："知我者谓我心忧，不知我者谓我何求。"

默觚下·治篇十二

天下其一身与！后元首，相股肱，诤臣喉舌。然则孰为其鼻息？夫非庶人与！九窍百骸四支之存亡，视乎鼻息，口可以终日闭而鼻不可一息梶。古圣帝明王，惟恐庶民之不息息相通也，故其取于臣也略而取于民也详。天子争臣七人而止，诸侯争臣五人而止。至于彻膳之宰，进善之旌，诽谤之木，敢谏之鼓，师箴，瞍赋，蒙诵，百工谏，庶人传语，士传言，遒人木铎以徇于路，登其歌谣，审其诅祝，察其谤议，于以明目达聪，而元首良焉，股肱康焉。士者庶民之首也，汉、宋太学之士皆得上书，明初耆老皆得召见，往往关系国家大计，公议无不上达，斯私议息，夫是之谓"天下有道，庶人不议"也。《诗》曰"出内王命，王之喉舌"，其争臣也夫！又曰"如彼溯风，亦孔之僾。民有肃心，荓云不逮"，其惟庶人也夫！

古无谏诤之官，人人皆谏官也；不惟广受天下之言，亦所以广收天下之才。自后世立谏官，而人之无言责者始不得尽其言；自谏官不选天下英才，惟取诸科目资格，上焉不知君国远犹为何事，下焉藉以市恩、报怨、希进，否则摭肤词琐事塞责，愈不足动人主之信。知者不必言，言者不必知，自谏官之设始也；张一目之罗以求禽，张一面之网以觊鳞，自谏官之设始也。古圣之听言也，不问其疏近，并不问其公私，而惟其理之是非，即有吁有咈，未闻以其吁咈而罪之也,是谓“不以人废言”;瞽史、百工、庶人、刍荛皆得进言,未闻工瞽刍荛一言可采,即擢以崇高之位,是谓“不以言举人”。不以言举人,故能明试以功而广收天下之人;不以人废言,故能敷奏以言而广闻天下之言。《诗》曰“鴥彼晨风,郁彼北林”,林茂则鸟归矣,菶萋哤喈,众贤聚于本朝,尚何材不足、言不达之有?

景运之世,言在都俞,其次言在旌木,其次言在庭陛,其次言在疏牍,其次言在歌谣,其次言在林薮,其次言在腹臆;言在腹臆,其世可知矣。至治之世,士在公孤;小康之世,士在僚采;倾危之世,士在游寓;乱亡之世,士在阿谷;士在阿谷,其世又可知矣。言室满室,言堂满堂。天子穆穆,诸侯皇皇。故世昌则言昌,言昌则才愈昌;世幽则言幽,言幽则才愈幽。《诗》曰:“凤皇鸣矣,于彼高冈;梧桐生矣,于彼朝阳。”

受光于隙见一床,受光于牖见室央,受光于庭户见一堂,受光于天下照四方。君子受言以达聪明也亦然。或为一隅之偏听,或为一室之迩听,或为一堂之公听,或为旌木、鼓铎、蒙瞽、刍荛之遍听,所受愈小则所照愈狭,所受弥旷则所照弥博。《诗》曰:“不明尔德,时无背无侧。尔德不明,以无陪无卿。”

默觚下·治篇十三

君子之事君也，以言谏不若以身谏；以身谏者从，以言谏者凶。楚庄好猎，则樊姬不食鸟兽之肉；唐宗好兵，则魏徵不视破阵之舞。踞厕之冠，惮汲黯之见；苑中之游，畏韩休之闻；彼其潜孚默惮，有存乎折槛、补牍之先者矣。不然，三归之卿，岂能禁六嬖之霸？篚珠之相，何能止天书之惑？法孝直、魏徵不在，孰能止伐吴、征辽之行乎？惟人臣有如山之力，始可回人主如天之威。《诗》曰："不闻亦式，不谏亦入。"

教以言相感，化以神相感。有教而无化，无以格顽；有化而无教，无以格愚。圣人在上，以《诗》《书》教民，以礼乐化民；圣人在下，以无体之礼、无声之乐化民。善气迎人，人不得而敖之；静气迎人，人不得而聒之；正气迎人，人不得而干之；其德盛者化自神，其气足以动物也。积学未至而暴之遽，积诚未至而教之强，学之通弊矣。故言立不如默成，强人不如积感。《诗》曰："载色载笑，匪怒伊教。"

"猛虎在山，藜藿不采"，才臣之益国也似之，故季梁在随而随重，宫之奇在虞而虞存；阳乌丽空，阴邪敛迹，正人之柱国也似之，故汲黯在朝，淮南不敢轻汉，司马相宋，契丹不敢窥边。《诗》曰："人之云亡，邦国殄瘁！"

“人有不为也而后可以有为”，人臣所裨于国者，固不独廉俭已也。然俭如晏婴，足服崔、庆之凶；直如汲黯，足寝淮南之谋；廉若杜黄裳，足折李师古之跋扈；拒马金如张奂，足怀叛羌之贰心；食鱼飧如赵宣，足感(麑鉏)〔鉏麑〕之勇士；清如杨绾，足省黎京兆之驺从，毁崔中丞之第舍；清廉之裨人国者岂浅乎！“人有不为也而后可以有为”，能轻众人所共贪者而后能为众人之所服，故《羔羊》之诗，惟节俭然后能正直。

秦之暴不在长城，隋之恶不在敖仓，元之乱不在治河，安石之弊政不在经义取士，惟其人既得罪万世，则功在天下者世亦以此罪之。伏波、诸葛征蛮之功，非史册所无，而铜柱、铜鼓必傅之二公以为神；昌黎、子瞻海外之谪，非有异政，而潮阳、琼岛至今崇之以成俗。其人既争光日月，虽所至无功者，世亦以此功之。故君子为政当正其本而务其大，立身当乎于素而观其全。《诗》曰：“在彼无恶，在此无斁。庶几夙夜，以永终誉。”

默觚下·治篇十四

万事莫不有其本,守其本者常有馀,失其本者常不足。宫室之设,本庇风雨也;饮食之设,本慰饥渴也;衣裳之设,本御寒暑也;器物之设,本利日用也。风雨已庇而求轮奂,轮奂不已而竞雕藻,于是栋宇之本意亡;饥渴已慰而求甘旨,甘旨不已而错山海,于是饱腹之本意亡;寒暑已卫而辨章服,章服不已而尚珍奇,于是裘葛之本意亡;利用已备而贵精丽,精丽不已而尚淫巧,于是制器之本意亡。主奢一则下奢一,主奢五则下奢五,主奢十则下奢十,是合十天下为一天下也。以一天下养十天下,则不足之势多矣;不足生觊觎,觊觎生僭越,僭越生攘夺,王者常居天下可忧之地矣。祸莫大于不知足,不知足莫大于忘本,故礼乐野人从先进,欲反周末之文于忠、质也。炳兮焕兮,日益之患兮;寂兮寞兮,日损之乐兮;能知损之益、益之损者,可以治天下矣。帝王之道贵守一,质俭非一也而去一近,故可守焉,非若奢、文之去一远也。《诗》曰:“不思其反,反是不思,亦已焉哉!”

神气化形体,形体化衣食,衣食化语言,语言化酬酢,酬酢化尊卑,尊卑化轩冕,轩冕化宫室,宫室化城郭,城郭化市井,市井化赋税,赋税化燕飨,燕飨化狝狩,狝狩化盟会,盟会化歌舞,歌舞化聚敛,聚敛化刑狱,刑狱化甲兵,甲兵化水火,水火复化神气。其来也涬不可阏，其成也坚不可铄。虽古之圣王，不能使甲兵之世复还于无甲兵，而但能以甲兵止甲兵也；不能使刑狱之世复还于无刑狱，而但〔能〕以刑狱止刑狱也；不能使歌舞之世复还于无歌舞，而但能以歌舞为礼乐也。刑狱甲兵归于歌舞，歌舞归于礼乐，礼乐归于道德，则不肃而严，不怒而威，不侈靡而乐。是以圣王之治，以事功销祸乱，以道德销事功；逆而泯之，不顺而放之，沌沌乎博而圜，豚豚乎莫得其门，是谓反本复始之治。《诗》曰："维天之命，於穆不已。於乎不显，文王之德之纯。"

使人不暇顾廉耻，则国必衰；使人不敢顾家业，则国必亡。善赋民者，譬植柳乎，薪其枝叶而培其本根；不善赋民者，譬则翦韭乎，日翦一畦，不罄不止。《周官》保富之法，诚以富民一方之元气，公家有大征发、大徒役皆倚赖焉，大兵燹、大饥馑皆仰给焉。彼贪人为政也，专朘富民，富民渐罄，复朘中户，中户复然，遂致邑井成墟。故土无富户则国贫，土无中户则国危，至下户流亡而国非其国矣。《诗》曰"适彼乐土"，言将空其国以予人也。且也天下有本富有末富，其别在有田无田。有田而富者，岁输租税，供徭役，事事受制于官，一遇饥荒，束手待尽；非若无田富民，逐什一之利，转贩四方，无赋敛徭役，无官吏挟制，即有与民争利之桑、孔，能分其利而不能破其家也；是以有田之富民可悯更甚于无田。《硕鼠》之诗，幸其田之将尽而复为无田之民，不受制于官吏也，乌乎伤哉！

俭，美德也；禁奢崇俭，美政也；然可以励上，不可以律下；可以训贫，不可以规富。《周礼》保富，保之使任恤其乡，非保之使吝啬于一己也。车马之驰驱，衣裳之曳娄，酒食鼓瑟之愉乐，皆巨室与贫民所以通工易事，泽及三族。王者藏富于民，譬同室博弈而金帛不出户庭，适足损有馀以益不足，如上并禁之，则富者益富，贫者益贫。彼富而俭者,未必如大禹之菲食恶衣而为四海裕衣食也,未必如晏子、墨子之节用而待举火者七十家、待寝攻者数十国也。俭生爱,爱生吝,吝生贪,贪生刻。三晋之素封,不如吴、越之下户,三晋之下户,不如吴、越之佣隶;俭则俭矣,彼贫民安所仰给乎?天道恶积而喜散,王政喜均而恶偏,则知以俭守财,乃白圭、程郑致富起家之计,非长民者训俗博施之道也。《唐》《魏》刺俭啬,至于"宛其死矣,他人入室",无一言及于散财任恤,足为美俗仁里乎?《桑柔》之诗曰"好是家啬,力民代食",《韩诗》说谓"好用此居家吝啬之人",则知《周官》保富非此之谓矣。

十履而一跣,则跣者耻;十跣而一履,则履者耻;此俗之以众成者乎!上好紫则下皆女服,上好剑则士皆曼胡,此俗之以贵移者乎!及其既成,虽贤者处之,不免颠倒于众习。群尚俭则耻奢,群尚奢则耻俭矣;群尚让则耻竞,群尚竞则耻让矣。今之郡县,即古封建之地也。地不远而各自为俗,好讦讼,好勇战,好奢靡,好任侠,好封殖,相高相尚,生而习见,不以为非;未至则求其至,已至则求其胜,虽贤父兄师友戒劝之,良有司训谕之不止;自非易其所安而别开以可慕,岂能因势利导,风行而草偃乎?民之制于上,犹草木之制于四时也,在所以煦之,煦之道莫尚乎崇诗书,兴文学。故君子读《郑风》,不叹其淫荡而叹《子衿》学校之久废;读《卫风》,不伤其流泆而伤《淇(澳)〔奥〕》礼教之久衰;读《陈风》,不叹其淫奔而叹其巫觋歌舞之不革。

"飘风大和,泠风小和。"风之所过,万窍怒号;风之所止,一尘不嚣;其怒也有倡而和者也,其止也有锐而竭者也。有士风,有民风,斯二者或区于土俗焉,或移于政教焉。《小戎》《驷铁》之秦,《二南》雅化之丰、镐也;《扬水》《无衣》之晋,平阳、蒲坂之帝都也;

阖庐剑士之吴，太伯端委之吴也；魏、晋清谭之士林，东汉礼教节义之士林也；自非不待文王之豪杰，有不随风草偃者哉！风之既成，贤君相三纪挽之不足；风之将变，一狂士败之有馀。《诗》曰“匪风发兮，匪车揭兮”，言民风之易变也；“风雨萧萧，鸡鸣胶胶”，言士风有变有不变也；不变者天地之心所寄也。

默觚下·治篇十五

晋文之图伯也,三年思用其民,而子犯三阻之;越王之报吴也,四年思兵其仇,而范蠡四拒之;皆不肯轻试其锐于事机未可之时。及一旦用之,踣楚沼吴,不崇朝而得志天下,岂仅惧己力之未足哉?抑可乘之机未十全也。秦之方强,九国之师不能入函谷一步,及陈胜中夜一呼而九州瓦解;匈奴之猖獗,汉高、汉武两世雄主不能逾漠扫庭,及宣、元不折一矢而呼韩稽首;曹操、苻坚不审机而锐图江左,遂再蹶赤壁、淝水之师;富平、符离不审机而锐议恢复,遂永绝关陕、淮西之望。不惟敌国已也,阴盛侵阳,臣盛侵君。桓王之伐郑,鲁哀之去三桓,晁错、齐、黄之去宗藩,汉季、唐末之去宦寺,皆阴阳争,君臣战,两败俱伤而后亡。故摘果于未熟,视已熟不可同年而语;拔儿齿于已龀,视未龀不可同年而语。(诗)〔孟子引齐人语〕曰:"虽有镃基,不如待时。"(又)〔《诗》〕曰:"不失其驰,舍矢如破。"

才量受诸天,福量亦受诸天。人之福有不足庇一身一家者,有仅足庇身家而不足庇一国者,有图功辄成、有谋辄就并足济天下者;故有安天下之才,不若有安天下之命。功名与运会相值不相值,势天渊焉;相值而成,亦才十之三而天命十之七。邓禹、郭子仪、曹彬、徐达,乘开国全盛屡胜之威,而皆曾为败军之将,使当蜀汉、晚唐、南宋之末，有不议其见事迟而用兵短者乎？使刘备、诸葛亮、文天祥、史可法易地而处开国之运，鬼神启之，河冰、江潮济之，雷雨、反风助之，有不席卷天下者乎？光武之才，岂胜伯升？孙权之才，岂胜伯(苻)〔符〕？姚苌之才，岂胜姚襄？而兄弟前后，成败霄壤，后起者胜，孰知其故？故亡国之臣皆无才，非无才也；开国之臣无失算，非无失算也。伊、吕讵愚于夏、殷而知于汤、武？百里奚、张良讵愚于虞、楚而智于秦、汉？房、魏、耶律楚材讵愚于隋、金而智于唐、元？李左车讵愚于赵而智于韩？兴王之佐，皆亡国之虏也；鹰扬之帅，多败军之将也。《诗》曰："既克有定，靡人弗胜。"言天之未定则人胜天，天既定则天胜人矣。

默觚下·治篇十六

见利思义与见利思害，讵二事哉？无故之利，害之所伏也；君子恶无故之利，况为不善以求之乎？不幸福，斯无祸；不患得，斯无失；不求荣，斯无辱；不干誉，斯无毁。暴实之木根必伤，掘藏之家必有殃。非其利者勿有也，非其功者勿居也，非其名者勿受也。倖人之有者害，居人之功者败，无实而享显名者殆。福利荣乐，天主之；祸害苦辱，人取之。《诗》曰："鱼网之设，鸿则离之。"

媒妁誉人而人莫之感，佣雇勤事而人莫之功。有所利而名仁者，非仁也；有所要而称义者，非义也。居功之行，人不功其行；求报之惠，人不报其惠。是故大义无状，大恩无象。大义成，不知者荷之；大恩就，不识者报之。《诗》曰："自天降康，丰年穰穰。来假来享，降福无疆。"人之报赛于天地也，夫何求与酬之有！

昔者子路受拯溺之牛，子贡不受赎臣妾之金，孔子善子路而规子贡，圣人之议道自己而置法以民如是也；南宫"羿、奡不得死，禹、稷有天下"之问，上推于莫为莫致之天，而夫子再三赞之曰"尚德哉"，"君子哉"，圣人为中人以下语天道如是也。无欲而好仁，无畏而恶不仁者，天下一人而已。故知者利仁而君子怀刑焉。刑赏者，所以劝惩天下之中人，然劝惩所及者，显恶显善而已。阴慝阴善，则王法劝惩所不及，自非天网恢恢疏而不失，岂能福善祸淫于耳目之所不及乎？显以赞王化，密以佐君子，慎独之功于冥冥，故曰“不以昭昭申节，不以冥冥堕行”。众人之视是非与利害二者，君子之视是非与利害一也。少而习焉，长而安焉，庸讵知中心安仁之不在是乎？《诗》曰：“投我以桃，报之以李。彼童而角，实虹小子。”

“汝则有大疑，谋及乃心，谋及卿士，谋及庶人”，而必曰“谋及卜筮”，何耶？“(卜)〔龟〕筮共违于人，用静吉，用作凶”，何耶？事可理决者，以是非决之。建侯、迁国、行师、出门、攸往、田狩、济川、取女、归妹、遇主、见大人、刑讼、祭享、折狱、疾药、鼎悚、用贤、履险、出坎、处困、震恐、行旅、丧羊，此可尽以是非决乎？事莫大于禅让、征诛、迁都，而古圣人一决诸枚卜，一决诸梦卜。一则曰“献卜”，曰“不敢违卜”。知人之哲，尧、舜其难，而共、鲧、欢兜之委任，三监、武庚之过使，上官桀、庞萌之托孤，王季误葬，许世子误药，英君、哲相、孝子、忠臣所不免，矧中人以下乎？且夫《易》者，圣人所以极深而研几也，不惟决利害而亦决是非者也。自非大无理之事不疑何卜者，或可或否之间，见仁见知，中人每二三焉，或见其崖略，不见其层折。知来藏往之神，即心之神也；得失能动心，不能惑神，故假诸无心之卜筮以决之。识疏者卜之而密，志歧者卜之而一，胆懦者卜之而勇，为善去恶即趋吉避凶。其或为之可成而卜之不吉，则必不当为之事；《易》固不为小人谋，不可以占险也。“假年学《易》，可无大过”，无心之过，圣人不免也。后世之为学者，乐崩礼坏，而为政也，又卑卜筮为蓺术，屡臆屡偾屡悔而不悟，亦古今之一大沿革乎！《书》曰：“朕梦协朕卜。”《诗》曰：“卜筮偕止，会言近止。”

古今宇宙，其一大弈局乎！天时有从逆，地理有险易，人情有爱恶，机事有利害，而攻取之局生焉。或逸之而得，或劳之而不得；

或拙之而反得,或巧之而不得;或奇之而正,或正之而奇。故禅让一局也,征诛一局也,传子、传贤一局也。君子小人互为消长,《否》《泰》之变局也;始放之而复反之,君臣之变局也;吕、贾、武之司晨,男女之变局也;或倚之而伏,或伏之而不可倚,祸福之变局也;或中夏御之而乱,或起自塞外而治,魏孝文、金世宗皆三代后之小尧、舜,华、夷之变局也。或防之在此而弊即出于所防,秦惩七国角立而废封建,而国遂亡于孤立;光武惩王莽之篡,三公不许任事,而东汉遂亡于梁冀;晋惩魏之疏忌宗室,广封八王,而晋即亡于强藩之构兵;宋惩五代藩镇之强,杯酒释其兵权,而宋即弱于郡县。推之晋亡于庄、老而汉以黄、老得之,秦亡于申、韩而子产、孔明以申、韩治之,六国亡于策士而汉祖以陈平、张良奇计得之。女祸、阉祸、强藩、夷狄、盗贼,自三代之末至于元二千年,所谓世事理乱、爱恶、利害、情伪、吉凶、成败之变,如弈变局,纵横反覆,至百千万局,而其变几尽;而历代君相深识远虑之士载在史册者,弈谱固已详矣。〔或〕有见于死地之说则以病背水之军,而师其阵者即败于背水,或有见于多多益善之说而败于投鞭断流,或有见于以少击众而败于背城孤注,或不用阵图而专好野战,或不肯野战而长于凭城;王莽以井田致乱,安石以《周礼》误宋。故废谱而师心,与泥谱而拘方,皆非善弈者也;有变易之易而后为不易之易。《书》曰:"若虞机张,往省括于度则释。"孰是局中而具局外之识者乎?

召公之告成王曰"用供王能祈天永命",夫命也而可祈诸天乎?《太甲》曰"天作孽,犹可违,自作孽,不可活",好生者天地之德,人而以杀人为心,安得不为天之所恶?故曰:"三代之得天下也以仁,其失天下也以不仁。"又曰:"不嗜杀人者能一之。"杀机杀运之动,莫烨于秦,灭六王,定四海,自谓地广三王,功高五帝,乃自称始皇帝，一世二世以至于万世。使扶苏得立，更秦法而宽大之，分封诸公子及公主之夫为王，封蒙恬、蒙毅、章邯、王翦为公侯，举贤相，崇诸儒，则秦祚何必不与三王同永？乃死不旋踵而五公子、诸公主尽死于胡亥之手，杀蒙恬、蒙毅，族李斯，皆出于扶苏之谏坑儒而出监军，使高得行其奸计，则秦之亡，坑儒为之也。夫贤人者天地之心也，战阵所杀千万人，不如无故坑数百贤儒之罪上通于天也。晋司马氏世握魏权，齐王芳本无失德，司马氏即欲图篡，令其禅位而降封之，如汉献帝山阳公得全始终可也；乃废之而立高贵乡公，遂死于贾充、成济之手，又不斩贾充以谢国人。且既言“天下者景王之天下，吾身后大业宜归齐王攸”，果能守此信，则平吴之后，传位于皇弟齐王攸，而以长沙王乂为太子，遹为皇孙，令其递传至遹可也；不然，即及身立遹，而辅以齐王攸、长沙王乂及卫瓘、张华诸人亦可也；奈何以蠢愚之惠帝，又配以淫悍之贾妃，而欲孙遹能全于庸悍之手乎？则遹之被戕，高贵乡公之不得其死为之也。刘裕起匹夫，定中原，有江左，功德在人，何以三子无一善终，而宋文帝且陨于元凶劭之手？则其鸩甘心禅让之恭帝为之也。唐太宗以秦王起兵有天下，贞观之治几于三代，何以再世而武氏杀唐子孙殆尽？盖建成、元吉谋毒太宗，太宗杀之可也，其子孙何罪而尽杀之乎？则是武氏入宫，即建成、元吉子孙之报也。甚至高洋灭(跖)〔拓〕跋之族，宇文周武帝灭高氏之族，隋杨坚复灭宇文之族，皆不旋踵而天以逆子报之，如蛊虫之自相啖食，岂非皆自作之孽哉？安有天而作孽于人者哉？《书》曰“祈天永命”，毋获罪于天之谓祈。后世如宋太祖铁牌藏庙，垂诫嗣王，养成三百年忠厚之治者，真万世法哉！

说文拟雅叙

金坛段若膺先生《说文解字注》曰:“小学家六书纲领,不出形、声、谊三端:《说文》,形书也;《尔雅》,谊书也;《玉篇》《广韵》,音书也。而《说文》一书,檃括有条例,注说该六艺。今世学者,苟能取其得声之字,照十七部,兼用四声,分为韵谱,则其部之界画胜《广韵》远矣;苟再有其人,取其专训本谊之篆注,分类部居,则其条理之精密过《尔雅》远矣。”源考《说文》古音分十七部,仅段君一家之言,与顾氏十部、江氏十三部、孔氏十八部、王氏二十二部、刘氏二十六部互有详略出入,且吴江钮氏、元和江氏,均已依其部分,著书刊勒行世。惟以谊分类,合《说文》《尔雅》为一者,世间尚无成书,爰以治经之馀力为之,三月而告成。

以天、地、人、物、事五大类括五百二十三部。而于各部之中,有不得不异于《尔雅》者。《尔雅》有“释亲”,无“释人”,故五官、四肢、五事、五伦、五性最广之字,皆无类可归,尽入之“释诂”,而“释诂”一门,遂拥肿杂沓,不便稽检。此书别立“释人”,纲举目张,与天地事物方聚族分,此其善于《尔雅》者一也。

《尔雅》不尽用字之本谊,专取假借,故六书之本义不明。今专以部首分类,而以其虚文语助为“释言”,别辑其专行借谊反废古谊者为“释训”,并将《说文》分部之失,如丩句之以亦声立部首、笑与哭不同入犬部、告不入牛部、家不入宀部、后哌司不入口部、珏不入玉部、章不入邑部之类，今并更正，此其善于《尔雅》者二也。

别为《转注释例》《假借释例》《意声事形释例》三篇以冠于首，与段君之注亦多相失，故各类中止载原篆原注而不采诸家之注，意主告蒙，且便自检阅，而不敢当董理之任。至于本此三例，发明而扩大之，以俟后之君子。

咸丰元年，邵阳魏源序。

说文转注释例

《周官》保氏以六书教国子。《汉书·艺文志》曰:“象形、会意、指事、谐声、转注、假借,校者案:《汉志》作“象形、象事、象意、象声、转注、假借”。造字之本也。”象形、指事、会意、谐声,皆无异义,独转注、假借颇多歧解。昔人有“反正为乏,反存为在,谓之转注”之说,然此数字外更无可证。近人知其不可通,于是段氏本其师戴氏之说曰:“转注者,犹言互训也。以老注考,以考注老,展转注释,是为转注。惟象形、会意、指事、谐声为六书之体,而转注、假借,则六书之用。”而力辟《汉志》六者皆造字本之说。

又以《尔雅》为转注之书,而初哉首基肇祖元胎俶落权舆,始也,即以始字为建类一首,互相训释之义。然初哉首基等可训为始,而始不可为初哉首基,乌在其为考、老之互训也?推之而弘廓宏溥介纯夏幠庬坟嘏丕奕洪诞戎骏假京硕冢箌将席可训为大,而大不可训为夏幠庬坟等十馀字;赉贡锡畀予贶可训为赐,而赐不可训为赉贡锡畀;衎豫妣般可训为乐,而乐不可训为衎豫妣般;遹遵率循由从可训为自,而自不可训为遹遵由从;询度咨诹可训为谋,而谋不可训为询度咨诹;典彝法则可训为常,而常不可训为典彝法则;黄耇、鲐背可训为老,而老不可训为黄耇、鲐背;妃匹仇敌可训为合,而合不可训为妃匹仇敌;绍胤赓续可训为继,而继不可训为绍胤赓续。再推之,天颠也而颠不可训天,元始也而始不可训元,礼履也而履不可训礼,海晦也而晦不可训海,不丕也而丕不可训不,井法也而法不可以训井,秋揫也而揫不可以训秋。牛事也,羊祥也,马怒也,髮拔也,而事、祥、怒、拔等不可以训为牛、羊、马、髮,荐藉也而藉不可以训荐。树本木名,假为一切树立之谊,而立不可以训树;竖本童竖,假为竖直之义,而直不可以训竖。举《尔雅》一书,无非会意、假借,无一条可指为互训转注者;举《说文》一书,形、声、事、意、假借无所不有,独无互训之谊。段君、戴君徒能言之而不能指明,除考、老二字之外,不知当以何字为互训?惟窒塞疑惑喜乐悦怿等字及力部之功勋劭勉劝勸勤勱强勍,阜部之狭隘险阻隤陨倾坠隐蔽,丝部之纲網纪绪绍继缠绕等字,差堪互训。此外遍检各部,并无可当者,非如象形、指事、会意、谐声之字部部有之,乌有此窘狭之义可列六书者乎?

且"建类一首",谓以五百二十六部首展转贯注于每部数百字数十字之中,故每部必曰"凡某之属皆从某"。许君《自叙》曰:"其建始也,立一为端。方以类聚,物以群分。同条牵属,共理相贯。杂而不越,据形系联。引而申之,以究万原。毕终于亥,知化穷冥。"是许君《自叙》一字不及于象形、会意、指事、假借,而惟以部类建首转注为六书之纲领。其纲领或在上下,或在左右:如日月金木石风土水火阜人口手足言首目骨肉毛鱼虫牛羊犬豕之类,偏旁在左者,皆左为转注,右为谐声;凡隹鸟皮邑殳斤支戈多它巴长隶欠斗戊卜攴珁偏旁在右者,皆右为转注,左为谐声;凡山屾雨西高爻冂冃冃襾网冋門鬥一二三四亩艸竹宀穴虍𥫗朿亯厂𠂇丄广自白瞿壴大旡甘音旦采㫃聿北入夂厽乃之属,部首在上者,皆上为转注,下为谐声;凡其且巫几丌亏兮堇是此氏氐矢止已支乙壬韭臼丰寸皿豆丹用重共见至壬丁部首在下者，皆下为转注，上为谐声；此全书之通例，即如晦明朓朒雷云飘飙炎燎冰凌等字，使非从日从月从风从云从火从仌等字，何以知其属天乎？邱陵境壤等字，使非从邑从阜从土，何以知其属地乎？江河波涛流润清浊等字，使非偏旁，何以望而知其为水乎？嶽崧岐岱等字，使非部首，何以望而知其为山乎？从艸从木从竹从鸟从隹从鱼从虫从黾从犬马牛羊之字，使非偏旁，何以知其飞潜动植乎？从金从石从玉从革从韋从丝从衣从匚之字，使非偏旁，何以别其何物何器乎？从心从毛从髟从耳从目从皮从骨从肉从页从面从手从足从子从女从人之字，使非部首，何以辨其何形乎？举五百二十六部，无一字使能出部首之外。故形、声、事、意等字，如人之有名字，而偏旁部首，则如人之有姓氏，而后祖宗嫡庶，宗族支派，秩然其不可乱焉，又若丝网在纲，经纬错综而不可紊焉。六书转注之谊，孰大于部首建类者，而乃以互训当之乎？以互训当转注，则此五百二十部首于六书属何门？岂部首反不在六书之列乎？况以註书为注书，起于东汉马、郑之臆造。《汉·艺文志》载诸经师之书，如《齐诗故》《鲁诗故》《韩诗故》及《春秋邹氏传》《夹氏传》《左氏微》《铎氏微》《张氏微》《毛诗诂训传》、《公羊》《谷梁外传》、《公羊》《谷梁章句》、《公羊颜氏记》，从无有称註书为注者，岂《周官》保氏时已知东汉註书而预为转注以待之乎？《尔雅》："水注川曰溪，注溪曰谷，注谷曰沟，注沟曰浍，注浍曰渎。"春秋"有(鞅)〔韎〕韦之跗注"及"华不注之山"，皆以山水得名，从无涉于注解。戴氏、段氏小学专家，乃毕生不知转注之义，可谓求之千里，失之睫前，此许君转注一首建类之义大异于戴、段者也。

至于许君部分，亦有不尽符建类、转注之本旨。有孤立部首

“凡某之属从某”而部下并无一字者，有部首下尚有数字可隶而不收隶者，有一部中忽分二字三字别立为部而绝不解何意者，有二部三部并之实止一部者，有不以形为部首而以声为部首，违全书通例者。如𩫏部从回，象城郭之重，两亭相对，并无隶字，何不以𩫏入邑部而自立部？又如鼻部之前先立自部，惟一鼻字隶之，何不以自为鼻之部首而免立专部？后部只一㖃字，当入口部，何以别立部？司部止一詈字，何不以司入口部，詈入言部，而独立部？玨部止一斑字，何不并入玉部而别立部？異部惟一戴字，戴当入戈部，则異当入共部，何得专立部？如毌部惟一贯字，当入贝部，又虜字当入虍部，则毌部可废。㡀，败衣也，即敝衣字，从(文)〔攴〕㡀声，当入(文)〔攴〕部，何以专立部首？耑部物初生之题也，题，顟也。上象形，下象根也，并无一字。案此即端字，当归立部，为端之省文而废此部首。尗部豆也，惟隶一(豉)〔枤〕字，何不与巻、登等字均隶入豆部？又如宀部家牢皆牛豕之宫，而谓家从豭得声，则牢之居牛，又从何得声？五百二十部中，皆以形为部首，不以声为部首，何以丩句两部亦声之字，独首声而不首形；而同声之字，如鉤痀笱拘纠朻等，又罣一漏十？段《注》不一纠其失，反曲为周旋，如枸朻当入木部，鉤当入金部，痀当入(疾)〔疒〕部，拘当入手部，笱当入竹部，纠当入糸部，则丩句二部可废。朿部只一䩡字，案䩡本从韋，朿本从木，当以䩡入韋部，朿入木部，而废此部首。㐒，禾麦吐穗上平也，部内只一𪗉字，即等齊之齊，当以㐒入月部，而以𪗉为齐之古文，则㐒部可废。校者案：《说文》无月部。㐒字篆作㐒，徐云：生而齐者莫若禾麦，=，地也。月当为=之讹。瓜部九文，而瓠字独另立部，并无隶字，殊不可解，当并入瓜部。朿部木芒也，部内只枣棘二字。考朿本从木，当入木部，而此部可废。㲋即克字，肩也，象屋下刻木之形，又古文克作𠫹，此部并无相隶之字，今缘仔肩之义引申，假借为克能克胜之克，应入亼部，不当别立部。凶，恶也，与凶惧之兇同字，何以不入凵部而别立部？又朩部只一枲字，而下𣏟部有𢇁字枲属，又有𣭊字即离散之散，又下为麻部，有䌓𪎊䴡三字，当以朩枲及麻等并入𣏟部，共计八篆，不必别立部首。帛部只一錦字，考錦字从金，以其美贵如金也，当以錦入金部而帛入白部、巾部，决不当别为部。垚，土高皃，堯字从之，当并入土部，不当立垚为部首。㐆从反身，只一殷字，案𨈏亦反身，当以殷与𨈏軀同归身部，否则隶殳部。而吕则𨈏之偏旁，皆不当别为部。告部仅一嚳字，当以告入牛部，而别立𣪊部，以嚳字隶之。又若哭笑不入犬部，而独以哭为部首，仅一喪字，当归入亾部，而笑则并不收。至李阳冰归入竹部，改犬为夭，谓竹得风如人之笑，有同儿戏。此并单文孤部，无可转注，不当空立部首者也。至若庚部壬部，均无一字。然赓字从庚，妊望聖任衽饪纴等字，从壬，何以不为收入？此又部中字之应收不收者也。至于宀部七十一文，而宫营二字独别为部；山部五十三文，而屾(𡶒)〔𡸣〕二字，嵬巍二字各为一部；又岸崖(崔)〔㠑〕(崩)〔𡾰〕(岿)〔𡾰〕五字，并从山而不入山部，均不可解，宜并入山部，此小部之当归入大部者也。此皆与许君部首建类转注之谊未能尽合，《自叙》望后人董理者，意在斯乎！意在斯乎！

说文假借释例

问:转注之说,戴、段全非,至于假借之谊,亦有可议乎?曰:假借之说,段君言之虽深悉其本原,而未旁通曲鬯其族类。段君《说文注》曰:“假借放于古文本无其字之时。许书有言‘以为’者,有言‘古文以为’者,以,用也,能左右之曰‘以’。凡言‘以为’者,用彼为此也,如‘来,周所受瑞麦〔来麰〕也’,而以为行来之来;‘乌,孝鸟也’,而以为乌呼之乌;‘〔朋〕,古文鳳〔凤〕,神鸟也’,而以为朋党之朋,‘子,(本)冬〔十一〕月阳气动万物滋也’,而人(专)以为称;‘韦,相背也’,而以为皮韦;‘西,鸟在巢上也’,即古栖字。而以为东西之西。许书言‘以〔为〕’者凡六,是本无其字依声托事之明证。本无来往字,取(牟)〔来〕麦字为之,及久但知来往借谊而本谊反废,此许说假借之明文也。其云‘古文以为’者:洒下云‘古文以为洒扫字’,疋下云‘古文以为《诗·大雅》字’,丂下云‘古文以为巧〔字〕’;臤下云‘古文以为贤字’,旅下云‘古文以为鲁字’,哥下云‘古文以为歌字’,诐下云‘古文以为颇字’,𠪚下云‘古文以为靦字’,爰下云‘古文以为车辕字’,𢿱下云‘《周书》以为讨字’,疑即《无逸篇》“诪张为幻”之诪。此皆所谓依声托事。而〔与〕来乌朋子韦西六字不同者,本有字而代之,与本无字有异。然或假借在先,制字在后,则假借时本无其字,非有二例。惟前六字则假借之后终古未尝制正字，后十字则假借之后中古遂有正字，为不同耳。

“许书又有引经说假借者：如玫，人姓也，而引《商书》‘无有作玫’；谓《鸿范》假玫为好也。案：玫、醜同声，以醜为好，如以乱为治。莫，〔火〕不明也，而引《周书》‘（敷）〔布〕重莫席’；谓《顾命》假莫为蔑也。堲，古文垐，以土增大道上也，而引《唐书》‘朕堲谗说殄行’；谓《尧典》假堲为（疹）〔疾〕也。圛，回行也，而引《商〔书〕》‘曰圛’，〔释云〕‘圛〔者〕升云半有半无’；谓《洪范》假圛为骆驿也。枯，（槀）〔稾〕也，而引《夏书》‘维菌辂枯’，释（之）〔云‘木名’〕；谓（《禹贡》）假枯（槀）〔稾〕之枯为木名也。此皆许称〔经〕说假借，亦由古文字少之故，与‘古文以为’者一例。大抵假借之始，始于本无其字；及后既有其字矣，而多为假借；又其（变）〔后〕也，〔且至〕后代讹字亦得自冒于假借。博综古今，有此三变，此所谓无字依声者也。至于经、传、子、史，不用本字而好用假（讹）〔借〕字，此（由古书不尽著竹帛，口授方言，）〔或古古积传，〕转写变易。许君每字以形说其制字本义，而其用本字之声不用本字之义者，乃可定为假借矣。”

源按：用本字之声而不用其本义者，固不可枚举，即古文有此字而终不制字者，亦不可枚举，何拘拘于《说文》六字、十字之间乎？有引申之假借：如号令之为令长，长短之为长幼、君长，本义与引申之义并行。推祖考之考，假为考成、考索之考；攻玉之理，假为义理之理；道路之道，假为引道、天道、王道之道；途路之路，改训为大而为路门、路寝、路车之路；土圭测景之圭，假为王侯执玉之珪；子孙之孙，假为孙让之孙；介本大龟，而假为耿介之介；井本水泉，假为井法之井；㞷字古文以・为火，以㞷为盛火之器，后人假为家无二主之主，别作炷字代之，而主之本谊废。又如能本多力之熊，为本好动之猱，犹本多疑之嘼，而假作能敏之能、作为之为、谋犹之犹；若治、若沽、若济皆水名，通假为浚治、沽鬻、济渡之谊，而本义皆废。易即蜴字省文，而假为变易、移易、易简之易；鬯本郁酒升香之器，而假为一切鬯茂、絪郁之义；㫃本旌旗之斿，而假为语助之於、於戏之於；等本竹梢相平，而引申为等齐、等级之等；弟本韦之相次，而引申为一切次第之第，又假为居第之第；贯本象以物串贝，而假为贯通之贯；克本肩也，缘仔肩堪任之谊，假为克能、克胜、掊克之克；南方有大象不得见，拟其仿佛曰象，因假为一切形象之象；豫亦大象，而假为豫大之豫；彖本豕形，而假为爻彖之彖；美本羊羹，而假为一切美善之美；奪为手持(妨夺)〔隹失之〕，而假为一切攘夺、裁夺之夺；奮为大隹自田中奋出，而假为一切奋往之奋；舊本黄离，而假为新旧之旧；離本仓庚黄鸟，假为离坎之离；雍本鸟名，而假为雍和之雍；隽本禽之肥，假为奇隽之隽；桀本鸡栖木上，校者案：《说文》桀，磔也。从舛在木上也。《毛诗》有“鸡栖于桀”语，其本字当作弋，英桀字《说文》作傑。假为英桀之桀；豪本豪猪，假为豪杰之豪；特本牛父，假为特立之特；荦本驳牛，假为卓荦之荦；牟本牛鸣，假为牟等之牟；旄为徼外犛牛，假为旄倪之旄；骘本牡马，假为阴骘之骘；骄本马高八尺，假为骄亢之骄；雕本鸷鸟，假为雕琢、后雕之雕；乌本孝鸟，焉本黄鸟，而假为乌呼之乌、语助之焉。以至哭、笑皆犬之喜怒，假为人之喜怒；家牢皆牛豕所居，假为居人之家，牢笼、牢固之牢；孚本鸡之抱卵，假为中孚之孚；默本黑犬，假为墨墨无言之墨；某本甘木，因作楳与梅相通，假为谁每之每；燕本鳦鸟，假为燕安、燕享之燕；难本雁鸟，随阳去来，以其难至，假为难易之难；雅本鸦也，假为大疋之疋；龙本纯阳之物，假为宠光之宠；朋本凤皇，百鸟从之，假为朋从之朋；物本从牛，大物也，假为万物之物；习本鸟羽学飞，假为时习、性习之习；不本鸟飞不至地，假为一切不然之不；非本鸟飞不下，而假为是非之非。《易·小过》☳☶横成非字，故有飞鸟象。《史记》秦非子养马汧、渭，而晋卢子谅诗引作“飞子”，注“非”与“飞”古文通用，亦通作“蜚”。然本火焚，假为语助之然；则本典则，假为语助之则；戴本分物得异，而假为负戴、感戴之戴；曰象口出气，因假为言说之曰，又假为粤、为爰。此皆有引申之假借，依声托事，借谊与本义并行者也。

有不依声而从形近之假借：如“丂”古文以为巧字，“疋”古文以为雅字，“臭”古文以为泽字，“敫”古文以为叡字，“臤”古文以为贤字，〔�〕古文以为闢字；“𣥂”古文以为鲁字。《左传》：仲子生而有文在手，曰“为𣥂夫人”。又有不依事而但托声之假借：如霸本月魄，而今假为五伯之伯，栞古文以为刊字。人名则欢兜为欢吺，丹朱一曰丹絑，皋陶古作咎繇，偰古作禼，仲虺古作仲𦉭；冏命古为㷊命，子贡古作子赣，卫侍人痈疽即侍人参乘之雍渠。地名则牧野古为坶野，《费誓》古为《粊誓》，岷山古作𡵖山，许国古为鄦国，灵台古文作灵𡰧。器则牺尊当读莎尊，此并由卫包之徒改古为俗，而亦托于假借。乃至男女互相尔女，自当作女，而假用汝水之汝；黾本介虫，而假为黾勉之黾。此皆无引申之假借，借谊与本谊并行，终古未尝制字者也。

至于训诂，则厌有平、上、去、入四声，而分厌倦、厌饫、厌压、厌恶之四义；恶有平、去、入三音，而分乌恶、疾恶、羞恶之三义。让不改音，而有推让、责让相歧之义。敦彼行苇之敦，又为敦盘之敦；格本长木貌，假为感格、格正、格式、扞格、格至之格；本末原谓木根木杪，假为一切本始末终之义；相本以目观木，假为相度、相与、赞相之相；笃本马病行迟，而假为笃厚之笃，又竺管为笃之古文；箴本缀衣之鍼，而假为箴铭之箴；暴本日出曝暵，而假为暴富、暴虐之暴；

堪本大突，与坎同谊，而假为堪能、堪舆之堪；节从竹，本谓木多节，而假为节义、节制、节俭之节。又或倒义互训：《论语》以乱为治，《尧典》以攘为讓，《易·师卦》以毒为治，《洪范》以政为好，《诗》以落为始、以谷为恶木。若夫引申之义，大而言之：则天本苍穹也，而引申之则夫为妻天、君为臣天、父为子天、食为民天；极本屋梁，居栋宇正中，引申为北极、太极、皇极之极。阴阳字皆从阜，本谓山南阴、山北阳，引申而两仪、四象、八卦、四时、四方、阳律阴律以及水阴火阳、否阴泰阳、邪阴正阳、幽阴明阳、男阳女阴、牝阴牡阳、雌阴雄阳、阳木阴木，无不以阴阳相配。再考天干、地支：则甲本天干之首，而假为甲拆、甲胄之甲；由从倒甲，凡木倒甲而生即为由蘖，而假为由自、率由之由；丁亦天干，假为人丁之丁，又为"伐木丁丁"之丁；辛亦天干，假为辛苦之辛，又为更新之新；壬本天干，而假为壬林、佥壬之壬。子乃地支，孟冬阳气之首，而以为父子之子；寅乃地支，假为寅畏、寅恭之寅；庚本地支，假为"大横庚庚"之庚，又引申为赓歌、赓续之赓；戌本地支，假为征戍之戍；校者案：《说文》戍隶戈部，云"守边也，从人持戈"。戌为部首，云"灭也，从戊含一"。戍戌二字异文。未亦地支，假为未来之未；※古文癸，象冬时水土平可揆度，因引申为揆度、揆法之揆；午本训牾，五月阴气〔午〕逆阳冒地而出，假借为旁午、相午之午；申七月阴气成体，假借为诎申、引申之申。此皆假借引申之最大者也。

辄本车(下)〔旁〕两輢，因舆中人倚輢，引申为倚恃专辄之辄；将本将帅，引申为将来、将请、将送，又假为钟鼓将将之将；尊本尊彝，假为尊崇之尊；秀本禾颖，假为一切秀出之秀；穆本(木)〔禾〕名，假为於穆、皇穆之穆；填本训塞，引申为填压之填，与镇同。又假为《大雅》"仓(况)〔兄〕"之填，又为《毛传》训烝之填；《棠棣》诗"烝也无戎”。垂，远边也，引申为垂天云之垂；罪本捕鱼器，从网，秦始皇以辠文从自似皇字，改辠为罪；辞让之辞，本与文词各义，而世多假辞说为词；字本乳子，引申为文字孳生之字；桼以书简，墨以书帛，《尔雅》“不聿谓之笔”，石墨相著而研墨，桼能书竹不书帛，是笔、墨、研古皆有之，因假借为贪墨之墨；胡本牛颔，假为胡虏、谁胡、胡卢之胡；纳本丝湿，假为出纳之纳；酋本酒官，假为酋长之酋及《诗》“似先公酋矣”之酋；郑：似，〔嗣〕也，酋，终也，谓将嗣先公之业而终之。雉本野鸡，因旁从矢，矢可度量，假为“都城百雉”之雉；脩本束脩，脯也，假为修治、修能之修；校者案：《说文》脩，脯也，从肉，攸声。修，饰也，从彡，攸声。二字不同。胥本蟹醢也，假为吏胥、皆胥之胥；灏本豆汁，假为灏大之灏；柰本木果，假为柰何之柰；岂本凯旋（车）〔军〕乐，假为岂弟之岂、语助之岂；勿本旗物，假为毋勿之勿；且本荐也，假为语助进词之且；而本须也，象形，《考工记》“作其鳞之而”，假为语助之而；方本两舟相并也，字本作匚，假为四方之方，又假为语助方甫之方，又假为方旁之方；业本钟虡，而假为事业、德业、兢业之业；荣本屋（脊）〔梠〕，假为荣华之荣；向（者溺）〔北出牖〕也，假为方向之向及向背之向；宣本宫室名，假为宣明之宣；宋本木名，专植诸亡国已屋之社，故周封殷后以宋为名；廉本堂隅，假为廉节之廉；钦本欠貌，假为《尧典》“钦哉”之钦；厥本发石，假借为厥逆之厥，又为其厥之厥；若本香艸杜若，假为若顺、若似之若；帅本佩巾，假为将帅之帅；常本裳衣，假为旗常之常及五常、庸常之常；矢本射镞，假为矢陈、矢誓之矢；然本火然，假为然诺之然，校者案：《说文》嘫，语声也。即然诺之然。又假为转语之然；纲本纲纮，假为纲维、纲纪之纲；维本车盖〔维〕，假为四维之维；纪者丝之总耑，假为统纪之纪；纔释为帛色，盖即緅字，而假为才纔之纔；经，织纵丝也，与直横相对，东西为经，南北为纶，而假为“经纶天下之大经”；萬本虫名也，而引申为千万之万，又假为曼长之曼；孔本从乙从子，乙鸟应候至而得子，可以嘉美，因假为一切孔美、孔大之孔；薦本鹿名。校者案：《说文》薦，兽之所食草，从廌从艸。古者神人以廌遗黄帝，帝曰：“何食何处？”曰：“食薦，夏处水泽，冬处松柏。”非鹿名。而假为一切荐藉、荐举之荐。此皆借义行而本义废者也。

《说文·自叙》言“孔子书六经、左丘明(书)〔述〕《春秋》皆以古文”，其不用假借明矣。及李斯改古文大篆，程邈又改篆为隶书以便徒隶，而经文失真者十之二三。加以秦火断烂之后，《尚书》由女传口授，《诗》由讽诵竹帛，经文失真者十之四五。如《尚书》“横被四表”或作桄、作光、作充；平章作采章、便章一作辩章，平秩古作平(豒)〔鞞〕；暘谷作崵谷；嵎夷或作嵎峓，又作禺銕，又讹作嵎铁；南讹本作南为，一作南伪，一作南譌；疾谗作塈谗；民献作民仪；盟古文盟，象明神在上以皿盛牲血，孟诸一作盟豬，孟津一作盟津。又唐、虞、三代无仪器，故《尧典》授民时专观天象，斗极旋绕北极枢机，而后人假为璇玑，又作璿玑以配玉衡，因谓以玉饰铜仪，以汉世机巧靡丽之器施诸上古，是误认假借为本义而正义反废。推之割训害，班训遍，孟训勉，寡训顾，卢为旅，讼为颂，顺为训，美作媺，亦作娓，巽作顨，《尚书》《周易》今古文之异同。再推齐、鲁、韩、毛《诗》，谷与穀，格与假，鉴与监，翦训勤，节作岊，媞作提，共与供、龚，留黎为流离，逶迟为郁夷，樂饥为療饥，療、疗同字，樂、療同声。倬假为菿，永假为漾，螓首为頳首，皆《三家诗》异文。《尔雅注疏》引证孔繁，遽数之不能终其物，此并同声假借之例，本有其字，不用本字而专用他字，或与本义并行，甚至本义反废者也。

至《汉志》小学家有《别字十三篇》，不入六书之内，以其无义可引申，遂不成字，而亦自附于假借者。如汉碑虽国姓、庙号、官名，皆可冒滥。欧阳作殴阳，中宗为仲宗，县令为县苓之类，洪适《隶释》即已斥之。又碑文《易》之莧陸乃莞睦之讹文。而《说文》中亦有俗体，许君滥收者，如某旁加木为楳，喿旁加口为噪，尊旁加木为樽，犓犍字之加牛，嗽字加口，此与“马头人为长”“人持十为斗”何异？皆必当芟薙之字，而人之为篆书者，反以其见于《说文》而遵之。至于(刘)〔丣〕金刀国姓，而必改书为鐂；潮字本于江汉朝宗，乃以《说文》所无而改书为淖、为涛，是雅其所俗而俗其所雅也。甚至《尚书·皋陶谟》七始咏讹为漆始，又讹来始滑，又讹采治忽；《盘庚篇》“今予其敷心优贤扬历”，而马、郑古文讹为“今予其敷心腹肾肠”；《易·(杂)〔巽〕卦·传》寡发讹为宣发；《列女传》卫寡夫人讹为卫宣夫人，加以能研诸侯之虑。《易·系》亦有衍文，《酒诰》《召诰》之简，中垒校其脱佚。此则豕亥、鲁鱼、阴陶、别风淮雨、夏五郭公，非竹简之断烂，即传写之讹佚，如是而概谓之假借，何异以燕说郢，以鼠证璞乎？至于一部之中，所收重文有声无义者，不可指屈。玉部除球琳琅玕琬琰璧珏琼瑶琮瑾璋珪瓒璪璁班珣玗琪珷玞外，尚有瑧瑿瑰瓅瑄玽琟瑦瑂璒玜十馀字，皆云石似玉者，不言何石何玉；艸部莄茖莛蓟萬薛菩蔽蕲菌蘇藷芇莐蘸莩荽藿葦葎葼蔦芄菁蘢茛薖三十字，皆云艸也，不云何草何形。此等无用之字，多收何为；故许冲上表言“慎以文字未定，故久未上”，许君《自序》亦有“后人董理”之望。故敢管窥蠡测，以告小学家之不持成见者。

说文会意谐声指事象形释例

《说文》之字，以转注、假借为最广，五百二十六部，无一字能离于部首之转注与偏旁之谐声者。离案：假借当是谐声。惟谐声有专谐声不会意、及谐声兼会意之不同。谐声不会意之字，五百部中不可枚举。其谐声兼会意之字，不如专声者之广，且其解说之谊，即《说文》亦间有未得制字本意者。如父母毋三字，《说文》训父为以手持杖，母从女有二乳，毋象女有奸之者禁止之毋令奸。然父之治家岂仅恃持杖者？谊似浅狭。今考父从八从乂，八者阴阳所以分别，乂者阴阳所以交会而生子，故爻、交字皆从乂。毋者母训子之声，故为禁止词。毋字说本武进庄氏。又如地池驰施等字，皆从也得声，似有施布向外之谊，岂有如《说文》训也为女阴之理？也音与者同部，与地池驰施不同部，何以诸字皆从也字得声？不能解也。《说文》以江、河二字示谐声之例，考江红虹鸿玒杠矼扛贡攻空功巧等字，皆从工。贡者上供之义，与工同用。空者化工太空之义，而攻功巧并言工上之力，惟此四字兼声与意。而巧则从丂得声，馀皆有声而无意也。河阿哥何珂坷诃轲呵牁舸哿奇等从可之字，亦有声而无意，而奇则并不谐声，与从也诸字同例，皆所未晓者。推之(義儀)〔我俄〕蛾与譌讹同声，彼陂被披破婆波颇皆从皮得声。而除(義儀)〔我俄〕外，馀皆有声而无谊。崇悰淙皆从宗得声，终零螽等皆从冬得声，惟终兼声意。考谐声不会意之字，百二十部中不可枚举，今专求其声意兼得者，惟冲盅忡忠仲皆从中以声兼义，濛矇曚艨幪皆从蒙得声，而《洪范》则雺蒙同字，亦声义兼得。勇涌俑踊恿通痛蛹，亦声中有义。龚供拱珙恭皆有声有义。暗瘖谙愔黯暗皆从音得声义。堪戡谌湛嵁踸并从甚得声义。又椹、碪字有声无义。唫盦欱颔媕皆从㑒得声义。㑒含同字。沈耽忱眈妉皆从冘得声义。枕袇二字有声无义。澹憺皆兼声义。谦歉慊嗛溓隒皆从兼得声义。酣柑甜苷泔某皆从甘得声义。酣者，甘酒；柑，甘果；苷，甘艸；泔，甘汁；此并声义同者。惟某从甘木而非甘声，则以楳梅相通之故，假谁每之每为谁某，因并从每音与？神伸绅皆从申得声义。钧均皆从匀得声义。傧摈殡皆从宾得声义。梱阃悃皆从困得声义。壸阃同字。墳蕡㯳羵豶鼖饙轒濆，皆从賁得音义。賁训大也。墳者大冢；《诗·桃夭》"有蕡其实"；㯳，大麻子；羵豶，大羊豕；鼖，大鼓。又《诗》言饙饎者，食之丰盛；轒，大车声；墳通《汝墳》之墳，谓堤防高大。惇敦醇焞谆哼錞皆从享得音义。皆敦厚之意。肫沌芚皆从屯得音义。殚瘅燀弹蝉禅兼得声义，惟觯有义无声。单殚皆尽也。《诗》曰"哀我瘅人"，言劳病无已时也。燀者，火炽将尽。弹取声欲尽不尽，蝉取其声蝉联不断之谊，故皆从单。禅与继相对，前禅终尽，后代承继，故禅从单尽。觯者饮酒器。《射礼》"举觯罚饮立尽"，故从单。《说文》："觯，酒器也，从酉单声。"案：觯音至，无读单之理，当衍声字。盖觯从单尽之义，非从单声也。歡驩懽讙灌觀勸皆从雚得声义。灌取祭祀灌鬯郁酒，人神欢洽之义，觀取旁（雚）〔觀〕欣喜之义，驩歡同字。辨辩辧辫皆从辡得声。离案：声下疑脱义字。焕涣皆从奂得声义。蔓缦嫚漫谩皆从曼得声义。嫚慢同字。滋孳皆从兹得声义。侅该荄孩垓颏晐峐陔骇皆从亥得声义。凡从亥部字皆有取于侅大生长之义。亥者，万物所以成终，故亥为天门，乾为亥方也。侍峙詩時恃皆从寺得声义。寺，法也，寺廷为礼法之地。碩願頒顒皆训大頭，从頁得声义。句枸拘笱鉤雊劬从句得声谊。即章句之句亦以句读可鉤勒为义,雏音与句同,金陵句容县取山圜勾曲义,俗读同章句者谬。价玠界并从介大得声义。朻纠从丩互得声义。濡懦儒均从需得声而谊不同,儒取需用之需,席珍待聘,为国储材之谊。逾踰愈瘉皆从俞得声义。弼粥弱皆从弜得声义。推之自私为厶,反正为乏,黻以两己相背为亞,恶以两弓相背为亞,两邑相背为邻邑,两臣相背为臦,此皆相反相通之谊。至若卯为春门,万物以出,其字从丣,酉为秋门,万物以入,其字从丣,此皆会意之字。丣可通为桺,不可通为卯,而郑以丣谷为卯谷,读为昧谷,此如汉人讹呼丣金为卯金,形与谊俱相反,断不可认会意为假借也。

又其制字会意有两字合为一字,如珏吅棘林茻朋覞之类;有三字合为一字,如麤为栗,犇为奔,猋为飙,(一)从木为麤,羴为膻,鱻为粗,雥为集,灥为原,聶为多语。又有四字合为一字,如(器)〔㗊〕嚻器从四口,《诗》"我姑酌彼金罍",籀文作(靁)〔櫑〕,象云雷之形。又《钟鼎款识》靁为古文雷,又木部櫑为虆之古文,(靁)〔櫑〕为罍之籀文。又㠭从四工而为𡯁,又𧪞古文以为讨字,即《书·无佚篇》"诪张为幻"之诪。拳勇之拳古文作𢍏,𦥔为蚕箔,即苗字,此并见《说文》,有会意无谐声者也。

至于指事之字,自"人言为信"、"止戈为武"外,如上、下、左、右、前、后、东、西、南、北、春、夏、秋、冬、青、赤、白、黄、黑、玄之类,皆指事之字,为例不多。其象形之字,则篆文皆为隶变,失其真形。如日月皆象形,自隶变为日月而不象形矣;艸屮皆象形,自隶变为草木,则不象形矣;鳥𠃨皆从两足,象形,自隶变烏鳥从四足,则不象形矣;爲本母猴,象形,自隶省作爲,则不象形矣;𠃨本阳鸟,其乙象飞形,自隶变为燕,则又不象形矣。此六书大概,姑述其略以告童蒙小学之士。

庸易通义

谨案:《中庸》之义全通乎《易》,而“未发之中”、“立天下之大本”者,原于《易》之“何思何虑”,各经所未泄之蕴,迥异《大学》以意、心、身为家、国、天下之本。盖彼为入学之门〔弟〕子言,乃文、行、忠、信、《诗》《书》、执礼之事,未及于尽心、知性、知天之事也。《论语》与弟子言,从不及《易》,即《孟子》七篇、《曾子》十篇,亦未尝一言及《易》。所谓“性与天道不可得而闻”者也,所谓“子罕言利、与命、与仁”者也。安溪李氏深于《易》,故其《中庸馀论》,于首篇专以《易》道发挥之,可谓精微广大,曲鬯旁通。予故广李氏之义,于《中庸》之通《易》者,标举数章于后:

“《易》无思也,无为也,寂然不动,感而遂通天下之故”,非即“喜、怒、哀、乐未发谓之中,发而中节谓之和”,为天下之大本、达道者乎?

《易》曰“复其见天地之心”,岂非《中庸》以“莫见乎隐,莫显乎微”,征慎独之心体乎,“君子学以聚之,问以辨之,宽以居之,仁以行之”,非即“博学、审问、慎思、明辨、笃行”者乎?

“元者善之长也,亨者嘉之会也,利者义之和也,贞者事之干也;君子体仁足以长人,嘉会足以合礼,利物足以和义,贞固足以干事”,非即“宽裕温柔,足以有容;齐庄中正,足以有敬;发强刚毅,足以有执；文理密察，足以有别”，以全其至圣之德乎？

《乾》之“九三，君子终日乾乾夕惕若”，“忠信，所以进德也；修辞立其诚，所以居业也；知至至之，可与几也；知终终之，可与存义也”，非即所谓“自诚明，谓之性；自明诚，谓之教；诚则明矣，明则诚矣”者乎？

“九二，见龙在田，利见大人”，“龙德而正中者也。庸言之(行)〔信〕，庸行之谨，闲邪存其诚，善世而不伐，德博而化”，岂非即“子臣弟友自求未能，庸(言)〔德〕之行，庸(行)〔言〕之谨，有所不足，不敢不勉，有馀不敢尽。言顾行，行顾言，君子慥慥”者乎？

《乾》之“初九，潜龙勿用”，“子曰：龙德而隐者也。不易乎世，不成乎名，遁世无闷，不见(世)〔是〕而无闷。乐则行之，忧则违之，确乎其不可拔”，非所谓“君子依乎中庸，遁世不见知而不悔”者乎？

《坤》之“六二，直方大，不习无不利”，《文言》曰“直其正也，方其义也。君子敬以直内，义以方外，敬义立而德不孤”，岂非主敬即“尊德性”之事，精义集义即“道问学”之事乎？“致广大而尽精微”，此敬以致知，而精义之学备焉；“极高明而道中庸”，此敬以笃行，而集义之事全焉。“温故而知新”，此专言“道问学”中之致知；“敦厚以崇礼”，此专言“道问学”之笃行。岂有“温故知新”为存心之事，“敦厚崇礼”为致知之事乎？

《易》曰“不远复，无祇悔”，独赞颜子之“有不善未尝不知，知之未尝复行”，非即此章“回之为人择乎中庸，得一善则拳拳服膺而勿失之”者乎？

“火在天上，大有，君子以遏恶扬善，顺天休命”，非即“舜好问而好察迩言，隐恶而扬善，执其两端，用其中于民”者乎？

“汤、武革命，顺乎天而应乎人”，舜、文王大孝，处天下之常；武王、周公达孝,值天下之变;虽有性、反之殊而同合乎中庸,不失天下之显名,则天命顺焉,人心应焉,尽美尽善矣,何得谓“孔子不言汤、武”,至创为“武王非圣人”之论乎?

“仁者见之谓之仁,智者见之谓之智,百姓日用而不知”,“行之而不著焉,习矣而不察焉,终身由之而不知其道者众也”,非即此言“道之不行,贤者过之,不肖者不及;道之不明,智者过之,愚者不及”,“人莫不饮食,鲜能知味”者乎?

《咸》之“九四,贞吉悔亡,朋从尔思”,“子曰:天下何思何虑?天下同归而殊途,一致而百虑。天下何思何虑?日往则月来,寒往则暑来。往者屈也,来者信也,屈信相感而利生焉。尺蠖之屈,以求信也;龙蛇之蛰,以存身也;精义入神,以致用也;利用安身,以崇德也;过此以往,未之或知也,穷神知化,德之盛也”,非即“君子之道费而隐,语大,天下莫能载焉,语小,天下莫能破焉”者乎?

“有天地然后有万物,有万物然后有男女,有男女然后有夫妇,有夫妇然后有君臣,有君臣然后有上下,有上下(而)〔然〕后礼义有所措”,岂非即此“夫妇之愚不肖、可以与知能”,“君子之道,造端乎夫妇,及其至也,察乎天地”者乎?

“《明夷》内文明而外柔顺,以蒙大难,文王以之;利艰贞,晦其明也,内难而能正其志,箕子以之”,岂非即此“君子素位而行,素富贵,行乎富贵,素贫贱、患难、夷狄,行乎贫贱、患难、夷狄,无入不自得”,“正己而不求于人”,“居易以俟命”者乎?

“《观》,盥而不荐,有孚颙若”,“观天之神道而四时不忒,圣人以神道设教而天下服”,“圣人以此洗心退藏于密”,“神以知来,知以藏往”,“圣人以此齐戒,以神明其德夫”,岂非“使天下之人齐明盛服,以承祭祀”,“洋洋乎如在其上,如在其左右”,“神之格思,不可度思”者乎？

“《易》与天地准，故能弥纶天地之道；仰以观于天文，俯以察于地理，是故知幽明之故；原始反终，故知生死之说。精气为物，游魂为变，是故知鬼神之情状”，岂非即此“鬼神为德之盛，视之不见，听之不闻，体物而不可遗”，“神之格思，不可度思”者乎？

“大人与天地合德，与日月合明，与四时合序，与鬼神合吉凶，先天而天弗违，后天而奉天时”，岂非即此“至诚之道，可以前知，国家将兴，必有祯祥，国家将亡，必有妖孽。见乎蓍龟，动乎四体，善必先知之，不善必先知之，故至诚如神”者乎？

“《乾》以易知，《坤》以简能。易则易知，简则易从。易知则有亲，易从则有功。有亲则可久，有功则可大。可久则贤人之德，可大则贤人之业，易简而天下之理得矣。天下之理得而成位乎其中矣”，又曰“天地交泰，后以裁成天地之道，辅相天地之宜”，岂非“至诚能尽其性，以尽人性，尽物性，则能赞天地之化育，而与天地参”者乎？

“天行健，君子以自强不息”，“地势坤，君子以厚德载物”，又曰“天下雷行，物与无妄。先王以茂对时育万物”，岂非“至诚无息，不息则久，久则征，征则悠远，悠远则博厚，博厚则高明”，可覆物、载物、成物，而自天以下，万物覆焉，自地以上，万物载焉者乎？

《乾》九三《文言》曰“是故居上位而不骄，在下位而不忧。故乾乾因其时而惕，虽危无咎矣”，岂非即此“居上不骄，为下不倍”乎？

《彖》曰“大哉乾元！万物资始，乃统天；云行雨施，品物流行，大明终始，六位时成，时乘六龙以御天；乾道变化，各正性命，保合太和，乃利贞。首出庶物，万国咸宁”，岂非即此“致中和而天地位，万物育”乎？

《乾》“九五，飞龙在天，利见大人”，“同声相应，同气相求。水流湿，火就燥，云从龙，风从虎，圣人作而万物睹。本乎天者亲上，本乎地者亲下”，岂非即此之“溥博如天，渊泉如渊，见而民莫不敬，言而民莫不信，行而民莫不说。是以声名洋溢乎中国，施及蛮貊。舟车所至，人力所通，天之所覆，地之所载，日月所照，霜露所队，凡有血气者，莫不尊亲，故曰配天”者乎？

“乾元者，始而亨者也；利贞者，性情也。乾始能以美利利天下，不言所利。大矣哉！大哉乾乎！刚健中正，纯粹精也；时乘六龙，以御天也；云行雨施，天下平也”，非所谓“惟天下至诚，为能经纶天下之大经，立天下之大本，知天地之化育。肫肫其仁，渊渊其渊，浩浩其天”者乎？

“天道亏盈而益谦，地道变盈而流谦，鬼神害盈而福谦”，“谦尊而光，卑而不可逾，君子之终也”，岂非末章“衣锦尚䌹，恶其文之著。君子暗然日章，小人的然日亡”，“淡而不厌，简而文，温而理”，以至潜伏内省，屋漏不愧，奏(格)〔假〕无言者，同此谦德之义乎？

谨案：《汉·艺文志》，《中庸说》二篇，今《礼记》合为一篇，此必当复旧者也。自“天命之谓性”以下至次章“君子中庸”，以下至《九经章》末“虽愚必明，虽柔必强”止，除首章为子思自言道体外，馀皆述夫子之言以告天下后世。以大本、达道为圣学体用之全。历举虞舜、颜子、子路、文王之无忧，武、周之达孝，使知道虽费隐而功不外乎诚明，而求诚明之道又不外乎困勉，是为教人希圣之法，是为上篇。“自诚明谓之性，自明诚谓之教”以下，专推明夫子至圣至诚与天地参，盖他人皆从致曲而入，自明而诚，惟圣人自诚而明。夫子有德无位，守为下不倍、生今不敢道古之谊，故不敢作礼乐；而制作之经，与作礼乐等。《三重章》末“动而世为天下道，行而世为天下一本下有“法，言而世为天下”七字。则，君子未有不如此而蚤有誉于天下者也”。所谓蚤者，隐言万世师表，南面之祀虽尚未崇，而已可预卜其必可师天下，师万世，与天地同流矣。故次章即显言仲尼祖述、宪章之事，以明溥博渊泉而时出之，声名洋溢，万国尊亲之所同，后有圣人，必能知圣人也。“经大经，立大本，知化育，溥博如天，渊泉如渊，浩浩其天”，此皆赞叹圣人神化之词，非告学者之词。是故郑氏《礼记目录》曰：“《中庸》者，孔子之孙子思作之，以昭明圣祖之德。”此言颇中肯綮。后人不察其为赞圣而以为讲道，使下学望洋而叹。岂知古者立言，有造道之言，有有德之言。有德之言，如圣人自说圣人事；造道之言，如贤人说圣人事。不然，但以浩淼之词，穷高极幽，使学者仰、钻、瞻、忽无从入，岂圣贤教人之道乎？故末章又以暗然淡简，推本于学入德以极于不动而敬，不言而信，皆由潜修暗体所致，则造道之事，与上篇戒慎、慎独，依乎中庸，遁世不见知而不悔相应。此二篇之当分不当合者一也。

哀公问政，夫子告以事亲、知人、修身、达道、达德，而归于困知勉行成功则一，其告哀公已止于此。“子曰好学近乎知”以下，乃复鬯陈九经治天下之道，则别为一章。乃王肃《家语》作伪，增入“哀公问曰子之言美矣至矣，寡人固不足以成之也”，遂复以下文“子曰”联入上章。朱子不谓王肃之增窜《中庸》，而反谓子思之删《家语》。他姑无议，试问哀公以一侯国之君，且当四分公室仅亦守府之后，而铺陈天子敬大臣、体群臣、柔远人、怀诸侯之义，何为乎不问其关切不关切与其人之领会不领会，天下有此告君之体乎？至“博学之”以下，乃一篇之归宿，下学之枢柄，王肃本反无之。盖小人作伪，止求牵混二章为一，并非有意于学问之事，故于其切要者反置之也。此不当合而合者二也。

朱子说《中庸》无《大学》改本补传之失，后世读之，诚可以入德。惟不分上、下二篇，则使人不知后篇为赞圣之词，使人畏其高远望洋而叹；至道问学之有知无行，分温故为存心，知新为致知，而敦厚为存心，崇礼为致知，此皆百密一疏。恭读《御纂性理精义》："从古圣贤言学大纲，曰'敬以直内，义以方外'而已，内指心，外指事。故《书》曰'以义制事'，义以方外之说也；'以礼制心'，敬以直内之说也。此《丹书》所谓'敬胜怠者吉，义胜欲者从'也；欲败度则是无义，纵败礼则是无敬，此《丹书》所谓'怠胜敬者灭，欲胜义者凶'也。养心则以敬为德之舆，处事则以义为行之标，进德修业之方，不外乎是。先儒变为存养、省察二义，其源盖自《中庸》首章而来。持敬之纯至于虽不睹闻而戒慎恐惧，则心常存而得所养矣，故曰'存养'；辨义之精至于至隐至微而必谨其独，则事尝有省而必致察矣，故曰'省察'。二者已尽为学之方，然又必曰知、行云者，知是明其理，行是践其事，二者造道之大端也。

"所谓存养、省察者，乃所以为知、行之本要。故非存养则此心昏乱而知无以致，此心纵弛而行无以力，是存养者知、行之本也；非省察则不能切己体验而所知或不真，不能反躬克治而所行或不实，是省察者知、行之要也。故言存养、省察则已包乎知、行之事，而其义理也该以约；言知、行则又不离乎存养、省察之功，而其规模也详以大。存养则诚，省察则明，此由心以见之事者也；致知则明，力行则诚，此由事以归之心者也。四者名目虽异而功实一贯，程、朱所为传先圣之心者以此。学者见其条件繁多而破析以求之，则失前贤之意远矣。"案：《性理精义》系官书，李光地奉敕总纂。此案语则出其手，亦以尊德性兼存养、省察之事，道问学为兼致知、力行之事，不从章句存心、致知之说。至以温故知新为存心，敦厚崇礼为致知，于文义皆不合，已辨明于前焉。

书古微序

《书古微》何为而作也？所以发明西汉《尚书》今、古文之微言大谊，而辟东汉马、郑古文之凿空无师传也。

自伏生得《尚书》二十九篇于屋壁，而欧阳、夏侯传之，是为《今文尚书》。孔安国复得《古文尚书》四十五篇于孔壁，校今文多佚书十六篇。而安国从欧阳生受业，尝以今文读古文，又以古文考今文。司马迁亦尝从安国问故，是西汉今、古文本即一家，大同小异不过什一，初非判然二家也。自后汉杜林复称得漆书《古文尚书》，传之卫宏，贾逵为之作训，马融作传，郑玄注解，由是古文遂显于世，判然与今文为二。动辄诋今文欧阳、夏侯为俗儒，今文遂为所压。及东晋伪古文晚出，而马、郑亦废。国朝诸儒知攻东晋晚出古文之伪，遂以马、郑本为真孔安国本，以马、郑说为真孔安国说，而不知如同马牛一本“牛”下有“冰炭”二字。之不可相及，今略举其不可信者数大端：

《后汉·杜林传》言：“林得漆书《古文尚书》一卷，常宝爱之，虽遭艰困，握持不离身。出以示宏曰：‘林流离兵乱，常恐斯经将绝，何期诸生复能传之！’”此古文本所自出。考漆书竹简，每简一行，每行二十五字或二十二字。若四十五篇之《书》漆书于简，则其竹简必且盈车。乃谓仅止一卷，遭乱挟持不离，不足欺三尺孺子，其不可信者一。

《汉书·儒林传》:“孔氏有《古文尚书》,孔安国以今文读之,因以起其家,逸书得十馀篇。”《艺文志·叙》曰:“孔安国悉得壁中书,以考二十九篇,得多十六篇。”而东汉诸儒,亦谓佚十六篇绝无师说。夫孔安国以今文读古文之训,以古文考今文之本,未尝别自成家,其佚书之无师说,犹可言也。东汉古文力排今文之本而自有其漆书之本,力排今文之说而自有其师说,则必此佚十六篇者卓然皆有师说,而后可以压倒今文,何以今文无之者,古文亦无师说乎?十六篇既无师说,则其二十九篇之师说,既不出于今文,又出自何人?岂非阴袭其膏,阳改其面,而又反攻其背乎?段氏玉裁甚至谓“佚书增多十馀篇,孔安国皆通其说,尽得其读;并此外壁中所出《尚书》,刘向《别录》、桓谭《新论》及《艺文志》所谓五十八篇者,孔安国亦尽得其读。”则是安国佚书较伏生更多三十篇,不止十六,何以史迁问故,不传一字,而卫、贾、马、郑传古文者,即十六篇亦不传一字乎?矢口猖言,不顾其后,其不可信者二。

《汉书·儒林传》言“史迁尝从安国问故,而迁书所载《尧典》《皋陶谟》《禹贡》《洪范》《微子》《金縢》多古文说”,则史迁为安国真古文之传,皎如天日。今马、郑《尧典》《皋陶谟》《微子》《金縢》《无逸》诸篇,无一说不与史迁相反。以《尧典》璇玑玉衡之天象而改为汉世洛下闳之铜仪,以《微子篇》之太师疵、少师彊而诬为箕、比,以《无逸篇》淫乱之祖甲诬为贤君,列于三宗;周公摄政十年,不并居丧居东数之,以为居东三年而后迎归,归而后叛,叛而后东征,东征归而后居摄七年,首尾十二年之久。南辕北辙,诬圣师心,背理害道,不可胜数。岂史迁所传安国之古文,反不如杜林、卫宏杜撰之古文乎?后儒动以史迁之异马、郑者挤之为今文学,岂孔安国亦今文非古文乎？西汉之古文与今文同，东汉之古文与今文异，上无师传，且皆反背师传，其不可信者三。

西汉今、古文皆出伏生，凡伏生《大传》所言者，欧阳必同之，大、小夏侯必同之，史迁所载孔安国说必同之，犹《诗》齐、鲁、韩三家实同一家，此汉儒师说、家法所最重。若东汉古文则不然，马融不同于贾逵，贾逵不同于刘歆，郑玄又不同于马融。一"稽古"，而马以为"顺考古道"，郑以为"同天"；一"七政"，而马以为"斗七星分主日、月五星"，郑以为"天、地、人、四时"；一"六宗"，而刘歆以为"乾坤六子"，贾逵、马融以为"日宗、月宗、星宗、河宗、海宗、岱宗"，郑以为"星、辰、司中、司命、一本命下有"风师"二字。雨师"；一"五器"也，马以为即"五玉"，郑以为即"五贽"；一"舜咨二十二人"也，马取"六官十二牧，进四岳而去四佐"；郑以为"九官十二牧，兼四佐而去四岳"；校者案：刻本上二句在此下，今从铅印本。一"舜登庸在位之年"也，郑作"二十年，百岁"，马作"三十年"，增"百有十二岁"。试问何为古文？郑师马而异于马；马师卫、贾，而《酒诰》"成王若曰"异于卫、贾；贾、马、卫、杜古文应本刘歆，而"六宗"异于刘歆。孰真古文，孰非古文乎？且郑注《大学》，《康诰》《帝典》之"克明德"，与《尚书·〔尧〕典》之"克明一本"明"下有"俊"字。德"判然不同；《尧典》之"稽古"，与《皋陶谟》之"稽古"不同；则郑亦自异于郑。孰古文，孰不古文乎？有师传、家法乎，无师传、家法乎？乡壁虚造，随臆师心，不知传受于何人？其不可信者四。

《儒林传》述"《古文尚书》，孔安国授都尉朝，朝授胶东庸生，庸生授清河胡常，常授虢徐敖，敖授琅玡王璜平中、平陵涂恽子真，子真授河南桑钦君长"。是安国之传授，与杜林、卫宏迥不相承。不知杜林所得之本，即安国壁中之本乎，抑别自一本乎？伏生得自复壁,孔安国得自共王废宅,河内女子得自老屋,何以杜林本不言得自何所,其师说亦不言授自何人?其不可信者五。

近世治《尚书》者,江声、王鸣盛多祖马、郑,孙星衍持平于西汉今、古文,而段玉裁则凡史迁本之异于马、郑者皆挤为今文说,专以东汉乡壁虚造之古文为真古文,且谓今文之说皆不如古文,而伏生、欧阳、夏侯、孔安国之微言大义几息灭于天下。予寻绎有年,深悉东汉杜林、马、郑之古文依托无稽,实先东晋梅《传》而作伪,不惟背伏生,背孔安国,而又郑背马,马背贾,无一师传之可信。正犹《易》古文出自费直,费直《易》无章句,但以《彖》《象》《文言》《系辞》解《易》;而郑传费氏《易》,则臆创为奢,支离穿凿,但借一先生之名以自盖其欺,一本“而郑传费氏《易》,则臆创为奢,支离穿凿,但借一先生之名以自盖其欺”,作“而荀、虞、郑则卦气、消息、爻辰,各自创树,不知何本”。其义理凡系君德者,必推而属之外事。故注《大学》,《康诰》《尧典》之“明德”,则皆以为“自明其明德”,及改注《尚书》,则又指“明用才俊之人”;《洪范》“沉潜刚克”,不言其德性之互济,而谓“专攻其阴潜之人以防乱臣贼子”,违经害义,弊等申、韩;《君奭篇》则以召公不说周公,谓其“复辟以后,即当去位,不当专位固宠,周公亦自白言,我不以后人迷,不为子孙计”,皆以世俗之腹度圣贤之心,视西汉今文家谊不可同年而语。

予既成《诗古微》二十二卷,复致力于《尚书》,坠绪茫茫,旁搜远绍,其得于经者凡四大端:一曰“补亡”,谓补《舜典》而并补《汤诰》,又补《泰誓》三篇、《武成》二篇、《牧誓》一篇,以及《度邑》《作雒》为《周诰》之佚篇。二曰“正讹”,如正《典》《谟》“稽古”为“通三统”,正“放勋”“重华”“文命”为“有天下之号而非名”,正“毋若丹朱敖”为“帝舜戒禹教子之训”而非禹以丹朱戒舜,正殷《高宗肜日》为胤嗣而非为祭祢；正《无逸》“三宗”谓“太甲、太宗，中宗，武丁、高宗”而无淫乱之祖甲，微子所问为“大师疵、少师彊”而非父师箕子、少师比干，《金縢》《鸱鸮》为陈善责难而非疑忌，《梓材》为《鲁诰》而非《康诰》。三曰“稽地”，如考禹河而知有千年不决之渎，稽江、汉而知下游有三江分流入海之口，上游有江在荆州夷陵有分作九江之事，中游至寻阳九派，不谓九江，且彭蠡在江北不在江南，而汉为北江之案定。又知雍州黑、弱合流潜入青海，自合黎视之谓之南海，自雍州望之谓之西海，以其色青黑谓之青海。《地理志》西海有黑水祠，有西王母石室，此黑水入南海之明证；青海至今不通舟楫，不胜鸿毛，中有二岛，惟冰合可渡，番僧裹一岁粮入定其中，此青海即弱水之明证。四曰“象天”，知维斗为黄道极，旋绕乎赤道之北极，周建乎四时，终古无岁差，故可为外璇玑，亦可为大玉衡，而非北斗之玉衡；即北斗之三建，亦皆指北方以正子位，以佐璇玑之用，而并非建子、建丑、建寅之建。于是天文地理，皆定位于高高下下之中；孔思周情，各呈露于噩噩浑浑之际；天其复明斯道于世，尽黜伪古文十六篇，并尽黜马、郑之说，而颁西汉古谊于学宫矣乎，抑犹不可复明矣乎？先王先圣之灵，尚其鉴之！

咸丰五年正月，叙于高邮州。

《舜典》补亡篇，当增“尧曰：咨尔舜，允执其中，天之历数在尔躬，四海困穷，天禄永终”，及“舜让于德弗嗣”，及“受终于文祖”。

书古微例言上

东晋晚出之孔安国《古文尚书》伪经、伪传、伪序，三者并发端于朱子《语录》中。尝疑孔书所增《大禹谟》《仲虺之诰》《咸有一德》《伊训》《太甲》《说命》《泰誓》《武成》《君陈》《周官》《毕命》等十六篇皆伏生所无，不应伏生耄年所记皆其难者，而易者反不记。且西汉以前，经与传皆别行，至马融始以注附经，岂得西汉已有附经之传？其孔序庸沓，不似西汉文苍古之体，甚属可疑，言之凿凿。乃其徒蔡沈奉命作传，不知引申师说以判正伪，遂仍旧辙，贻误后学。惟宋末吴氏澄著《书经(簒)〔纂〕言》，专注今文，而古文则但云嗣出，盖托词以斡旋功令也。明人梅(鷟)〔鷟〕始力攻古文，而义多武断，考证尚疏，人多不信。其昌言排击，尽发症结者，则始于本朝阎若璩之《古文尚书疏证》；阎书已收入《四库全书》，而惠栋、江声、孙星衍、王鸣盛、段玉裁亦皆有疏证。惟孙氏知伏生《今文书大传》说之胜于马、郑古文，予则更廓其噎蔀，穷其阃奥，以尽发马、郑之覆而阐西汉伏、孔、欧阳、夏侯之幽，使绝学复大光于世。

夫《毛传》尚可与三家《诗》并存，若伪古文之臆造经、传，上诬三代，下欺千载，今既罪恶贯盈，阅实词服，即当黜之学校，不许以伪经出题考试，不许文章称引，且毁伪孔《传》、伪孔《疏》及蔡沈《集传》，别颁新传新疏，而后不至于惑世诬民。至马、郑传、注之故背今文、臆造古文说者，亦不足以相代，则欲立学官，舍西汉今文家专门之学，其将谁归？夫黜东晋梅赜之伪以返于马、郑古文本，此齐一变至鲁也；知并辨马、郑古文说之臆造无师授以返于伏生、欧阳、夏侯及马迁、孔安国问故之学，此鲁一变至道也。自非我国家经学昌明，轹唐凌宋，何以有是？爰附书其端末于目录后，以告承学治古、今文之士。

书古微例言中

尝讶伏生口授《今文尚书》,传自七十子,微言大谊,炳若日星。欧阳、大小夏侯祖述之,各不离其宗。西汉上自人主,下自公卿,无不以今文博士为师者,故《汉书》言:"自欧阳生传伏《书》,至歙八世皆为博士,他儒之传欧阳《书》者,亦往往入傅太子。"如桓荣以稽古之学劝其徒,疏广、疏受以黄金之赐娱老乡里,门人弟子会葬辄数千人,经学之盛,未有过此者,何以一至东汉,教辄旁歧?刘、杜、卫、贾、马不足道,郑康成以亲注《大传》之人,其服膺伏生不为不至,何以一旦改归赝本,自甘矛盾而不顾,且令天下靡然从之。不及百年,《今文书》及齐、鲁《诗》并归亡佚,惟《韩诗序》二卷,历唐及北宋而亦亡于南渡,何哉?及读《艺文志》曰:"古之学者耕且养,三年而通一(经)〔艺〕,故用(力)〔日〕少而畜德多,三十而五经立也。后世经、传既已乖离,(说)〔博学〕者〔又〕不思多闻阙疑之义,而务碎〔义〕逃难,便辞巧说,破坏形体。说(《尧典》二)〔五〕字之文,至(十馀万言,说"若稽古")〔于二〕三万(馀)言。后进弥以驰逐,故幼童〔而〕守一艺,白首而后能言。安其所习,毁所不见,此学者大患也。"而后知今文之敝,非尽东汉古文家敝之,乃今文家先自敝也。夫《尧典》"若稽古"有何奥难,而漫衍至是?三万言、十万言之多,盖犹后世之制艺、讲章也。

宋儒表章四子书教士，望其学圣有途辙，不歧于异端俗学，岂知功令既颁之后，至明而"蒙引""存疑""浅说""达说""说约"之讲章，乡会之程墨，乡社之房稿，定待闲在之选本，皆至于汗牛充栋而不可极，其敝于利禄，亦何异汉士说《尧典》"稽古"者乎？故以马融之贪肆而公诋欧阳生为俗儒，犹今之淹博词章者诋业科举之士为俗儒也。以彼今文家皆利禄之徒，而古文家为高材博学之徒矣。夫欧阳、夏侯不敝，而诸生习其支叶甘为利禄者敝之；马、郑斥利禄之辈(谓)〔为〕俗儒可也，并斥欧阳、大小夏侯之师授渊源于七十子者亦为俗儒，可乎？并畔伏生《大传》而不问，而臆造矫诬，使微言大谊尽变为肤浅，可乎？斯则又东汉马、郑古文家之失也。即伪孔《传》亦乘马、郑支离臆说之极弊而乘虚以入者，使今、古文两败俱伤，谁之咎欤？

乌乎！古学之废兴，关乎世教之隆替，主持师道者，固不可有毫发之弊，苟忘其本教而稗贩圣经以博衣食，未有不累及先师者，可胜叹哉！故因论今文、古文而慨喟再三也。

书古微例言下

西汉今、古文既厄于东汉马、郑之臆说矣，至今存什一于千百，而微言大谊绵绵延延，竟能回千钧于一发，使古谊复还者，何哉？则全赖有《史记》《汉书》及伏生《大传》残本、《汲冢周书》佚本三者为之命脉也。

玑衡之说，《史记》与《大传》符，《淮南·天文训》《周髀算经》与《史记》符，故铜仪玉管机巧之说，终西汉世不能惑。荆州九江即九穴，在巴陵西不在巴陵南，有班《志》所引桑钦古文说可凭。扬州九江，有太史登庐山观寻阳九江可凭。其自荆至扬，江、汉分流，有鹦鹉洲及寻阳桑落洲分九派可凭。江行各洲之南，汉行各洲之北，始知彭蠡之在江北而不在江南，为今太湖、望江等县之诸湖荡，以至皖江上游为汉水之大螺旋，故有彭蠡之名，又音转为大雷池之名。及其三江归宿，则又有《汉志》“毗陵北江入海，扬州川，丹阳中江入海，扬州川”之语。至黑水，则《地理志》西海有黑水祠。西海即青海，自雍州东望之为西海，自合黎言之为南海，自黑水言之为青海。今乃并知此水不胜鸿毛，不通舟楫，中有二岛，惟冬日冰合，番僧裹一岁粮入定其中。是知天然弱水，弱、黑并为一川，皆潜源重发于此，潴而不流。此皆《汉书·地理志》西海黑水祠之力也。况《地理〔志〕》于他山水，亦皆于其下注明《禹贡》作某，古文以为某，与桑钦《禹贡》山水泽地相符，其有功经义甚大。不然，尽以后世之江、汉为《禹贡》之江、汉，如苏氏、蔡氏、胡氏之一江三名者，以黑水为滇、黔之水者，其错缪尚可问乎？至北条之水，则《史记·河渠书》禹酾二渠，一为冀州高地之河，一为漯川入济之河。后世冀州九河尽没，而漯川千乘之河，自东汉至唐末五代，千年无患，非《史记》何由知为禹迹乎？此又《史记·河渠书》之力也。

惟天文与舆地皆必须图，而璇玑之不用北斗而用维斗，其玉衡北斗又止用其建北方而定子位，故初昏、夜半、平旦，杓、魁、衡三建，而皆非建寅、建丑、建卯之建；且建有所穷则济之以中星，中有所穷则助之以斗建，此自来图天文者所未有。邹君汉勋曾为余代绘《唐虞天象总图》，次《璇玑内外之图》，次玉衡三建，皆建北方，定子位，分平旦、夜半、初昏及中星用事，分绘各图，于金陵付梓。而江陵告变，图板皆毁于兵燹，邹君又殉节于庐州，有天丧斯文之痛，谨泫然记之！

诗古微序初稿

《诗古微》凡二十有二卷：上编六卷并卷首一卷，通语全经大谊；中编十卷，答问逐章疑难；下编五卷，其一辑古序，其二演外传。《诗古微》何以名？曰：所以发挥齐、鲁、韩三家《诗》之微言大谊，补苴其罅漏，张皇其幽渺，以豁除《毛诗》美、刺、正、变之滞例，而揭周公、孔子制礼正乐之用心于来世也。

盖自"四始"之例明而后周公制礼作乐之情得，明乎礼、乐而后可以读《雅》《颂》；自迹熄《诗》亡之谊明而后夫子《春秋》继《诗》之谊章，明乎《春秋》而后可以读《国风》。正、变之例不破，则《雅》《颂》之得所不著，而礼乐为无用也；美、刺之例不破，则《国风》之无邪不章，而《春秋》可不作也。礼、乐者，治平防乱，自质而之文；《春秋》者，拨乱返治，由文而返质。故《诗》之道，必上明乎礼、乐，下明乎《春秋》，而后古圣忧患天下来世之心，不绝于天下。

学问之道，"不愤不启，不悱不发，不以一隅反三隅则不复"。余初治《诗》，于齐、鲁、韩、毛之说初无所宾主；顾入之既久，碍于此者通于彼，势不得不趋于三家；始于碍者卒于通，三家实则一家。积久豁然，全经一贯，朋亡蔀祛，若牖若告，愤、悱、启、发之功也，举一反三之功也；学问之道，固不可浅遇而可深逢者也。

虽然，《诗》教止于斯而已乎？《韩诗外传》言昔者子夏"弹琴以咏先王之风，有人亦乐之，无人亦乐之”，至于发愤忘食。然夫子犹造然变容曰：“子已见其表，未见其里，窥其门，不入(于)〔其〕中，安知其奥藏之所在乎？丘尝(冥)〔悉〕心〔尽志〕以入其中，前有高岸，后有深谷，(填填正)〔泠泠然如此既〕立而已。”此所谓深微者也。深微者何？无声之礼乐志气塞乎天地，此所谓兴、观、群、怨可以起之《诗》，而非徒章句之《诗》也。故夫溯流赪则涵泳少矣，鼓弦急则适志微矣。《诗》之道可尽于是乎？乌呼！以俟假年，以待来哲。

礼记别录考

《隋书·经籍志》曰:“汉初,河间献王得仲尼弟子及后学者所记百三十一篇献之,时无传者。至刘向考校经籍,检得百三十篇,第而叙之,又得《明堂阴阳记》三十三篇,《孔子三朝记》七篇,《王史氏记》二十一篇,《乐记》二十三篇,凡五种,合二百十四篇。戴德删其烦重,合而记之,为八十五篇,谓之《大戴记》;而戴圣又删大戴之书为四十六篇,谓之《小戴记》;汉末马融传小戴之学,又益以《月令》《明堂位》《乐记》三篇,合为四十九篇。”则二《戴记》之源流备此矣。

于斯有三憾焉:献王所献百三十一篇,皆七十弟子之微言,若今《乐记》取《公孙尼子》,《中庸》《表记》《坊记》《缁衣》取《子思子》,《立事》至《天圆》十篇取《曾子》,《劝学》《三年问》取《荀子》,《月令》取《吕览》而非出《吕览》,《保傅》四篇取《贾子》而非出《贾子》,则知百三十一篇中为大戴所删四十六篇,如《祭中霤礼》《王居明堂礼》《弟子职》《容经》,皆《礼经》之逸篇,讵不胜《三朝记》等之傅会,而去所不当去,斯遗憾一也。

今本《大戴记》,除小戴所取外,始三十九,终八十一,当为四十三篇而缺其四,其《明堂》《盛德》又析于后人,《投壶》《哀公问》又重于《小戴》,《礼察》同于《经解》,《大孝》同于《祭义》,实存者三十五篇而已。其中,《夏小正》《武王践阼记》《盛德》《明堂记》《朝事义》《公冠》《诸侯迁庙》《衅庙》,皆古经之奥典,而《曾子》十篇,即《汉志》《曾子》十八篇之遗文,其闳深岂不胜《儒行》《明堂位》,而弃所不当弃。自是卢、郑之注,隋、唐之令,皆有《小戴》无《大戴》;以致《王度记》《曲礼正义》引《大戴》。《辨名记》《诗·魏风正义》引《大戴》。《礼谥法记》《礼三正记》《礼五帝记》《礼别名记》皆见《白虎通》。又《唐六典》太常博士注引《大戴礼谥法》。《政穆篇》见《诗·灵台》疏。又刘昭注《续汉书》引作《昭穆篇》。《禘于太庙礼》,《仪礼·少牢馈食》疏引《大戴》。皆本在《大戴》者,复佚于后世,斯遗憾二也。小戴所取各篇,亦多所删节。如《汉书·儒林传》"客歌《骊驹》,主人歌《将毋庸归》",曰在《曲礼》,服虔曰在《大戴礼》;以及《五经异义》引《礼器》之文,《摽梅》疏引《文王世子》之文,今并无之。以及《投壶》删《狸首》之诗,《曲礼》割"若夫坐如尸,立如齐"之句,皆其明证也。

刘向《别录》,类聚方分,有条不紊,其见于郑《目录》者,每篇各曰"此于《别录》属制度","此于《别录》属丧服","此于《别录》属祭祀","此于《别录》属吉事","此于《别录》属子法","此于《别录》属明堂阴阳","此于《别录》属通论";以及《乐记》则分《乐本》《乐论》《乐施》《乐言》《乐礼》《乐情》《乐化》《乐象》《宾牟贾》《师乙》《魏文侯》十一篇;是则篇别部居,各不杂厕。今乃尚沿二戴之位置,不循中垒之纪纲,吉凶迷其条贯,经纬贸其本末,沿流昧源,积非成是,斯遗憾三也。

礼乐百年而后兴,经术于本朝为盛,宜其家河间而户中垒,而二戴之《记》,尚惟陈澔、卢辩之编。予以为宜请诸朝廷,并《小戴》于《大戴》,以复八十馀篇之旧;还今篇于七类,以复刘向《别录》之旧。博征海内能礼之士,于《小戴》传注,芟其繁,正其支;于《大戴》坠文,校其疑,起其幽;纲举目张,勒成一编,颁之学校。俾博士弟子童习三代之典章,若乡党之条教,不畏其难也;口熟七十子大义,若家庭之诏告,不苦其扞也。兴礼以维教,经正而民兴,当可事半功倍,盖有志而未逮焉。

友人嘉定胡子莹治《礼经》,从事二戴之《记》,遂书以贻之,其有意于斯乎!述先王之志,以俟后圣,以为君子亦有乐乎斯也。

刘向《别录》《礼记》篇第:

曲礼上下	制度	王制	制度
礼器	制度	少仪	制度
深衣	制度	投壶	制度
文王世子	子法	内则	子法
丧服小记	丧服	丧大记	丧服
杂记上下	丧服	奔丧	丧服
问丧	丧服	服问	丧服
三年问	丧服	间传	丧服
丧服四制	丧服		

郑《目录》云"旧说此篇于《别录》属丧服",《正义》云"《别录》无此篇,惟经师旧说,知属丧服"云云,则此篇亦后人所增也。

曾子问	丧服	郊特牲	祭祀
祭统	祭祀	祭法	祭祀
祭义	祭祀	冠义	吉事
昏义	吉事	乡饮酒义	吉事
射义	吉事	燕义	吉事
聘义	吉事	月令	明堂阴阳记
明堂位	明堂阴阳记		

《乐记》十一篇案《别录》中《乐记》本有二十三篇,除此十一篇外,尚有

《奏乐》《乐器》《乐作》《意始》《乐穆》《说律》《乐道》《乐义》《昭本》《昭颂》《季札》《窦公》十二篇,《正义》具载其目,皆刘向所辑二百十四篇内之《乐记》也。其《正义》又言《别录》《礼记》四十九篇,《乐记》居十九者,乃别存《小戴》之目,非刘向之次第同于《小戴》也。案《意始》即《音始篇》,见《吕览》,《季札》即《左氏》观周乐篇,《窦公》即《大司·乐章》,犹之《乐记》中《宾牟贾》《魏文侯》《师乙》之例。

檀弓上下	通论	玉藻	通论
大传	通论	礼运	通论
经解	通论	哀公问	通论
仲尼燕居	通论	孔子闲居	通论
表记	通论	坊记	通论
中庸	通论	缁衣	通论
学记	通论	大学	通论
儒行	通论		

右《小戴礼记》四十九篇。

《四库书目》驳《隋志》之说曰:"据《汉书·儒林传》及《后汉书·桥玄传》,则小戴授梁人桥季卿,当成帝时已著《礼记章句》四十九篇,安得仅有四十六篇,至马融始增三篇之说。"案《释文》言《曲礼》《檀弓》《杂记》分上下者,后人所加,则知经师篇第,各有合析。如《乐记》本十一篇,又《汉志》《中庸说》二篇,而今皆合为一篇;元王祎分"自诚明"以下皆子思自言者为下篇,以上皆引夫子之言为上篇。《贾子》分《保傅》为四篇,后人析《大戴盛德》,(析)〔别〕出《明堂》一篇。伏生合《尚书·顾命》《康王之诰》为一篇,又合《盘庚》三篇为一篇,皆与孔安国异。安知《小戴》初之四十九篇者,非《乐记》《中庸》本分上下,至马融既增其所无,兼合其所析,故篇增而数不增乎?

《书目》又谓"孔《疏》称刘向《别录》《礼记》四十九篇,《乐记》

居十九,而《月令》《明堂位》,郑皆引《别录》属明堂阴阳,安得谓马融所增"云云。案《隋志》谓融增《乐记》一篇者,谓十一篇中之一篇,岂旧无《乐记》而全增之乎?《乐记》居十九者,乃《别录》中所载《小戴》四十九篇之旧目,至刘向《乐记》则有二十三篇,岂亦居《戴记》之十九乎?郑所引《月令》《明堂位》之《别录》,乃二百十四篇内之《明堂阴阳记》,大、小《戴》各篇皆在其中,马融取诸《大戴》以入《小戴》,岂得如《丧服四制》之增自后人,故郑本有之而《别录》无之乎?要之,郑所引《别录》者,皆二百十四篇之《别录》,不止大、小《戴》诸篇;其兼载四十九篇,《乐记》居十九者,则以向总群书而奏其目录,自宜别存《小戴》之篇目,岂得《别录》之次第同于《小戴》之次第乎?予恐后人误读《乐记正义》,似刘向《别录》专为《小戴记》而作,仍同《戴记》篇第者,故辩之如此。今推《大戴礼记》《别录》篇第:

夏小正　　明堂阴阳记

《隋志》:《夏小正传》一卷,戴德撰。又吴陆玑《诗疏》亦引《大戴礼·夏小正传》。

盛德　　明堂阴阳记

陈振孙曰:"后人于《盛德篇》内别出《名堂》一篇,今仍合之。"《四库书目》曰:"许慎《五经异义》论明堂称《礼》戴说、《礼盛德记》,即《明堂篇》语。《魏书·李谧传》《隋书·牛宏传》俱称《盛德篇》,或称《泰山盛德记》,知析《盛德》为二篇者,出隋、唐以后。"

诸侯迁庙　　祭祀　　诸侯衅庙　　祭祀

朝事义　　吉事　　公冠　　吉事

投壶　　吉事　　保傅四篇　　子法

《贾子新书》分《胎教》《傅职》《保傅》〔《容经》〕四篇。

曾子本孝　　子法　　曾子立孝　　子法

曾子大孝	子法	曾子事父母	子法
武王践阼	通论	文王官人	通论
五帝德	通论	帝系	通论
本命	通论	易本命	通论
礼三本	通论	礼察	通论
王言	通论	劝学	通论
子张入官	通论	卫将军文子	通论
哀公问五义	通论	哀公问于孔子	通论
曾子立事	通论	曾子制言上	通论
曾子制言中	通论	曾子制言下	通论
曾子疾病	通论	曾子天圆	通论
千乘《孔子三朝记》	通论	四代《孔子三朝记》	通论
虞戴德《孔子三朝记》	通论	诰志《孔子三朝记》	通论
小辨《孔子三朝记》	通论	用兵《孔子三朝记》	通论
少间《孔子三朝记》	通论		

右《大戴礼记》四十篇，以郑所引《小戴》《别录》推其篇第之例如此。其制度、丧服、乐记三类，已全为《小戴》所取。其明堂阴阳，马融虽取其二篇入《小戴》，而遗其要篇二焉；《朝事义》则觐礼之记，与《冠》《昏》《燕》《祭》《射》《乡饮》诸义，皆《仪礼》外篇，而独遗其一；《保傅》则《文王世子》之流，汉时与《论语》《孝经》并重，见于昭帝之诏，而亦遗之：此去取之不可详也。《夏时》与《盛德记》皆明堂阴阳经，而离为二所；《千乘》以下七篇，即《汉志》之《孔子三朝记》，师古谓在《大戴》者，而亦中阕三帙；与《小戴》之篇第皆经厘正于刘向，而莫遵承于后人：此篇次之不可详也。

汉初齐、鲁诸儒，承秦灭学之后，保残守缺，未遑条贯。元、成以后，刘向校中秘，博极群书，始观其会通，而区其典礼，所谓《礼记》二百十四篇者，《别录》中之一种也；所谓大、小《戴记》八十五篇者，二百十四篇外之重出而孤行者也。向惟区正二百十四篇之次第，而更正二戴别出之旧第，故郑于《小戴》各引《别录》以正其义类，明二戴所传之礼既不如刘向之全，而所分之篇又已经《别录》之整理，其二戴之旧第虽亦载《别录》中，乃各自为书，两存其目。后人惑于《乐记正义》之言，遂以《小戴》之次即《别录》之次。惟《隋志》能别其本末，而叙次失明，反似二戴在刘向之后，删刘向之书者，则《乐记正义》之惑，愈不可解。今不明辨，后生何述？

郑所引《别录》分《礼记》为七类，其各类之孰先后，与一类中之篇次孰先后，盖不可知矣。今于《小戴》先制度何？沿旧首《曲礼》也。于《大戴》先明堂阴阳何？以《大戴》无制度、丧服、乐记三门，故首阴阳，尊《夏小正》也。《帝系》《帝德》《践阼》，皆帝王之事迹，《易本命》《天圆》，则造化之权舆，今与论礼、论学、论治统归之通论者，不于《别录》七端外更立门类也。《弟子职》附于《保傅》，《容经》附于《践阼》何？礼失求诸野，矧诸子乎？亦从其类也。

今本《大戴》始三十九，终八十一，当为四十三篇而缺其四，故为三十九矣。其或称四十篇者，析《盛德》为《明堂》也。或称三十八者，《夏小正》多别行也。

——据《古微堂文稿》

董子春秋发微序

《董子春秋发微》七卷，何为而作也？曰：所以发挥《公羊》之微言大谊，而补胡毋生《条例》、何邵公《解诂》所未备也。

《汉书·儒林传》言"董生与胡毋生同业治《春秋》"，而何氏《注》但依胡毋生《条例》，于董生无一言及；近日曲阜孔氏、武进刘氏皆《公羊》专家，亦止为何氏拾遗补缺，而董生之书未之详焉。若谓董生疏通大诣，不列经文，不足颉颃何氏，则其书三科、九旨灿然大备，且弘通精淼，内圣而外王，蟠天而际地，远在胡毋生、何邵公《章句》之上。盖彼犹泥文，此优柔而餍饫矣；彼专析例，此则曲畅而旁通矣；故抉经之心，执圣之权，冒天下之道者，莫如董生。

今以本书为主，而以刘氏《释例》之通论大义近乎董生附诸后，为《公羊春秋》别开阃域，以为后之君子亦将有乐于斯。

至《繁露》者，首篇之名，以其兼撮三科、九旨为全书之冠冕，故以《繁露》名首篇。后人妄以《繁露》为全书之名，复妄移《楚庄王》一章于全篇之首，矫诬之甚。故今仍以《繁露》名首篇，其全书但称曰《董子春秋》，以还其旧。至其《三代改制质文》一篇，上下古今，贯五德、五行于三统，可谓穷天人之绝学，视胡毋生《条例》有大巫小巫之叹。况何休之偏执，至以叔术妻嫂为应变，且自谓非常可喜之论，玷经害教，贻百世口舌者乎？今分七卷，胪列其目于前，以诏来学。

繁露第一	张三世例　通三统例　异内外例
俞序第二	张三世例
奉本第三	张三世例
三代改制质文第四	通三统例
爵国第五	通三统例
符瑞第六	通三统例
仁义第七	异内外例附公始终例
王道第八	论正本谨微兼讥贬例
顺命第九	爵氏字例尊尊贤贤
观德第十	爵氏字例尊尊亲亲
玉杯第十一	予夺轻重例
玉英第十二	予夺轻重例
精华第十三	予夺轻重例
竹林第十四	兵事例战伐侵灭入围取邑表
灭国第十五	邦交例朝聘会盟表
随本消息第十六	邦交例同上
度制第十七	礼制例讥失礼
郊义第十八	礼制例讥失礼
二端第十九	灾异例
天地阴阳第二十	灾异例
五行相胜第二十一	灾异例
阳尊阴卑第二十二	通论阴阳
会要第二十三	通论春秋
正贯第二十四	通论春秋
十指第二十五	通论春秋

小学古经叙

《小学》《大学》，同表章于朱子，而有皆不可解者焉。《大学》既不悟古本之条贯，故格致、知本之义不明，而外求物理之疑始启。夫执古本以攻改本者顺而易，执改本以争古本者逆而难，此《大学》所以久成诤薮也。

至《小学》之书，则朱子序《大学》，即谓"《曲礼》《少仪》《内则》《弟子职》诸篇，皆小学之支流馀裔"。及晚年编《仪礼经传通解》，立"学礼"一门。亦取《保傅》《学记》《曲礼》《少仪》《容经》《弟子职》诸篇为正经。是朱子所述小学古经数篇，至为明著，上合先王造士国学十五岁以前蒙养始基之谊。不知何以刘子澄奉命集《小学》，分"敬身""稽古""明伦"三类，而三类之中皆无正经，三类之外益以"嘉言善行"，无非割裂经传，杂录方言俚诗，芜冗至不可读。虽元代许鲁斋以教蒙古子弟，极力表章，而当时虞道园诸公即已议其陋而不尊。又首以"天命之谓性，率性之谓道，修道之谓教"为言，于小学何与？诚教学之遗憾也。

今本朱子《大学序》及《学礼门》以成是编，"立教"则以《保傅》《学记》二篇为正而《荀子·劝学》附之；"敬身"则以《曲礼》《容经》为正而《践阼记》附之；"明伦"则以《内则》《少仪》《弟子职》为主而略损益之。由是每门之中，各有三篇正经，以存先王立教之遗，而其体尊矣。虽《劝学篇》兼及大学，《践阼篇》非训蒙储，然敬义彻上彻下，且《大戴》不列于经，可藉是以存格言，《荀子》语无深微，初学尤资策厉，远在刘子澄集本语录、俚诗之上，于朱子平日序《大学》、编《学礼》之意粲然合符，循而行之，可由洒扫、应对得精义之渐，裕作圣之基，其功于大学非浅也。

至《汉志》以六书为小学家，而朱子《仪礼经传通解·学礼》亦列《书数》一篇，即《保傅》所谓学小艺、履小节之事，但令初识形声，稍知乘除，以便日用而已，岂能真以勺象之舞尽钟律，洒扫之礼尽军宾哉！而近儒遂欲以小学蔽先王造士之法，以六书蔽小学养正之功，形声诂训，童而究之，白首莫殚，终身无入大学之期，则又固之甚者也。孩提知爱，稍长知敬，赤子之心，大人之性。山下出泉，性清而静，是谓圣功；蒙以养正，是谓教本。为山九仞，咨尔小子，尚其敬听！

道光二十九年七月，邵阳魏源序于扬州絜园。

大学古本叙

《大学》之要，知本而已；知本之要，致知、诚意而已。至善无恶人之性，可善可恶人之心，为善去恶者诚意，择善明善者致知，以《中庸》证《大学》，先后同揆，若合符节。故《致知》《诚意》二章，皆以"此谓知本"结之，此千圣之心传，六经之纲领也。

物有本末，修身以上为本，齐家以下为末。格物者，格其意、心、身、家、国、天下之物，以知其诚、正、修、齐、治、平之理，朱子《或问》《文集》《语录》屡言及之，本末不偏。惟未悟古本分章之条理，而误分经传，加以移补，遂留后人之疑，以为不格心、意、身之物，而泛言即凡天下之物。明代王文成公始复古本，而又未悟格物之本谊，遂谓"无善无恶心之体，有善有恶意之动，知善知恶者良知，为善去恶者格物"，与《中庸》明善先于诚身、择善先于固执之旨判然相歧。于是使诚意一关，竟无为善去恶之功，而以择善、明善屏诸《大学》之外，又以无善无恶之体破至善之天则，变圣经为异学。而其徒王畿，遂并以正心为先天之学，诚意为后天之学，明季高忠宪、顾泾阳力排之不遗馀力。今虽熄讼，而补传未去，错简未复，则《大学》之谊不章。使朱子暗合古本之旨意而并显符古本之章次，则不致〔启〕文成之疑，虽道问学而不失于支；使文成显复古之章次而并暗符致格之条理，则不至启末流之弊，虽尊德性而不流于荡；岂非千载遗憾有待后人者乎？

源紬绎有年，涣然于古本，《致知章》《诚意章》居首之谊，天造地设，证以《中庸》明善诚身及宋、明诸儒之说，而二章不分经传之案定矣；再以《正修章》为敬以直内之功，存养与知行并进，而敬补小学之说，亦不必外求矣。明代高忠宪公及国朝李文贞公，并力主古本之义，即宋儒陆子言格物亦与朱子无殊，但俱未有成书，则古本义终未著。爰恭录《钦定礼记义疏》案语于首，其经文共分《致知章》《诚意章》《正修章》《修齐章》《齐治章》《治平章》凡六章，一循古本之旧，不分经传，尽录朱子章句原文于下，即以今本之说注古本之书，天造地设，不约同符。又自以己意每章别加阐择，取明大意而止。其下编复取宋、明儒先之说，旁推曲畅以尽其义。凡得书二卷。倘得如康熙中纂修《周易折衷》大学士李光地奏复朱子古本之例，使《大学》亦以古本颁学宫，以复石经孔、曾千年之旧，是所望于主持功令者。

道光元年岁在辛巳，书于京师。

孝经集传序

以《孝经》次《大学》之后，何也？《大学》出于曾子，而《孝经》则夫子所特授曾子之书，当世即尊为经，魏孝文侯已为之传。《公羊纬》所谓夫子自言“志在《春秋》，行在《孝经》”，真垂世立教之大原。盖《孝经》言“不敢”者七，至《春秋》而皆敢之矣。敢心生于不敬，敬者，孝之主宰也，故总不恶不慢于不敢之中，敬则无不爱也。其微言大义，则备于《礼记》。后人或浅近视之，于《孝经》之中又裂分经传，加以删削，与《大学》补传改本同失，而《孝经》之谊几亡。

惟明漳浦黄子《集传》，以大、小《戴记》为《孝经义疏》，精微博大，肃括宏深，实为《孝经》之素臣，为从来注《孝经》者所未及。源向往服膺，一词莫赞，乃节录其传，列于《大学》古本之后，使曾子之学大明于世。

抑又考古今言孝者，推舜为大孝，武王、周公为达孝，曾子为至孝。然曾子得曾晳以为之父，春风沂水，舞雩咏归，同为圣人之徒，各由狂狷以造于中行，其天伦所遇之境，盖过于舜，而几同于达孝之周公。《孝经》严父配天之谊，惟夫子以韦布享王祀，上及先世，足以当之，而曾子亦其邻几者也。《孝经》之传，专授曾子，意深矣哉！有出乎立身行道、扬名后世外者矣。故特推《礼记》中“仁人孝子事天如事亲，事亲如事天”，“惟仁人能享帝，惟孝子能享亲”之旨,揭诸篇端。而朱子《孝经刊误》疑之,谓"言孝自有亲切处,何必言严父配天,为将恐启人暗奸之心"。试思张横渠《西铭》父乾母坤,以大君为宗子,"恶旨酒、崇伯子之顾养;育英材,颖封人之锡类。不弛劳而底豫,舜其功也;无所逃而待烹,申生其恭也;体其受而归全者,参乎!勇于从而顺命者,伯奇也"。与《孝经》"严父配天"之义有何区别?自宋儒言之,则发前圣所未发;自周儒言之,则恐启暗奸之心;斯诚所不解也。

道光元年,叙于京师。

曾子章句序

以《曾子》十篇并《孝经》次《大学》之后，何也？此亦曾子门人记曾子之书，宜与孔子之《论语》、孟子之《七篇》、子思之《中庸》，并列于四子书者也。《汉·艺文志》《曾子》十八篇，《隋》、《唐志》及北宋《御览》皆有之，汔南宋而亡。今惟存《大戴礼》者十篇，各冠以曾子，固洙、泗大谊微言，武城毕生践履皆于是乎在。凡孟子彼富我仁、彼爵我义之文，董仲舒尊闻行知、高明光大之义，皆见其中。而《小戴祭义》，则全取《大孝篇》文。子思子、乐正子门人述之，齐、鲁、秦、汉儒者罔不诵法称道之，挈大学小学枢要，宜旦夕奉师保、临父母者也。奈何小戴去取不伦，而郑康成又不注《大戴礼》，遂以此不列于经，又不获与《大学》《孝经》并表章于宋儒之手，惟宋杨氏简、明刘氏宗周，皆笃学大儒，始各注十篇以贻世焉。

曾子得圣道宗，孝尽性，诚立孝，敬存诚，万伦万理，一反躬自省出之，初罔一言内乎深微，外乎闳侈，惟为己为人义利际，谆谆提撕而辟咡之，百世下如见其心焉。暨《天圆篇》原圣人制礼作乐之由以明人性之最贵，日用则神化也，庸德则大经也，不越户庭，明天察地，体用、费隐贯于一，不遗不御也。

或谓《曾子》十篇，多言功夫，罕言本体，不及子思、孟子之精微。试观(本)《〔大〕孝篇》："夫孝置之而塞(乎)〔于〕天地，(博)

〔衡〕之而(横)〔衡〕(乎)〔于〕四海,施诸后世而无朝夕,推而放(之)〔诸〕东海而准,推而放(之)〔诸〕西海而准,推而放(之)〔诸〕南海而准,推而放(之)〔诸〕北海而准。”“仁者仁此者也,义者宜此者也,(礼者体此者也,)忠者中此者也,信者信此者也,〔礼者体此者也,〕行者行此者也,强者强此者也。乐自顺此生,刑自反此作。”此外尚有何本体、何功夫之不该乎?

南宋朱子跋汪晫所辑《曾子》,虽极推曾子之学主躬行,闻一贯,而终身所守不离孝敬清让之规,专以轻富贵、守贫贱、不求人知为大。是以从之游者,所记虽或浅近,而必有益于日用躬行之实云云。岂必欲其如《中庸》之“经大经,立大本,知化育,肫肫其仁,渊渊其渊,浩浩其天”,然后为高深乎?然江、汉以濯之,秋阳以暴之,曾子之知圣人,其道光辉,皓不可尚,即《中庸》渊渊浩浩所自出。其见道也,彻上彻下,“一以贯之”,宜乎子思、孟子皆出其门矣。至德以为道本,颜、闵、仲弓、曾点之徒以之;敏德以为行本,孝德以知逆恶,曾子以之;圣门洒扫应对,可以精义入神,况洞洞属属执玉奉盈者乎?

乌乎!曾子之以书传,非曾子意也,其意盖将以夏道之忠救周文之敝,所谓“依乎《中庸》,遁世不见知而不悔”者也。宜乎后世不深知而浅近视之也。

十篇之外,曾子言行他见者,汇辑数篇于后,子思亦曾子门人,故类附焉。乌乎!十篇之不列于四书,乃儒林憾事,而欲以区区之力表章其间,智小任重,言僭行窳,是以“战战兢兢,若履薄冰”云尔。

道光元年,叙于京师。

子思子章句序

《中庸》之为《子思子》，尚已；而《坊》《表》《缁衣》与焉。有征乎？曰：有。《隋书·音乐志》载沈约之言曰："《礼记·月令》取《吕氏春秋》，《缁衣》《中庸》《坊记》《表记》取《子思子》，《乐记》取《公孙尼子》。"一也。《御览》引《子思子》曰："天下有道，则行有枝叶，天下无道，则言有枝叶。"今见《表记》，二也。《文选》注引《子思子》曰："昔吾有先正，其言明且清，国家以宁，都邑以成。"今见《缁衣》，三也。且《坊》《表》言必称子而引《论语》之文，间一；又数引《春秋》，间二；且独称"子云""子言之"，与他书记圣言体例不伦，间三。三征既明，三间俱释，于是叙曰：

圣人忧患天下来世其至矣！删《诗》《书》，正礼乐，皆述而不作，有大义，无微言，岂预知有《论语》为后世入道门哉？假年绝韦来，天人性命之理，进修聚辨之方，无咎寡过之要，胥于《易》乎在，子思本祖训发挥之，故《中庸》一《易》道也；《表记》言正而合道，见称伊川程氏，则《论语》辅也；《易》之诚，《论语》之仁，皆古圣未发而夫子发之。不读《中庸》，不知诚为尽性之要；不读《表记》，不知敬为求仁之方；而望《易》《论语》精微，犹入室不由户也。《坊》《缁》之文，其闳深诚与《庸》《表》有间，然礼坊德，刑坊淫，命坊欲，纲万事于三端，圣人既以叙彝伦，建皇极；而《缁衣》数抄本"数"作

“敷”。理化得失，为百世君民臣主师。尼门五尺所言，要非霸世所得闻者。盖《易》《论语》明成德归，《诗》《书》《礼》《春秋》备经世法，故《坊记》以《春秋》律《礼》，《缁衣》以《诗》《书》明治，体用显微，同源共贯，于道之大而能博者，其亦具体而微矣。

世人惟知《史记》子思作《中庸》，故著蔡之，而此三篇之为弟子述所闻者，则自唐后二十篇书原不存，亦遂如渎迷济、海沦碣矣。予悼斯道之湮微，乃别而出之，各为细绎，而《中庸》则专以《易》道发之，用补苴先哲，其轶言时时见他说者，亦辑成篇，而后祖孔、师曾、迪孟之学，大略明且备，刚矣，诚矣，高矣，明矣！

宋汪晫编《子思子》，妄捃孔鲋赝书而显昧四篇之正经，弃天球，宝康瓠，傎莫甚焉，今遂摈勿道也。

董仲舒《春秋繁露》引《坊记》“君子不尽利以遗民”一章，称为孔子之言，盖子思垂训，本多祖述，如道德齐礼，与夫南人有恒之言，皆错见于诸篇，不害其全篇之为子思也。《礼记》郑《目录》于《坊》《表》《缁衣》三篇不言出《子思子》者，犹《三年问篇》全出《荀子》而郑《目录》亦不言及也。刘献称《缁衣》公孙尼子作者，案《汉志》，公孙尼子，七十子之弟子，或其尝受业子思，故辞述师说以成斯篇欤？然则《坊》《缁》之文未能闳深，亦记不一手故也。有以此三事献疑者，因各为条之如此。

论语孟子类编序

序曰：经有奥义，有大义，研奥者必以传注分究而始精，玩大者止以经文汇观而自足。诸子书无不各从其类，故《汉·儒林传》言费直《易》无章句，惟以《彖》《象》《文言传》词解《易》，而《汉书·儒林叙》亦曰："古之学者耕且养，三年而通一经，存其大体，玩经文而已。"况《论语》《孟子》显白之文，至今如侍辟咡而闻诏告，非《典》《谟》《盘》《诰》聱牙噩诘之比，奚必待传注而后明哉！

自明以来，学者争朱、陆，自本朝以来，学者争汉、宋，今不令学朱学陆而但令学孔、孟焉，夫何诤？然近日治汉学者，专务记丑，屏斥躬行，即论洙、泗渊源，亦止云定、哀间儒者之学如是，在子思、孟子以前；其意欲托尊《论语》以排思、孟，甚至训一贯为壹行，以诂经为生安之学，而以践履为困勉之学，今即以孔、孟、曾、思之书条贯示之，其肯相从于邹、鲁否，尚未可知也。

夫圣人之道，大而能博，贤人学之，各得其性所近。故圣人之言必引而就卑，不如此则人不亲；贤人之言或亢而自高，不如此则道不尊。且教法因人、因时，原无定适。孔子动教求仁，而孟子则独标集义，仁之气浑然，义之气浩然，其得之天授已不尽同。孔子教人专主博文约礼而仁在其中，故不言心而心自存，此合德性、问学为一者也；孟子直指人心体验，扩充存养。孔子动言礼乐，造就成德;孟子则不但无一言及乐,亦从无琴瑟弦歌之事。陶融礼乐之化,即博学详说之语,七篇中亦仅一偶及焉,不必下学而自能上达。且孔子并学夏、殷、周之礼,孟子则诸侯之礼未学,周室颁爵禄不知其详,此尊德性多于道问学者也。然圣人言近而指远,虽不示中人以上,而“天何言哉”之训,“无行不与”之训,“知我其天”之训,则直以天自处。且叹道体于逝川昼夜,悟性天于朝闻夕死,彻上彻下,精义入神,故曰:“子罕言利、与命、与仁。”盖元亨利贞,性与天道,皆寄于假年学《易》,得闻者惟颜子一人,故《易系》以颜子与箕、文同列,岂仅《诗》《书》、执礼之雅言所能尽者乎?孟子一生惟以上继《春秋》自任,旁引《诗》《书》,而无一言及于《易》,亦无一言及于天道,此其精微之同异。盖孔子自诚明而孟子自明诚者也;孔子天下至诚,而曾子、孟子皆“其次致曲,曲能有诚”者也;曾子以鲁得之,子思、孟子皆以高明得之。

然则后世学圣人者宜如之何?曰:自以学孟子为易简直捷而适于用,学曾子为笃实严密而切于体,于圣门为好仁、恶不仁之分,虽万世无弊可也。然圣门中四科七十子,狂简斐然,极一时之盛,孟子则一生所造就仅乐正子一人,此外公孙丑、万章、咸丘蒙之徒,以问答相接,无一言及于身心砥砺之事,且其所问如舜臣尧、瞍及舜父杀人、窃负逃海,皆五尺童子所不愿闻。问其所不必问,答其所不必答,直当在不屑教诲之列。不知后车数十乘,从者数百人,终日追随,所为何事?岂其学专宜中人以上欤!遂使后世有“轲死不得其传”之叹,正犹陆、王之学皆不再传而决裂,远不及程、朱源流之久远,又何说也?谨质所疑,俟知德君子折衷焉。

孟子小记

咸丘蒙问曰："舜南面而立，尧帅诸侯北面而朝之，瞽瞍亦北面而朝之。舜见瞽瞍，其容有蹙。"是以舜见尧之北面，晏然受之矣。舜摄位八年之时，"舜尚见帝，帝馆甥于贰室，亦飨舜，迭为宾主。"今谓尧北面朝舜，舜南面而立，则是居尧之宫，逼尧为臣，而以禅为篡乎？

《史》称"孟子退而与万章之徒叙《诗》《书》，述仲尼之意，作《孟子》七篇"。咸丘蒙苟曾读《尚书》，岂有不知尧崩在舜未即位以前，安有舜既天子而尧尚北面朝者？岂不知舜五十即居瞽瞍之丧，孺慕终身，安有舜为天子瞽瞍尚存者？何乃引"率土之滨莫非王臣"，以舜既为天子而瞽瞍不臣为异事？是必父拜子坐而后情安理得，父不拜子则为异事，直乃天地易位，罪不容诛！孟子门下有此枭獍，乃不斥诸门墙之外。是宰予不过短丧，夫子尚呵而责之，咸丘蒙必欲以子臣父，乃不鸣鼓而攻之，尚且登其言于七篇，置之五教答问之列。不知后车数十乘，从者数百人，所为何事？岂有不读一经，不识一义，惟知廋屦、餔啜为事乎？

圣门七十子，于柴愚，参鲁，由喭，师辟，皆时时提诲如不及，甚至门人厚葬颜渊、子路使门人为臣，尊师笃友之谊甚美，而夫子责以欺天。而孟子则乐正子而外，如景春则羡公孙衍、张仪为大丈夫,公孙丑而以管、晏之功,夫子当路于齐不敢复许,其垂涎胁谄之意形诸词色,不知所学何道,所为何事乎?孟子门人惟乐正子一人,此外皆不堪问,是以“轲死不得其传”焉,其以此乎?

桃应问曰:“舜为天子,皋陶为士,瞽瞍杀人,则如之何?”为孟子者,告以瞽瞍顽嚚之时,焚廪浚井皆不能杀,大杖则逃,求之则未尝不在侧。一子且不能杀,安能杀人!当舜三十征庸被举之时,已言“克谐以孝,烝烝乂,不格奸”,其后瞽瞍底豫,“舜祗载见瞽瞍,夔夔齐栗”,是瞍已化为慈父,安有即位后复杀人之事?即以有时误杀左右,尚有议亲、议贵之典,此问之最无难答者也。乃忽告以“窃负而逃,遵海滨而处”,瞍能往,皋亦能往,是舜父子皆将死于皋陶之手,尚欲“终身欣然乐而忘天下”?是何孟子言论异于孔子者若斯!支离不可思议一至此乎?毋乃战国小人妄为此说,窜入七篇,以败我大贤之门户。后人不审,视同谟训。乌乎!此韩子所以言识古书正伪之难也。

《论语》论治,止言“足食、足兵、民信”,而圣人“期月可,三年成”,所以立动绥和,亦莫由知其所以然。其告颜渊为邦,夏时、殷辂、周冕、《韶》乐,乃治定功成制作之事。《中庸》言“为天下国家有九经”,而“怀诸侯,柔远人”,亦成周盛时之治。惟孟子言王道,曰田里树畜是也,庠序、学校、养老、明伦是也,其在朝廷,则“尊贤使能,俊杰在位”是也。其于用兵,则曰“天时不如地利,地利不如人和”是也,而曰:“善战服上刑,连诸侯者次之,辟草莱、任土地者次之。”又曰:“我能为君约与国,战必克,今之良臣,古之民贼。”然若吴起、乐毅、李牧、廉颇、赵奢、蒙骜、蒙恬之将;燕昭中兴再造,破齐七十馀城;齐襄、田单,守即墨,走(田)〔骑〕劫,尽复七十二城;赵武灵之为君,胡服骑射,外服匈奴,破其十万众,使不敢南牧;又假为赵使面见秦王于咸阳，欲从云中直袭秦；其后秦始皇欲灭楚，王翦谓非六十万人不可。是此数强国岂可不烦兵力而服者乎？

计七国命世之才，惟信陵君有王佐器，故《汉·艺文志》传有《信陵君兵法》。其始以选兵八万救赵，一战而走蒙骜，全邯郸，既而秦闻公子留赵十年，急攻魏，信陵君归救魏，遣使告燕、赵、齐、韩各国出兵，各国皆怨秦，及闻公子自将，皆愿助师。公子将五国之兵大破秦师，秦师固守函关而不敢出战。使公子不听魏王之召，益约燕、赵、齐、楚之师，或由云中、或由夏阳渡河以入咸阳，而自将魏兵由武关走蓝田，则守关之兵自溃，而后合各国之师云集关中，择要据守，部伍整肃，十围五攻。秦人仓皇征兵，未必尽集，即尽力战守，亦必不如五国之师。不出半年，城中粮尽援绝，咸阳必破，秦灭而各国必皆戴信陵为盟主以王关中。不数年，赵武灵王国中少长争国，李牧以谗死矣。燕昭王死，惠王信谗改将攻齐，乐毅奔赵，(田)〔骑〕劫败死，国危如累卵矣。未几而齐君王后死，齐王为松柏之客矣。韩弱周衰，不征自服，而王业成矣。荀子曰："秦之武卒，不如桓、文之节制；桓、文之节制，不如汤、武之仁义。"兵于五行，谁能去之？拨乱戡暴，有文事必有武备，欲王天下而不求将帅，严军令，蒐军实，但欲"制梃以挞秦、楚之坚甲利兵"，不久宣王死，湣王虐，燕师复仇，下齐七十馀城，彼时孟子若在其国，不知何以处之？滕文公以五十里之地，劝其行井田，不待筑薛之惧而后知其迂也。

案：赵武灵王被弑在周赧王之二十年，乐毅奔赵在赧王之三十六年，而信陵君之自赵归救魏，已在周亡之后，距燕、赵之事数十年矣。而不数年云云，前后倒置，恐非魏氏原本。

两汉经师今古文家法考叙

魏源曰:余读《后汉书·儒林传》,卫、杜、马、贾诸君子承刘歆之绪论,创立费、孔、毛、左古文之宗,土苴西京十四博士今文之学,谓之俗儒,废书而喟!

夫西汉经师,承七十子微言大义,《易》则施、孟、梁丘皆能以占变知来,《书》则大小夏侯、欧阳、倪宽皆能以《洪范》匡世主,《诗》则申公、辕固生、韩婴、王吉、韦孟、匡衡皆以三百五篇当谏书,《春秋》则董仲舒、隽不疑之决狱,《礼》则鲁诸生、贾谊、韦玄成之议制度,而萧望之等皆以《孝经》《论语》保傅辅道,求之东京,未或有闻焉。其文章述作,则陆贾《新语》以《诗》《书》说高祖,贾谊《新书》为汉定制作,《春秋繁露》《尚书大传》《韩诗外传》、刘向《五行》、扬雄《太玄》皆以其自得之学,范阴阳,矩圣学,规皇极,斐然与三代同风,而东京亦未有闻焉。

今世言学,则必曰东汉之学胜西汉,东汉郑、许之学综六经,呜呼!二君惟六书、《三礼》并视诸经为闳深,故多用今文家法。及郑氏旁释《易》《诗》《书》《春秋》,皆创异门户,左今右古。其后郑学大行,骎淫遂至《易》亡施、孟、梁丘,《书》亡夏侯、欧阳,《诗》亡齐、鲁、韩,《春秋》邹、夹、公羊、穀梁半亡半存,亦成绝学,谶纬盛,经术卑,儒用绌。晏、肃、预、谧、赜之徒,始得以清言名理并起持其后,东晋梅赜《伪古文书》遂乘机窜入，并马、郑亦归于沦佚。西京微言大义之学，坠于东京；东京典章制度之学，绝于隋、唐；两汉故训声音之学，熄于魏、晋；其道果孰隆替哉？

且夫文质再世而必复，天道三微而成一著。今日复古之要，由诂训、声音以进于东京典章制度，此齐一变至鲁也；由典章、制度以进于西汉微言大义，贯经术、故事、文章于一，此鲁一变至道也。

道光商横摄提格之岁，源既叙录武进礼曹刘申甫先生遗书，略陈群经家法，兹乃推广遍集两汉《儒林传》《艺文志》之文。凡得《周易》今文家施氏学第一，梁丘学第二，孟喜氏学第三，孟氏学旁出京氏、焦氏第四，《周易》古文家费氏学第五，其流为荀氏卦气之学、郑玄爻辰之学，此外又有虞翻消息卦变之学，斯为《易》学今古文传授大概也。

《尚书》今文列于博士者，有伏生、欧阳、大小夏侯二十八篇之学，有孔安国古文四十馀篇之学。至东汉初，刘歆、杜林、卫宏、贾逵、马融、郑康成又别创古文之学，其篇次与今文同，而孔安国佚十六篇仍无师说，此皆不列于博士者。及东晋伪古文及伪孔《传》出，唐代列于学校，而伏、欧之今文，马、郑之古文，同时并亡。予据《大传》残编，加以《史记》《汉书》诸子所征引，共成《书古微》，斯《尚书》今、古文传授大概也。

《诗》则汉初皆习齐辕固生、鲁申公、韩婴三家，惟毛《诗》别为古文。郑康成初年习韩《诗》，及笺《诗》改从毛，于是齐、鲁、韩次第佚亡，今惟存毛《传》。及宋朱子、王应麟始略采三家《诗》残文而未得条绪；明何楷、本朝范家相、桐城徐璈次第搜辑，始获三家《诗》十之七八，而余发挥之，成《诗古微》，此《诗》今古文大概也。

小学以《说文》为宗，历代罕究。国朝顾炎武始明音学，而段、王二氏发明《说文》《广雅》，惟转注之说尚有疏舛，予特为发明之，此小学家之大概也。

《礼经》则禘祫之义，王肃与郑玄抗衡，郑主纬书感生五帝之说，肃主人帝为始祖所自出之帝，输攻墨，一本“墨”下有“守”字。秦固失之，楚亦未得，而郑玄《周礼注》计口出泉，至宋遂启王安石新法之祸。惟宋朱子纂《仪礼经传通解》，分家礼、邦国礼、王朝礼、丧祭礼，合《三礼》为一书，集三代古礼之大成，又欲采后世制度因革、损益以择其可行，国朝《读礼通考》《五礼通考》实成其志，此则古今《三礼》之大概也。

今采史志所载各家，立案于前，而后随人疏证，略施断制于后，俾承学之士法古今者，一披览而群经群儒粲然如处一堂。识大识小，学无常师，以为后之君子亦将有乐于斯乎？

学校应增祀先圣周公议

谨案:《礼记·文王世子》:“凡入学者,必释奠于先圣先师。”郑康成《注》曰:“先圣谓周公,先师谓孔子。”考《礼记》出于周、鲁之儒,郑氏《注》在东汉之世,则是周、汉时已皆祀周公为先圣、孔子为先师。

下及唐宋,均无启圣殿之祀,其祀启圣者,始于元世,而明代因之,我朝雍正间始加封王爵。其实《史记·孔子世家》及《左传》孟懿子之言,皆止谓孔子祖为正考甫生孔父嘉,嘉生防叔,始去宋家于鲁,防叔生伯夏,伯夏生叔梁纥,统为五世,初无木金父、睾夷父二世;此二世出于王肃伪《家语》,不可为典要。即启圣四世之祠,亦止宜祀于阙里孔氏家庙,由衍圣公奉祀,其于天下各省郡邑学校崇文敷教之谊无当也。是以本朝列圣祀学,止拜先师,而无拈香启圣殿之事,各省学政地方官丁祭及朔望行礼,皆止诣大成殿,而无祀启圣殿之事,既同虚设,曷谓尊崇?

考学校所崇五经,《易》《诗》《书》《礼》皆原本于周公而述定于孔子。如《周易》之六十四爻,皆作于周公,而传翼于孔子;《诗》之《雅》《颂》《南》《豳》,皆出于周公而正乐于孔子;《书》之《周诰》固出周公,而《典》《谟》《虞》《夏》之书,亦周史藏之而孔子编定之。至于《周礼》《仪礼》及二戴所记礼仪三百、威仪三千,尤皆出周公一圣之手，惟《春秋》因鲁史之旧而笔削于孔子耳。故夫子自言“述而不作”，盖作者之谓圣，述者之谓明。孔子一生梦周公而师文王，文王已在历代帝王祀典之列，则以师道兼治道者，惟周公、孔子而已。孟子以周公与大禹为三圣，唐韩愈《原道篇》曰：“由周公而上，上而为君，故其道行；由孔子而下，下而为民，故其说长。”

今天下不独学校所诵习皆周公经典，即上而朝廷制度，六官分治，皆《周礼》冢宰、司徒、宗伯、司马、司寇、司空之职；且太常所奏乐舞，皆《周官》大乐正之遗；上自坛庙，下及郡国，所行吉、凶、军、宾、嘉五礼，皆周公之制；及钦天监测算仪器，皆《周官》土圭、挈壶、保章及《周髀》算数之遗；所用典籍符印文字，皆《周官》保氏六书之体。《中庸》所谓“车同轨，书同文，行同伦”，“虽有其位，苟无其德，不敢作礼乐焉；虽有其德，苟无其位，亦不敢作礼乐焉”；洵乎非德位皆隆如周公者不足当之矣！

国家崇德报功，凡历代有功德于民者，皆列祀典，况以三代大圣在孔子之前，创万世礼乐之制，朝野无不遵行，而学校祭祀俎豆不及，岂非一大缺典，为人心所不安乎？且古制本以周、孔并崇，今应请于朝廷，复周、汉之制，即以天下学宫之启圣殿为先圣殿，中供先圣周文公之神位，恭请御书“祖述宪章”四字匾额悬之中央，每岁春秋丁祭止增一牲币，地方官朔望行礼止多一拜跽，不动一椽而崇德报功，尽美尽善，从此礼乐教化之源，与日月昭而天地悠也，岂非一朝盛事必当兴举者欤！其启圣五王木主，宜用椟藏恭贮于尊经阁。至于从祀，则其从祀于先师者，即其从祀于先圣者也。束发鼓箧，涵咏圣涯；昧昧我思，羹墙在望。不登朝列，无望飏言；敬撰斯谊，以俟来哲。

皇朝经世文编叙代贺方伯

事必本夫心。玺一也,文见于朱者千万如一,有玺籀篆而朱鸟迹者乎？有朱籀篆而玺鸟迹者乎？然无星之秤不可以程物,故轻重生权衡,非权衡生轻重。善言心者,必有验于事矣。

法必本于人。转五寸之毂,引重致千里;莫御之,跬步不前。然恃目巧,师意匠,般、尔不能闭造而出合。善言人者,必有资于法矣。

今必本夫古。轩、挠上之甲子,千岁可坐致焉。然昨岁之历,今岁而不可用,高、曾器物,不如祖、父之适宜;时愈近,势愈切,圣人乘之,神明生焉,经纬起焉。善言古者,必有验于今矣。

物必本夫我。然两物相摩而精者出焉,两心相质而疑难形焉,两疑相难而易简出焉。《诗》曰:"秩秩大猷,圣人莫之,他人有心,予忖度之。"又曰"周爰咨度","周爰咨谋"。古人不敢自恃其心也如是,古之善入夫人人之心又善出其人人之心以自恢其心也如是。切焉劘焉,委焉输焉。善言我者,必有乘于物矣。

蟠焉际焉之谓神,效焉法焉之谓事,创之因之谓之后王君公,承之宣之谓之大夫师牧,役智、效能、分事亹亹达之天下谓之府史、胥徒、农工、商贾、卒伍。人积人之谓治,治相嬗成今古,有洿隆、有敝更之谓器与道。君、公、卿、士、庶人,推本今世、前世道器之洿隆所由然，以自治外治，知从违、知参伍变化之谓学。学为师长，学为臣，学为士庶者也。格其心、身、家、国、天下之物，知奚以正，奚以修，奚以齐且治平者也。

絻钺，其好恶；教养，其喜乐；兵刑，其怒哀。亹亹乎经曲，森森乎精微，则遵、袭、循、守与创制同，诹、询、谋、议与施措同，胶葛纷纭、至纤至悉与性命流行品物同。殽诸事则右史所述，赜诸言则左史所记；事者一成而不可易，言则得失粲矣，违从系矣，参伍具矣。先王以之备蒙诵，知民务，集群虑，研几微，究中极，精极蜎蠖不为奥，博周伦物不为末，玄黄相反不为异，规矩重叠不为同。

故鸠聚本朝以来硕公、庞儒、俊士、畸民之言，都若干篇，为卷百有二十，为纲八，为目六十有(三)〔五〕。[①] 言学之属六，言治之属五，言吏之属八，言户之属十有二，言礼之属(九)〔十〕，言兵之属十有二，言刑之属三，言工之属九；则鰓理于邵阳魏君默深，告成于道光六年柔兆阉茂之仲冬也。

① 据《皇朝经世文编》道光六年刻本及下列八纲子目数相加应为六十四，又“言礼之属九”实为“十”，则子目总数应为六十五。

皇朝经世文编五例

一、审取。书各有旨归,道存乎实用。志在措正施行,何取纡途广径?既经世以表全编,则学术乃其纲领。凡高之过深微,卑之溺糟粕者,皆所勿取矣。时务莫切于当代,万事莫备于六官,而朝廷为出治之原,君相乃群职之总,先之"治体"一门,用以纲维庶政。凡古而不宜,或泛而罕切者,皆所勿取矣。《会典》之沿明制,犹《周官》之监夏、殷。然时易势殊,敝极必反。凡于胜国为药石,而今日为筌蹄者,亦所勿取矣。星历掌之专官,律吕祗成聚讼,务非当急,人难尽通,则天文乐律之属,可略焉勿详也。论议之与叙事,本皆要文,而碑传之纪百行,难归各类。今惟蛮海各防,间存公案数则,其他纪述之作,虽工焉勿登也。例画则义耑,宗定则志一。

一、广存。有利必有害,论相反者或适相成;见智亦见仁,道同归者无妨殊辙。是以保甲之难易,军屯之碍通,封矿之闭开,丧祭之聚讼;差徭则均雇相难,河流则南北争持;盐课有归商归税之殊,耗羡有归公归官之辨;筹畿辅则水性土性异宜,议转漕则般运海运旁出;桑、漳筑堤而谓宜去堤,吴淞建闸而谓宜去闸;泾渠为千古大利而或极言其害,酿酤为古今通禁而或极陈其难;主摈互形,偏歧难定。惟集思而广益,庶执两以用中,则取善之宜广也。文无难易惟其是,讵容喜素而非丹?圣有谟训择于狂,未可因人以废论。矧夫适用之文,无分高下之手。或迩言巷议,涓流辄裨高深;或大册鸿编,足音寥同空谷。故有录必披,无简可略,匪但专集宜寻,亦多他书别见,则网罗之宜广也。见闻或限于方隅,惠邮尚资夫益友。

一、条理。纲举固目张,事繁则理赜。方严分疆画界之规,岂妨会通触类之旨。漕储裕国,事专户,而河漕相关,则并宜问之工矣。水利动帑,事系工,而农田救荒,又牵连夫户矣。有治人无治法,故仓储、保甲各专门者,仍挈其原于吏。知治家即治国,故宗法、家教皆自修者,而属其政于礼。经筵遍陈天下之庶政,而义主陈诲,则政本归焉。风俗备罗人事之缺失,而义箴非礼,则正俗统焉。他若出礼入刑,服制通乎断狱;寓兵于农,保甲亦可审丁;此异而同者也。至于同类之中,各有伦族之纪:一荒政而蝗蛟疫厉胥该,一农政而蚕桑牧树咸属,学校则包贡举,马政则兼驿传;钱币先以矿厂,地利旁及城堡;下河本淮、扬水利,而入之河防则淆;滹、桑为畿甸河工,而滥之水利则混。此同而异者也。甚至数篇之内,先后毋移;两文之间,切磋互发。物其多矣,方以聚之,右有左宜,是在君子。

一、编校。氏里官爵,总汇卷端。考陆氏《切问钞》之叙,乃乾隆四十载所刊,时海峰、东原岿然并存,而风俗时宪已收数作,殆以切时之言,无须身后始出。今兹所录,咸据椠本,保无子瞻海外未辨存亡,乐天时人已疑今古,彼既行世之书,吾取经世之益。其有见闻所及,确然生存,则止旁注集名,虚其氏字,庶文资乎救时,复例绝夫标榜。若夫论事尚简明,而公牍之蔓冗易晦;建议期切实,而臆见或择焉不精。不节冗,将以无文妨行远也;不去偏,将以小疵废大醇也。岂必待韩而削荀,抑亦掩瑕以全璧。至于句读以省浏览,圈识以明章段,上法老泉《读孟》,近仿梨洲《文定》云尔。

一、未刻。创编之始，蓄愿良奢，尚有《会典提纲》廿卷以稽其制，《皇舆图表》廿卷以测其地，《职官因革》廿卷以详其官，更辑《明代经世》一编以翼其旨，庶几自叶流根，循源达渤，质之往古如贯串，措之当世若指掌。欲脱全稿，尚待他时，先出是编，以当执贽。盖欲识济时之要务，须通当代之典章；欲通当代之典章，必考屡朝之方策。选举、考察、职掌之必悉，而后可以审立官；赋榷、俸饷、出入之周知，而后可以制国用。度律、等威、服制，不明其别，何以辨五礼之仪文？山川、关塞、邮驿，不审其方，何以筹九州之控驭？明罚敕法，准乎律例，如程物之有衡；堤坊疏浚，各有情形，必左图而右史。盖土生禾，禾出米，米成饭，而耕获舂炊之节次，宜各致其功，不可谓土能成饭也。脉知病，病立方，方需药，而虚实补泻之万变，宜各通其要，不得谓一可类推也。必有真儒，征斯实用，狂简不敏，敬有俟焉。

——据《皇朝经世文编》道光六年刻本

明代食兵二政录叙

以三代之盛，而殷因于夏礼，周因于殷礼，是以《论语》"监二代"，荀卿"法后王"，而王者必敬前代二王之后，岂非以法制因革损益，固前事之师哉！

我朝之胜国曰明代，凡中外官制、律例、赋额、兵额，大都因明制而损益之，故其流极、变迁、得失、切劘之故，莫近于明。

明中叶以后之主，德无足论，论其祖宗朝之制度异今日者，则莫如大兵大役之派民加赋，末年遂以是亡国，而方其盛时，则亦以此不致别筹国用。举天下仕进一出于科目，无他途杂乎其间，无色目人分占其间，无论甲乙一第，未有终身不沾一禄者；内而部曹，外而守令，未有需次数年、十数年始补一缺者。遇铨选乏人，则辄起废田间，旋踵录用，士之得官也易，复官也易，则其视去官也不难。又士自成进士释褐以后，则不复以声律点画为重，士得以讲求有用之学。故中材之士，往往磨厉奋发，危言危行，无所瞻顾。凡本兵、吏部文武之任，往往有非常豪杰出乎其间，虽佚君乱政屡作，相与维持匡救而不遽亡。使非四方税榷太监扰其下，主兵太监掣其外，司礼太监神丛阿柄倒其上，则虽偶有大兵大役之加派，民不致乱也，虽有北鞑南倭之侵轶，兵不致亡也。是明代之得，在于清仕途，培士气，其失在于大权旁落，而加派练饷，门户党援，则其变证也。

(不)〔无〕一岁不虞河患,无一岁不筹河费,前代未之闻焉;江海惟防倭防盗,不防西洋,夷烟蔓宇内,货币漏海外,病漕、病鹾、病吏、病民之患,前代未之闻焉。内外既无两漏卮,仕途又无两滥竽;无漏卮则国储财,无滥竽则士储才。故虽以宗禄、土木、神仙之耗蠹,中珰、廷杖之摧折,而司农柄兵诸臣,得以随弊随治,病患迭出,人材亦迭出,不至有仰屋呼庚之虞,不至有拊髀乏材之叹。

乌乎!治有馀之证易于治不足之证,明中叶以前之证,其尚有馀乎?有下而无上,厥象水;有上而无下,厥象火;明中叶以后之证,其犹水欤?

皇清立国之初,闵民生之困,监胜国之失,首申阉宦、重赋之禁;乾隆、嘉庆以来,黄河大工,一切发帑,永免力役之征。而且赐复蠲租之诏,史不绝书,其重民食也如是;北鞑南倭,爟燧不惊,土司改流,万里不警,其靖边患也如是。民生其间,耳不闻苛政,目不见锋镝,而又乾纲亲揽,日见群臣,日日答万几;优礼言官,从不知有廷杖诏狱为何事。其政本肃清,岂独高出明代万万?然而东南之漕运困于输将,中外之仕途困于需滞,沿边之军饷诎于度支者,何哉?

黄河无事,岁修数百万,有事塞决千百万,无一岁不虞河患,无一岁不筹河费,此前代所无也;夷烟蔓宇内,货币漏海外,漕鹾以此日敝,官民以此日困,此前代所无也;士之穷而在下者,自科举则以声音诂训相高,达而在上者,翰林则以书艺工敏、部曹则以胥史案例为才,举天下人才尽出于无用之一途,此前代所无也;其他宗禄之繁,养兵之费,亦与前世相出入。是以节用爱民,同符三代,而天下事患常出于所备之外。立乎今日以指往昔,异同黑白,病药相发,亦一代得失之林哉!

少游京师，好咨掌故，曾以道光五载为江苏贺方伯辑《皇朝经世文编》。继又念今昔病药之相沿，常以对治而益著，爰复仿宋臣鉴唐、汉臣过秦之谊，故集有明三百年文章论议言食政之类十有三：曰理财，曰养民，曰赋役，曰税课，曰屯政，曰仓储，曰荒政，曰盐法，曰宗禄，曰水利，曰运河，曰河防；兵政之类二十有四：曰兵制，曰京营，曰亲军召募，曰战车，曰屯饷，曰茶马，曰防守九边形势，曰蓟镇、宣、大边防，曰辽东边防，曰西番，曰西南土司，曰朝鲜御倭，曰款贡，曰盗贼；凡为卷七十有八。劳臣荩士，蒿忧瑰画，粲矣，具矣！若夫议礼之聚讼，刑狱之匡救，于今无涉，概不旁录。其辽东边防，事关敌忌，可酌改而不必讳言，则有《钦定明史》旧例在，有纯皇帝褒熊廷弼及赠谥殉节诸臣之诏书在。

附明代食兵二政录叙

《论语》曰“周监于二代”，荀子曰“为治法后王”，我朝之胜国曰明代，凡中外官制、律例、赋额、兵额，大都因明制而损益之，故其流极、变迁、得失、切劘之故，亦莫近于明。

明中叶以后之主德无足论，论其祖宗之制度异今日者，则莫如大兵大役之派民加赋，末年遂以是亡国，而方其盛时，则亦以此不致别筹国用。举天下仕进一出于科目，无他途杂乎其间，无论甲乙一第，未有终身不沾一禄者；内而部曹，外而守令，未有需次数年、十数年始补一缺者。遇铨选乏人，则辄起废田间，旋踵录用，士之得官也易，复官也易，则其视去官也不难。又士自释褐登朝以后，既弃贴括，即不复以声律点画衡高下，惟采声望，崇器识，故中材之士往往磨厉奋发，危言危行，无所瞻顾。凡本兵、吏部文武之任，往往有非常豪杰出乎其间，虽佚君乱政屡作，相与维持匡救而不遽亡。使非四方税榷太监扰其下，主兵太监掣其外，司礼太监神丛阿柄倒其上，则虽偶有大兵大役之加派，民不致乱也，虽有北鞑、南倭之侵轶，兵不致亡也。是明代之得，在于清仕途，培士气，其失在于大权旁落，而加派练饷则其变证也。

皇清立国之初，闵民生之困，监胜国之失，首申阉官、加赋之禁；乾隆、嘉庆以来，并黄河大工，一切发帑，永免力役之征。而且赐复蠲租之诏,史不绝书,其重民食也如是;北鞑、南倭,销熢息爟,万里不警,其靖边患也如是。民生其间,耳不闻苛政,目不见锋镝,而又乾纲亲揽,日见群臣,日答万几,岂独高出明代万万?然而东南之漕运困于输将,中外之仕途困于需滞,沿边之军饷诎于度支者,何哉?

黄河无事,岁修数百万,有事塞决千百万,无一岁不虞河患,无一岁不筹河费,此前代所无也。夷烟蔓宇内,货币漏海外,漕鹾以此日敝,官民以此日困,视倭患尤剧也。释褐登朝十馀年,而试文衡,试言职,试枢密,无非衡书艺之工敏,声律骈偶之巧丽,罔知朝章、国故为何物,其部曹观政,无非胥史文例是求,罔知漕、盐、河、兵得失何在;有奋志讲求抱负宏远之人,反群笑为迂阔,此造士储才大巽于昔也。其他宗禄之繁,养兵之费,亦与前世相出入。是以节用爱民,同符三代,而天下事患常出于所备之外。司农多呼癸之求,将材有拊髀之叹。立乎今日以指往昔,异同黑白,病药相发,亦一代得失之林哉!

源前以道光五载为长沙贺方伯辑《皇朝经世文编》,又仿宋臣鉴唐、汉臣过秦之谊,故集有明三百年文章论议言食政之类十有三,兵政之类二十有四,凡为卷七十有八。劳臣荩士,蒿忧瑰画,粲矣,具矣!若夫礼义之聚讼,刑狱之匡救,无关今鉴,概置筌蹄。其辽东边防,事涉敌忌,可酌改而不必讳书,则有《钦定明史》旧例在,有纯皇帝褒熊廷弼及赠谥殉节诸臣之诏书在,有《钦定四库全书》收明臣奏疏之例在。

道光十有七载,岁次丁酉,邵阳魏源序于江都絜园。

——另一本据《古微堂集》钞本

圣武记叙

荆楚以南,有积感之民焉,距生于乾隆征楚苗之前一岁,中更嘉庆征教匪、征海寇之岁,迄十八载畿辅靖贼之岁始贡京师,又迄道光征回疆之岁,始筮仕京师。京师,掌故海也,得借观史馆秘阁官书及士大夫私家著述、故老传说,于是我生以后数大事及我生以前上讫国初数十大事,磊落乎耳目,旁薄乎胸臆。因以溯洄于民力物力之盛衰,人材风俗进退消息之本末。晚侨江、淮,海警飙忽,军问沓至,忾然触其中之所积,乃尽发其椟藏,排比经纬,驰骋往复,先取其涉兵事及所论议若干篇,为十有四卷,统四十馀万言,告成于海夷就款江宁之月。

乃敬叙其端曰:天地以五行战阴阳,圣人饬五官则战胜于庙堂。战胜庙堂者如之何?曰圣清尚矣。请言圣清以前之世:今夫财用不足,国非贫,人材不竞之谓贫;令不行于海外,国非羸,令不行于境内之谓羸。故先王不患财用而惟亟人材,不忧不逞志于四夷,而忧不逞志于四境。官无不材,则国桢富;境无废令,则国柄强。桢富柄强,则以之诘奸,奸不处;以之治财,财不蠹;以之搜器,器不窳;以之练士,士无虚伍。如是,何患于四夷,何忧乎御侮!斯之谓折冲于尊俎。

尝观周、汉、唐、宋、金、元、明之中叶矣,瞻其阙,夫岂无悬令?

询其廷，夫岂无充位？人见其令雷行于九服，而不知其令未出阶闼也；人见其材云布乎九列十二牧，而不知其槁伏于灌莽也。无一政能申军法，则佚民玩；无一材堪充军吏，则敖民狂；无一事非耗军实，则四民皆荒。佚民玩则画棰不能令一羊，敖民狂则蛰雷不能破一墙，四民皆荒。然且今日揖于堂，明日觞于隍，后日胠于藏，以节制轻桓、文，以富强归管、商，以火烈金肃议成汤，奚必更问其胜负于疆场矣。

《记》曰："物耻足以振之，国耻足以兴之。"故昔帝王处蒙业久安之世，当涣汗大号之日，必虩然以军令饰天下之人心，皇然以军食延天下之人材。人材进则军政修，人心肃则国威遒，一喜四海春，一怒四海秋。五官强，五兵昌，禁止令行，四夷来王，是之谓战胜于庙堂。是以后圣师前圣，后王师前王，师前圣前王，莫近于我烈祖神宗矣。《书》曰："其克诘尔戎兵，以陟禹之迹，方行天下，至于海表，以觐文王之耿光，以扬武王之大烈。"用敢拜手稽首作《圣武记》。

道光洋艘征抚记上

道光十八年四月，鸿胪寺卿黄爵滋奏言："敬筹国计，宜防漏卮。近年各省漕赋之疲累，官吏之亏空，商民之交困，皆由银价昂，钱价贱。向时纹银每两兑钱千，今则每两兑至千有六百，其洋钱价亦因之遽长，而银少价昂之由，由于粤东洋船鸦片烟盛行，致纹银透漏出洋，日甚一日，有去无返。此烟来自英吉利，洋人严禁其国人勿食，有犯者以炮击沉海中，而专诱他国，以耗其财，弱其人。既以此取葛留巴，又欲以此诱安南，安南严令诛绝，始不入境。今则蔓延中国，横被海内，槁人形骸，蛊人心志，丧人身家，实生民以来未有之大患，其祸烈于洪水猛兽。积重难返，非雷厉风行，不足振聋发聩，请仿《周官》用重典，治以死罪。"诏各省将军督抚会议速奏。时中外覆奏，皆主严禁，惟湖广总督林则徐，所奏尤剀切。言："烟不禁绝，国日贫，民日弱，十馀年后，岂惟无可筹之饷，抑且无可用之兵。"上谓为深虑远识之言，诏林则徐来京面受方略，以兵部尚书佩钦差大臣关防，驰赴广东查办海口，节制水师。

初，鸦片烟在康熙初，以药材纳税，乾隆三十年以前，每年多不过二百箱。及嘉庆元年，因嗜者日众，始禁其入口。嘉庆末，每年私鬻至三四千箱。始积澳门，继移黄埔。道光初严禁，复移于零丁洋之趸船。零丁洋者，在老万山内，水路四达，为中外商船出入所必由，洋艘至，皆先以鸦片寄趸船，而后以货入口。凡闽、浙、江苏商船，即从外洋贩运，其粤商则皆在口内议价，而从口外运入。始趸船尚不过五艘，其烟至多不过四五千箱，可筹火攻，而总督阮元密奏，请暂事羁縻，徐图驱逐，于是因循日甚。其突增至二十五艘，烟二万箱者，则在道光六年两广总督李鸿宾设巡船之后，巡船每月受规银三万六千两，放私入口。前此定例，互市以货易货，不准纹银出洋，洋商岁补内地货价银四五百万圆。逮后则但有外补洋烟之价，绝无内补货价。于是援例影射，藩篱溃决。

及道光十二年，总督卢坤始裁巡船，而水师积习已不可挽。道光十七年，总督邓廷桢复设〔巡〕船，而水师副将韩肇庆，专以护私渔利，与洋船约，每万箱许送数百箱与水师报功，甚或以师船代运进口。于是韩肇庆反以获烟功保擢总兵，赏戴孔雀翎。水师兵人人充橐，而鸦片烟遂〔增〕至四五万箱矣。京卿中有奏请将鸦片烟照药材收税者，不报。十九年正月二十五日，林则徐驰驿抵粤，传洋商伍怡和，索历年贩烟之洋商查顿、颠地，时查顿已闻风先窜，惟颠地随英吉利公司领事义律由澳门至省城洋馆。林则徐派兵役监守之，并于省河之猎得炮台，筏断来往，谕令将零丁洋二十五艘之烟土，勒限呈缴，免其治罪，否即断薪水，停贸易。又以禁烟事宜策问书院士子，皆以水师包庇贩私对。于是奏革水师总兵韩肇庆之职，终以邓廷桢所保，不能尽正其罪。

公司领事者，英吉利国王所派洋官，司贸易者也。他国皆洋商各自贸易，惟英吉利别有公司，皆通国富商，合赀银三千万圆，而国王派领事一员总管之，凡与中国官吏抗衡桀骜，皆领事所为，故他国如中国鹾务之散商散轮，而公司则犹鹾务之总商整轮也。初议三十年为一局，继展限六十年。道光十三年，公司局散，粤中已无领事,此洋务第一转机。

而总督卢坤初至广东,未悉利害,听洋商言,反行文英吉利国,令仍派领事来粤。初至者曰律劳卑,即以兵船闯入虎门构衅,勒令归国。再至者即义律,在粤三载。至是既被围省馆,不能回澳,始于二月十二日具印禀遵缴,并将驶往东洋之烟船尽驶回粤,共缴鸦片烟二万二百八十三箱,计每船大者千箱,次者数百箱,每箱百有二十斤,共二百三十七万六千馀斤。林则徐会两广总督邓廷桢,亲驻虎门验收,以四月六日收毕,每箱约赏茶叶三斤,其烟土请解京师,诏即在海口销毁,毋庸解京,俾沿海民人共见共闻,咸知震詟。林则徐会同督抚,于虎门监视销毁,就海滩高处,周围树栅,开池浸卤,投以石灰,顷刻汤沸,不爨自然,夕启涵洞,随潮出海。

其鸦片共四种:最上曰公斑土,白土次之,金花土又次之,每箱四十枚;又有小公斑土,尤贵。皆产于东印度之孟阿腊,南印度之孟迈及曼达剌萨,其印度洋埠发票,有每月发至万有二千馀箱者,虽间售南洋各国,而中国居其大半,岁不下五六万箱。其烟在印度本地每箱值价银二百五十圆,至广东则价银五六百圆,为利一倍。其烧毁赀本银五六百万圆,并利银共千馀万圆。

时有各国洋商闻风来观,作文纪事,颂中国之政。林则徐下令尽逐外洋之趸船与澳门之奸商,不许逗留内地。其续至商船,有鸦片者,傥自揣不敢报验,即日回国,亦免穷追。其进口之船,均应具结:有夹带鸦片者,船货没官,人即正法。其令过严,已非律载蒙古化外人犯杀罪准其罚牛抵偿之例。时西洋弥利坚诸国,皆遵具结,于是义律由省下澳,禀言趸船贩烟之弊,极须设法早除,如委员来澳会议章程,可冀常远除绝,并禀请准本国货船泊卸澳门。此洋事第二转机。

林则徐以澳门向例,惟准设西洋额船二十有五艘,若英人援此例,不入黄埔,则海关虚设,而私烟夹带,何从稽察,严驳不许。义律言不准泊澳,便无章程可议,因不受所赏茶叶,不肯具结,言必俟奉国王命定章程,方许货船入口。时义律已寄信附货船回国,往返不过半年,原可少需毋迫也。而五月内,复有尖沙嘴洋船水手殴毙村民林维喜之事。谕义律交出人犯抵罪。义律拘讯黑夷五人,未获正犯,悬赏购告犯之人,亦非故意抗违也。

七月,林则徐与邓廷桢遵例禁绝薪蔬食物入澳,并以澳门寓居洋人,原为经理贸易,今既不进口贸易,即不应逗留澳门。义律率其眷属及在澳英人五十七家,同迁出澳,寄居尖沙嘴货船。于是义律始怨,暗招洋埠兵船二艘来粤,又择三大货船,配以炮械,赴九龙山,假索食为名,突开炮攻我水师船。我参将赖恩爵挥兵发炮,击翻双桅洋船一,杉板船二,及英人所雇吕宋趸船一。八月,义律遂托澳门西人,代为转圜,愿将趸船奸商尽遣回国,其货船亦愿具结,如有夹私者,船货充公,惟不肯具"人即正法"四字。此粤事第三转机。

而林则徐以与各国结不画一,必令书"人即正法"之语,且责缴凶犯。旋有英国二货船,遵式具结,于九月晦入口,而义律遣二兵船阻之,且禀请毋攻毁尖沙嘴之船,以俟国王之信。水师提督关天培以凶犯未缴,掷还其禀。时我师船五艘在洋弹压,彼见前禀不收,且我师船红旗,即发炮来攻。盖西人号令,红旗进战,白旗止战也。关天培开炮应之,击断洋船头鼻,西兵多落海死。十月初,又回攻我尖沙嘴迤北之官涌山炮台,不克。洋船恐我乘夜火攻,又水泉皆下毒,无可汲饮,遂宵遁外洋。前此九龙山之战,奏奉批谕有"不患卿等孟浪,但患过于畏葸"之语。十一月初八日诏曰:"英吉利自禁烟之后，反覆无常，若仍准通商，殊非事体，至区区关税，何足计论？我朝绥抚外人，恩泽极厚。英人不知感戴，反肆鸱张，是彼曲我直，中外咸知。自外生成，尚何足惜？其即将英吉利贸易停止。”且于原奏中“洋船遵法者保护之，桀骜者惩拒”之语，批谕云：“同是一国之人，办理两歧，未免自相矛盾。”此因禁烟而并断英人贸易之本末也。

上又以大理寺卿曾望颜之奏，欲封关禁海，尽停各国贸易，交两广大吏议奏。林则徐力陈不可，且言各国不犯禁之人，无故被禁，必且协力谋我，始寝前议。自封港以后，英商货船先后至者二三十艘，皆不得入口，人人怼怨。于是义律于十一月复遣人禀言，在粤办事多年，实欲承平，今诸事扰乱，心多忧虑。自后请遵照《大清律》办理，而无违国王之法，乞仍许英人回居澳门，俟国王谕至，即开贸易。此粤事第四转机。

而林则徐以新奉谕旨，不便骤更，复严斥坚绝。其国货船，先后起碇扬帆，驶出老万山者十馀艘，并续至之艘，多观望流连，寄泊外洋不肯去。而粤洋渔船蛋艇亡命之徒，贪薪蔬之厚值，并以鸦片与之交易，趋者如鹜。时林则徐已奉命总督两广，与水师提督关天培密筹，师船未可遽出大洋，不如以毒攻毒。遂招募渔艇、蛋户，授以火船，领以弁兵，于二十年正月，先赴各岛屿潜伏，约俟月晦夜，乘退潮往，乘长潮还。游击马辰等四路分进，出其不意，突攻之于长沙湾，烧毁运烟济夷匪船共二十三，岸上篷寮六，生擒奸民十馀，焚溺死者无数。洋船带火，仓皇开避，我兵勇乘潮急还，无一伤者。是时吸烟罪绞、贩烟罪斩之律已颁，一年有六月之限期已半，各省查办日严，纷纷戒食者已十之五六。而英吉利国中闻广东罢市之信，各埠茶叶，皆囤积不肯出售，市价踊贵，我闽、粤贩茶之商船赴南洋者，皆倍利而返。其伦敦国都银肆，无银转输，至借邻埠之银距万，以供支发。义律已回国请兵，时女王令国人会议，其文武官皆主战，其贸易商民皆不欲战，连日议不决。最后拈阄于罗占士神庙，三得战阄，始决计。国王命其外戚伯麦为统帅，率兵船十馀，加以印度驻防兵舰二三十艘。二十年四月，林则徐奏闻，尚有“以逸待劳，以主待客，彼何能为”之谕。五月初九夜，林则徐又遣兵船于磨刀外洋，以火船烧毁杉板洋船二，毙白洋人四。又有大洋船桅帆着火，弃碇驾逃，先后延烧大小匪艇十有一，擒获汉奸十有三。五月，英国大小兵船十二，并车轮火船三，先后至粤，泊金星门，其馀尽泊老万山外。林则徐又以火船十艘，每二艘缅以铁索，乘风潮攻之，洋船皆急驶避，仅焚其杉板小船二，而英人自是不敢驶近海口。

林则徐自去岁至粤，日日使人刺探西事，翻译西书，又购其新闻纸，具知西人极藐水师，而畏沿海枭徒及渔船、蛋户。于是招募丁壮五千，每人给月费银六圆，赡家银六圆。其费洋商、盐商及潮州客商分捐。又于虎门之横档屿设铁练木筏，横亘中流。购西洋各国洋炮二百馀位，增排两岸。又雇同安米艇、红单船、拖风船，共备战船六十。又备火舟二十，小舟百馀，以备攻剿。并购旧洋船为式，使兵士演习攻首尾、跃中舱之法。使务乘晦潮，据上风，为万全必胜计。林则徐亲赴狮子洋校阅水师，号令严明，声势壮甚。至是又下令，每杀白洋人者赏银二百圆，黑洋人半之，斩首逆义律者银二万圆。其下领兵头目，以次递降，获兵艘者，除火药炮械缴官外，馀尽充赏。于是洋船之汉奸，皆为英人所疑忌，不敢留，尽遣去。

其近珠江之内河，在澳门西、虎门东者，尽以重兵严守，其馀海口多礁浅，非洋船所能入。洋船至粤旬月，无隙可乘，遂乘风窜赴各省。是月洋船三十一艘赴浙江，先以五艘攻福建厦门，时水师提督陈阶平先期告病，总督邓廷桢督金、厦兵备道刘耀春炮中其大兵船火药舱，沉之。又募水勇数百，伪装商舟，出洋攻之于南澳港。是夜无风，洋艘不便驶避，且柁尾无炮，我舟低，又外蔽皮幕，铳弹不能中，遂坏其柁尾，掷火罐喷筒，歼其夷兵数十，会风起，夷艇始窜遁。六月，全艘赴浙江，攻定海，陷之，总兵张朝发中炮折股，旋死。其分出之船，游奕闽、粤，时时窥伺。七月，洋船突攻澳门后之关闸，我守兵炮沉其数小舟，伤其洋目、洋兵数十。八月，林则徐侦洋帅士密之兵船五艘在磨刀洋，遂遣副将陈连升、游击马辰等，率五兵艘出洋剿之。每艘兵六百，马辰先遇洋帅之船，即乘上风攻之，炮破其头鼻，船欹兵溺，围攻良久，洋船弹已尽，仅放空炮。于是他船以小舟十馀来围马辰之船，而洋帅之船，乘我兵与他舟相持，即乘间窜遁，捞获死尸十馀，及军器帅旗入奏，遂奉贪功启衅杀人灭口之严旨。盖自定海失守后，浙江巡抚乌尔恭额、提督祝廷彪束手无策，朝廷以定海孤悬海中，非海道舟师不能恢复，而水战又洋艘所长，且承平日久，沿海恐其冲突，已有蜚语上闻。言上年广东缴烟，先许价买，而后负约，以致激变者。又有言邓廷桢厦门军报不实者。七月，命两江总督伊里布为钦差大臣，赴浙江宁波视师，且敕沿海督抚，遇洋船投书，即收受驰奏。又命侍郎黄爵滋、祁寯藻赴福建查勘。适七月洋酋伯麦及义律以五艘驶赴天津投书。书乃其国巴厘满衙门寄大清国宰相之词，多所要索。一索货价，其初次来书，尚不敢显言烟价，但以货价为名，及见内地复书，不及禁烟之事，后遂显索烟价矣。二索广州、厦门、福州、定海、上海为市埠，三欲共敌体平行，四索犒军费，五不得以外洋贩烟之船贻累岸商，六欲尽裁洋商浮费。直隶总督琦善收书奏闻。是时洋兵艘并未北上，志在求款通商，尚未决裂，使控驭得宜，盟约立就。

天津巡道陆建瀛言，洋人所求，前三事大，后三事小，请以免税代烟价，以澳门为市埠，以海关监督与之平行，但必严持禁烟为名，以鸦片烟之至不至，决数事之许不许。其通商裁费事宜，则令仍回广东与林则徐定议，既可服外人之心，亦不失中国之体。此粤事第五转机。

而任事者，以为在津速结则功小，不如张之使大，遂一切不决许，且于复书中，即言上年广东缴烟，其中必有多少曲折，将来钦派大臣，前往查实，不难重治林则徐之罪。诏以琦善为钦差大臣，赴粤查办，革林则徐、邓廷桢之职，留粤听勘，并敕沿海各省，不得开炮。八月，洋船自天津起碇，以中国无决允之语，不肯归我定海，惟撤兵船之半赴广东。先是林则徐奏言："自六月以来，各国洋船愤贸易为英人所阻，咸言英人若久不归，亦必回国各调兵船来与讲理，正可以敌攻敌，中国造船铸炮，至多不过三百万，即可师敌之长技以制敌。此时但固守藩篱，即足使之自困。若许臣戴罪赴浙效力，必能殚竭血诚，克复定海，以慰圣廑。"不报。九月，义律回浙，入见伊里布于镇海城，索俘酋安突德。及七月间，馀姚知县汪仲洋陷软沙之洋舟及黑白夷数十人，至是索之，不果而去。伊里布遣其奴张喜赴洋船馈牛酒，首贺以林、邓革职之事，洋酋伯麦摇首曰："林公自是中国好总督，有血性，有才气，但不悉外国情形耳！断鸦片可，断一切贸易不可。贸易断则我国无以为生，不得不全力以争通商，岂仇林总督而来耶？"

是时直隶、山东争以敌情恭顺入告，山东巡抚托浑布遣人馈洋船归，至有各人向岸罗拜之奏，而广东裁撤水师之船，已半途被掳矣。署总督怡良奏闻，而十月琦善至广东，查上年义律先后缴烟印文，欲吹求林则徐罪不可得，则首诘劫船之役，何人先开炮，欲斩副将以谢之,而兵心解体矣。撤散壮丁数千,于是水勇失业,变为汉奸,英人抚而用之,翻为戎首矣。撤横档水中暗桩,屡会义律于虎门左右,洋船得以探水志,察径路,而情形虚实尽泄矣。听盐运使王笃之言,尽屏广东文武,专用汉奸鲍鹏,往来传信。其人故奸人颠地之嬖僮,义律所奴视,益轻中国无人矣。义律与琦善信云:“若多增兵勇来敌,即不准和。”于是已撤之兵,不敢再调。凡有报缉汉奸者,则诃曰:“汝即汉奸。”有探报洋情者,则拒曰:“我不似林总督,以天朝大吏,终日刺探外洋情事。”一切力反前任所为,谓可得外洋欢心。而敌人则日夜增造杉板小船,招集贩烟之蜈蚣艇、蟹艇数百,此外火箭、喷筒、竹梯攻具,增造不可数计。水师提督关天培密请增兵,琦善惟恐其妨和议,固拒不许。偿洋商烟价银七百万圆,而其心必欲索埠地。琦善前以厦门及香港二地商之邓廷桢,廷桢言厦门全闽门户,不可许;香港鼎峙,为粤海适中之地,环以尖沙嘴、裙带路二屿,藏风少浪,若令英人筑台设炮,久必窥伺广东。琦善既据以奏闻。至是不能自背前奏,又无以拒义律之求,笔舌往反,终无成议。义律遂乘其无备,于十二月五日突攻沙角、大角炮台,乃虎门外之第一重门户也。副将陈连升守之。连升久历川、楚戎行之老将,兵止六百,洋船炮攻其前,而汉奸二千馀,梯山后攻其背。陈连升于后山埋地雷,机发,轰死百馀贼,而不能再发。贼后队复拥上,众五倍于我,我兵以扛炮前后歼二三百,而火药已竭。贼火轮杉板船,又绕赴三门口,焚我战艘,水师兵或溃或死,其横档、靖远、威远各炮台,仅能自保,且俱隔于洋船,不能相救。陈连升父子战死,贼遂据沙角、大角两炮台。时提督关天培、总兵李廷钰、游击马辰等,尚分守镇远、威远、靖远各炮台,兵各仅数百,相向而泣。天培遣廷钰回至省城,哭求增兵,阖省文武亦皆力求,琦善置不问，惟连夜作书令鲍鹏持送义律，再申和议，于烟价外复以香港许之，并归浙江俘人，以易定海城。琦善与立契约，遂于正月赴虎门宴义律于狮子洋。既而正月杪批折回，不允，于是事复中变。

初，琦善之陛辞也，奉面谕以英人但求通商则已，如要挟无厌，可一面羁縻，一面防守，一面奏请调兵，原未令其撤防专款也。及逆党攻陷炮台，大肆猖獗，上震怒。于是有“烟价一毫不许，土地一寸不给”之旨，并调四川、贵州、湖南、江西兵赴剿，命林则徐、邓廷桢随同办理洋务。然琦善不与林则徐商议一事，且洋人和议已绝，尚不许关天培增兵为备，而彼则号召日多，器械日备，凶焰百倍于前矣。

二十一年正月七日，下诏暴逆人罪恶，特命宗室奕山为靖逆将军，湖南提督杨芳、户部尚书隆文为参赞大臣，声罪致讨。命刑部尚书祁𡊮赴江西总理兵饷。杨芳方入觐，行至安徽，奉命先往。二月十三日，驰至广东，而英人已于二月五日，乘风潮连破横档炮台、虎门炮台，提督关天培死之矣。虎门各隘所列大炮三百馀门，并林则徐上年所购西洋炮二百馀门，皆为敌有。湖南兵千馀新到，琦善仓卒即遣御之乌涌，甫交绥，粤兵先走，湖兵且战且走，后阻四河，溺死者半，提督祥福又死之矣。

广东省河广阔，惟东路二十里之猎得、二沙尾，西南十五里之大黄滘，河面稍狭，可以扼守。杨芳相度形势，使总兵段永福率千兵扼东南十馀里之东胜寺，为陆路三面咽喉，然其地距河五六里，不能扼贼水路，又使总兵长春以千兵扼大黄滘后五里之凤凰冈，惟筑濠垒，横木筏，未沉石下木桩，洋船可闯而过也。其猎得及二沙尾，虽沉船塞石，而无兵炮守御，敌船至，可拔而除之也。英初詟杨芳宿将威名，又未悉内河虚实，使白洋人持书至凤凰冈议款，从以汉奸，沿途探水。总兵长春收书送城中待报，任汉奸导白洋人遍历营垒，尽得虚实，归报无备。于是分路深入，破风凰冈营，进攻东西炮台、海珠炮台，尽扼猎得、大黄滘两咽喉矣。

时琦善已革去大学士，拔去孔雀翎，而怡良复以英人香港伪示奏呈，有："尔等既为大英国子民，自应顺之。"于是上益震怒，籍琦善家产，锁逮来京。英人见朝廷赫怒，局势大变，恐和议永绝，且洋船兵费浩大，急欲通商以济饷，各国商船罢市久，亦皆咎之，乃于二十六日，托弥利坚国头目与洋商伍怡和调停，递书言如欲承平，不讨别情，但求照旧通商，如有私夹鸦片者，船货入官。盖并琦善所许之烟价、香港，皆不敢求矣。杨芳谕令退出虎门，义律言俟奉通商之旨，兵船即退。是月杨芳、怡良奏闻，是时门户已失，贼入堂奥，兵溃民散，炮械俱乏，舍暂款无一退敌缓兵之策，而烟价埠地皆不索，亦足申朝廷折冲樽俎之威，与琦善未逮以前，情形迥异。是粤事第六转机。

而杨芳正月初行至江西时，闻粤中和议将定，先为给嶼堆货之奏，以遥附琦善，固已不取信于上。及是再奏，又不陈明粤中开门揖盗，自溃藩篱，非权宜不能退贼收险，以屈为伸之故；与目前洋人震慑天威，国体已振，势机大转，不可再失之故；及与将来守备已固，如再鸱张，立可剿办之故；但影响吞吐其词。上以其毫无方略，未战先抚，非命将出师本意，不许。是时定海之洋船亦至广东，共五十大艘，半泊香港，半入虎门，舳舻相接，遍树出卖鸦片之帜。将军奕山行至江西，以各省兵炮攻具未集，暂驻韶州以俟。三月二十三日，奕山、隆文及新任总督祁墳，并抵广州。奕山问计于杨芳、林则徐二人，皆言寇势已深，而新城卑薄，无险可守，宜遣人计诱洋船退出猎得、大黄滘之外，连夜下桩沉船，岸上迅垒沙城，守以重兵大炮,为省城外障。俾西人不能制我之命,而后调集船炮、兵勇,以守为战。俟风潮皆顺,苇筏齐备,再议乘势火攻,庶出万全。

是月,林则徐复奉驰赴浙江军营之命,盖去冬浙闽总督颜伯焘、浙江巡抚刘韵珂、署两江总督裕谦,先后密疏,陈林则徐、琦善守粤功罪。至是裕谦奉命赴浙代伊里布为钦差大臣。故上命林则徐以四品京堂驰往会办,以防英人败窜赴浙,而是时英人方据省河咽喉,我兵实无胜算,且攻具未齐,所募福建水勇千人未至,近募香山、东莞水勇三千亦未集。杨芳不欲浪战,奕山初至,亦然之。既而惑于翼长、随员等之言,以不战则军饷无可开销,功赏无由保奏,急欲侥幸一试,遂不谋于杨芳,即以四月朔夜半,三路突攻洋船。一屯西炮台外出中路,一由泥城出右路,一屯东炮台出左路,日暮兵已出城,奕山始诣杨芳卜休咎。杨芳大怒,拔剑忿诟,而兵已不可挽。时水勇木筏未集,先用四川馀丁充水勇者四百,广州水勇三百,乘小舟携火箭、火弹、喷筒,分路埋伏,闻炮齐起,以长钩钩其船底。是夜又值逆风,炮破其二桅大船二,杉板小船五,其被小舟围焚遁免之大船一,火轮船一,溺洋人数百,义律自洋馆登舟窜免。其洋馆中货,为四川、湖南兵掳掠一空,并误伤弥利坚数人,甫黎明而洋兵大集,反乘顺风,我兵退走。广州城三面临河,街市鳞栉,繁丽甲南海,至是火光烛天,以及泥城港内,所备攻敌之木筏材料数百,油薪船三十馀艘,皆为敌人火轮船及汉奸所烬。其筏材皆运自广西,费以数十万计。越三日,义律投书约诘朝大战,至期敌船环攻城东西南三面,佛山运至新铸八千斤大炮,本洋人所畏惧,而位置不得地势,依山者高出水面,依水者四面受敌,炮架不能运转取准。奕山用文吏李湘芬、西拉本为翼长,将各省之兵,互调分配,各离营伍,兵将皆不相习,溃走则互相推诿,所发盐菜口粮,厚薄不均。祁墳又吝费，令十五兵共一帐房，拥挤无纪律，各择便利，掳取货物。奕山又尽派重兵于东南二路，而西北泥城后路无守备。于是天字炮台及泥城及四方炮台，一日皆失。

守天字炮台者段永福，守泥城者副将岱昌与参将刘大忠，守四方炮台者总兵长春。天字炮台上八千斤大炮，未及一放，即为洋兵锢以铁钉。四方炮台者，在城北后山之顶，俯视全城，国初王师攻围广州，半载不能破，及夺后山，置炮俯击，始陷之。乃攻城之利，守城之害也。早当拆毁，而阻上山之径，乃官兵反设炮其上，已为失策。且其地距水次十馀里，层崖峭径，一夫扼险可拒。敌自破泥城后，绕东而北，沿途官兵，无一阻截。至山下仅百馀人，而守台兵望风争窜，陨崖坠死无数。洋兵唾手而得险要，连夜于台下筑土城，运火药，于是阖城军民，如坐阱中，而听阱上之下石矣。

将军、参赞不斩一逃将逃兵，反开城纳之，连日城外之火箭炮弹，与四方台上之炮声，如电如雷，昼夜不息。幸大雨盆注，其箭弹非坠池塘，即堕空地，无一延燎。内城贮火药二万斤，汉奸以火箭火弹射之，亦为雨所灭，惟内城尚高厚，而外城低薄，女墙卑于甍脊，人无固志。第七日，洋兵遂并力专攻城东南隅，若知将军、参赞皆居东南者，箭弹入贡院，榱甍皆破。诸帅避入巡抚署，面无人色，议使广州知府余保纯，出城讲款。义律立索军饷银六百万圆，烟价在外，香港再议，限五日内交银，且约将军及外省兵先出省城，洋船始退出虎门。将军等一切允之，城上改树白旗，先令洋商出二百万圆，馀于藩库、运库、海关库发给，会奏请罪，而烟价及香港亦未入奏云。

十三日，四方炮台洋兵下山回船，义律即促将军、参赞离城。十六日，奕山、隆文退兵屯金山，离省河数十里，先撤回湖南兵，惟杨芳仍留广州弹压。隆文于讲和时,即愤恚成疾,及抵金山,不数日即卒。初,将军、参赞之至粤也,屡奏粤民皆汉奸,粤兵皆贼党,故远募水勇于福建,而不用粤勇。官兵擒捕汉奸,有不问是非而杀之者。粤民久不平,而英人初不杀粤民,所获乡勇皆释还,或间攻土匪,禁劫掠,以要结民心。故虽有擒斩敌人之赏格,无一应命。当洋兵攻城,居民多从壁上观。会南海义勇为湖南兵诬杀,义勇大哗,数百人拥入贡院,搜兵报复,兵皆鼠窜。将军、参赞摘段永福翎顶慰解之,始散。而洋兵亦日肆淫掠,与粤民结怨,及讲和次日,洋兵千馀自四方炮台回至泥城淫掠。于是三元里民愤起,倡义报复,四面设伏,截其归路,洋兵终日突围不出,死者二百,殪其渠帅曰伯麦、霞毕,首大如斗,夺获其调兵令符,黄金宝敕,及双头手炮。而三山村亦击杀百馀人,夺其二炮及枪械千。义律驰赴三元里救应,复被重围,乡民愈聚愈众,至数万。义律告急于知府余保纯。是时讲和银尚止送去四分之一,又福建水勇是日亦至,倘令围歼洋兵,生获洋人,挟以为质,令其退出虎门,而后徐与讲款,可一切惟我所欲。此粤事第七转机。

而诸帅不计及此也,反遣余保纯驰往,解劝竟日,始翼义律出围回船。十七日,洋船渐次退出,其大船有滞浅沙者,各乡民复思截而火之,祁埙谕始解散。而新安县武举人庾体群,亦于初四夜半以火舟三队,自穿鼻洋乘潮攻洋船于虎门,轰其后舱,双桅飞起空中,全船俱毁,馀船皆弃碇窜遁。又佛山义勇,亦截击于龟冈炮台,据上风纵毒烟以眯敌目,歼杀数十,又破其应援之杉板洋舟。大帅先后奏闻,诏责诸将调集各省官兵,反不如区区义勇,其一切交部议处。义律亦惭愤,强出伪示,言百姓此次刁抗,蒙大英官宪宽容,后毋再犯。粤民愤甚,复回檄诟之曰:“尔自谓船炮无敌,何不于林制府任内攻犯广东？尔前日被围时，何不能力战自拔，而求救于首府？此次由奸相受尔笼络，主款撤防，故尔得乘虚深入。倘再犯内河，我百姓若不云集十万众，各出草筏，沉沙石，整枪炮，截尔首尾，火尔艘舰，歼尔丑类者，我等即非大清国之子民。”是时南海、番禺二县团勇三万六千，昼夜演练。义律侦知内河已有备，竟不敢报复。然自是知粤市之不可复开，翻然思变计，不逾月遂复有厦门之事。

论曰：《春秋》之义，治内详，安外略。外洋流毒，历载养痈。林公处横流溃决之馀，奋然欲除中国之积患，而卒激沿海之大患。其耳食者争咎于勒敌缴烟，其深悉详情者，则知其不由缴烟而由于闭市。其闭市之故，一由不肯具结，二由不缴洋犯。然货船入官之结，悬赏购犯之示，请待国王谕至之禀，亦足以明其无悖心。且国家律例，蒙古化外人犯法，准其罚牛以赎，而必以化内之法绳之，其求之也过详矣。

水师总兵奏褫审讯，而仍以掣肘免罪，曷不以外洋没产正法之律惩之乎？海关浮费，数倍正税，皆积年洋商关胥所肥橐，起家不赀，今既倾缴洋商千万之烟赀，不当派捐洋商数百万之军饷乎？诚能暂宽市舶之操切，以整水师之武备，尽除海关之侵索，以羁远人之威怀，奏仿钦天监用西洋历官之例，行取弥利坚、佛兰西、葡萄亚三国各遣头目一二人，赴粤司造船局，而择内地巧匠精兵以传习之，如习天文之例，其有洋船、洋炮、火箭、火药，愿售者听，不惟以货易货，而且以货易船，易火器，准以艘械、火药抵茶叶、湖丝之税，则不过取诸商捐数百万，而不旋踵间，西洋之长技，尽成中国之长技。兼以其暇，增修粤省之外城内河之炮台，裁并水师之员缺，而汰除其冗滥，分配各舰，练习驾驶攻战，再奏请遍阅沿海各省之水师,由粤海而厦门,而宁波,而上海,城池炮台不得地势者移建之,水师缺冗者裁并之,一如粤省之例;而后合新修之火轮、战舰,与新练水犀之士,集于天津,奏请大阅,以创中国千年水师未有之盛;虽有狡敌其敢逞?虽有鸦片其敢至?虽有谗慝之口其敢施?夫是之谓以治内为治外,奚必亟亟操切(外洋)从事哉?

或曰:西变以来,惟林公守粤,不调外省一兵一饷,而长城屹然。使江、浙、天津武备亦如闽、粤,则庙堂无南顾之忧,岛寇有坐困之势,子何不责江、浙、天津之无备,与闽、粤后任之不武,而求全责备于始事之人?且林公于定海陷后,固尝陈以敌攻敌之策矣,陈固守藩篱之策矣,又奏请以粤饷三百万造船置炮,苟从其策,何患能发之不能收之矣。

曰:《春秋》之谊,不独治内详于治外,亦责贤备于责庸。良以外敌不足详,庸众不足责也。吾曰勿骤停贸易,世俗亦言不当停贸易。世俗之不停贸易也,以养痈。曰英人所志不过通商,通商必不生衅,至于鸦片烟竭中国之脂,何以禁其不来,则不计也。设有平秀吉、郑成功枭雄出其间,藐我沿海弛备,所志不在通商,又将何以待之,则亦不计也。与吾不停贸易以自修自强者,天壤胡越。望之也深则求之也备,岂暇与囊瓦、靳尚之徒,较量高下哉?

夫戡天下之大难者,每身陷天下之至危;犯天下之至危者,必预筹天下之至安。古君子非常举事,内审诸己,又必外审诸时:同时人材尽堪艰钜则为之,国家武力有馀则为之,事权皆自我操则为之。承平恬嬉,不知修攘为何事,破一岛一省震,骚一省各省震,抱头鼠窜者胆裂之不暇,冯河暴虎者虚骄而无实。如此而欲其静镇固守,严断接济,内俟船械之集,外联属国之师,必沿海守臣,皆林公而后可,必当轴秉钧,皆林公而后可。始既以中国之法令,望诸外洋;继又以豪杰之猷为,望诸庸众;其于救敝,不亦辽乎!驰峻坂,则群儆善御之衔绥;犯骇涛,则群戒舵师之针向。故《甫田》慎彼劳忉,唐棣先其翩反也。

——据《圣武记》,光绪四年上海申报馆排印本

道光洋艘征抚记下

道光二十一年四月，英人之受款于广东也，在我师则以救一时之危，在敌亦急欲得银以济兵饷，故通商章程，彼此皆未暇议及。

洋兵大困于三元里，自知已结粤民之怨，又畏粤民之悍，不敢复入内河贸易。欲洋商赴香港，而香港隔海风浪，洋商无肯往者，遂欲以香港易尖沙嘴及九龙山。将军、总督以香港尚未奏允，何况两地？约其仍来黄埔，敌遂不许我修复虎门炮台，尽拆各炮台之石，移筑香港，且欲我拔去内河沙石桩筏，彼此相持。虽有通商之名，无通商之实。

又余保纯与义律议先送军饷六百万圆，其烟价在外。将军止以军饷改称商欠奏闻，其馀情未上达也。及洋船退出后，内河填塞要害，增修炮台，守备日固，不能如向日之闯突。敌众皆咎义律议款时不别索地埠，遂扬言英吉利国王谴义律无能，改命璞鼎查为兵帅，欲复往沿海各省，必如上年在天津所索各款。

会六月香港有风飓之事，祁𡎴、怡良张皇入奏，谓撞碎洋船无数，漂没洋兵汉奸无数，所有帐房篷寮，新修石路，扫荡无存，浮尸蔽海。朝廷方发藏香谢海神，布告中外，允广东保举守城文武至数百员，而洋船数十艘已全赴福建，攻陷厦门矣。

初，上年洋艘之攻厦门也，水师提督陈阶平先告病，邓廷桢督同兵备道刘耀春止守旧炮台，叠沙垣，据形势，故贼攻不破。及颜伯焘嗣任，首劾陈阶平之规避与琦善、杨芳之主款，意气甚锐。然故纨袴，虚憍自大，且轻邓廷桢之仅仅自守。奏言用守而不用攻，则贼逸我劳，贼省我费，大炮止可施诸岸上，不能载之水中，小舟止可行诸内港，不能施之大洋。遂请饷银二百万，造战舰五十馀艘，募新兵数千，水勇八千，欲与出洋驰逐。又于口外之峿屿、青屿、大小档，增建三炮台，备多力分。新铸千炮，又多未就；空船空台，徒等废物。适闻广东款议成，奉撤兵省费之旨，尽散水勇八千，不筹安置。水师提督窦振彪亦出巡外洋，内备单弱。七月初九日，洋船数十艘突至，投书令让出厦门为外埠，俟上年天津所索各事皆遂，再行缴还。次早驶进，先以数火轮往返，忽东忽西，哨探形势，并试我炮路。炮路者，官炮皆陷于石墙孔内，惟能直轰一线，不能左右转运取准，故夷先以舟试之，知其所值，则避之也。既而诸舟蜂拥齐进，我守青屿、仔尾屿、鼓浪屿之兵，三面环击，沉其火轮舟二，大兵船一，又伤其一桅。敌遂以二三艘并力攻一炮台，一台破，再攻一台，将士死伤相继，洋船遂注攻大炮台，飞炮从空堕岸上，散遣之水勇变为汉奸，从中呼噪应之。颜伯焘、刘耀春同时退避，贼遂登岸，反旋转我台上大炮，回轰厦门一昼夜，官署街市皆毁。颜伯焘、刘耀春退保同安，厦门遂为贼据。

然洋人得厦门，亦不守，不数日，全队驶赴浙江，惟留数艘，泊据鼓浪屿。八月初四日，颜伯焘即以收复厦门奏闻，然同知潜处四乡，未敢回署视事。诏降颜伯焘三品顶戴留任，遣侍郎端华赴福建勘实以闻。时鼓浪屿洋人，日招工匠，增造小舟，为驶窥内河计。是月，以大船五，小船三十，驶入厦门之木桩港口，炮沉我兵船五，副将林大椿、游击王定国中炮死，提督普陀保、总兵那丹珠督兵御之，炮沉大洋船一，始退出外洋。其福州省河外之五虎门，潮至通舟，潮退搁浅，故洋船未敢驶入云。

初，裕谦自正月赴浙江代伊里布为钦差大臣，时洋船已去定海，总兵王锡朋、郑国鸿、葛云飞以兵五千驻定海，辑流移，修城垒炮台为善后计。裕谦任事刚锐，而不娴武备，与颜伯焘同。前此倾心于林则徐，而林则徐又旋有遣戍新疆，改赴河工之命。盖广东盐运使王笃入京，于召见时，力党琦而排林，林则徐去浙，浙事益无所倚。定海孤悬海中，本不必守之地，徒分兵力。提督余步云庸而猾，素为裕谦所鄙，一时无人可代，姑令驻招宝山，不令渡海调度。三镇又皆武夫，无远略，裕谦所任随营知府黄冕，署定海知县舒恭寿，皆吏才而非边才。及是筑定海外城，葛云飞欲包濒海市埠于城内，左右抵山，其三面则以山为城。裕谦未渡海亲勘，但据图指挥，从之。有诤者曰："守舟山已为下策，况所筑者，又必不可守之城乎？天下无一面之城，此乃海塘耳，非外城也。贼左右翻山入，即在城内矣。备多则力分，山峻则师劳，请但环内城为新郭，勿包外埠，勿倚外山，度城足卫兵，兵足守城，庶犹得下策。"既而挠于群咻，议遂不行。至若捐舟山，专守海岸之策，更无暇筹及也。

是夏，广东讲款，奉旨各省撤兵省费。时精兵五千，皆在定海，其镇海、宁波仅兵四千分布各口。八月初，洋船先犯石浦，以礁险不利而退，东西游奕。十二日，进攻定海，我军炮破其火轮舟一，即窜遁。十四日，连樯进攻晓峰岭，开炮数百，我兵皆隐侧崖未伤，其小舟登岸者，为郑国鸿督兵扛炮击退。次两日，又营五奎岛，又绕攻东港浦，又绕攻竹山门，皆为我炮却。十七日，贼乘我守兵力疲，遂分由五奎山、东港浦、晓峰岭三路进攻，以牵我师。其攻晓峰岭之贼，登岸后即撤舟以绝反顾，前贼死伤，后贼继进。我守山兵逆风下击,铳不得力,日午,铳皆热透,贼遂冒死登山入城。三总兵相继战死,舒恭寿服毒死,邑民救苏之,定海复陷。

其镇海防兵四千,裕谦以千馀兵守城内外,余步云率千馀守招宝山,总兵谢朝恩率千馀守隔江之金鸡岭。裕谦先期见招宝山建白旗,知余步云贰志,乃盟神誓众,余步云托足疾不跪。裕谦奏言:“洋船黑兵及汉奸不下万人,贼可并帮来犯,我必扼要分守,贼可数日不攻,我必昼夜防备,彼众我寡,彼聚我散,彼逸我劳。又海艘乘风潮而至,前艘稍退,则后艘必自相撞碎,故有进无退。我兵未历战阵,各存一炮火难御之见。是贼五船一心,且众船一心,而我兵则一人一心,是以自粤至闽,莫之敢撄。臣何敢轻视,惟有殚血诚,厉士卒,断不敢以兵单退守为词,离镇海半步,不敢以保全民命为词,受逆人片纸。”余步云心恨之。二十六日,洋船攻镇海,分犯金鸡山及招宝山,每路数千,而余步云不许士卒开炮。且两次上城,请退守宁波,裕谦不许。贼甫由招宝山麓攀援登岸,余步云即率兵西走,贼踞招宝山,俯攻镇海,其隔江之金鸡山兵亦溃。裕谦知事不可为,令副将丰伸赍钦差大臣关防送浙江巡抚,自沉泮池死之。二十九日,洋兵船四、火轮舟二、小舟数十进至宁波,余步云复弃城走上虞,宁绍台道鹿泽长、知府邓廷彩从之。

时宁波以西,江渐浅狭,敌小船驶至慈溪、馀姚,于是二城亦逃散一空,土匪四起,讹言传播,浙西大震。余步云先后两奏,尚以裕谦先走为词,及殉难事闻,朝廷赐谥、赐祠、赐袭,无可再诬,则又流言此次洋兵至浙,皆为报复裕谦夏间枭斩白夷嗢哩之仇,亲驻曹娥江,以此语遍谕渡江难民。浙江巡抚刘韵珂至据以入告,而无如敌之在广东,先已败盟,索尖沙嘴,索九龙山,不许修虎门炮台也。且诡称国王褫义律,改命他帅,未至定海,先破厦门也。又无如在浙先后投敌书，悬敌示，皆以欲索各省埠地为词，无一言及裕谦也。明年，伊里布在乍浦移书英酋，诘其何故再犯，彼复书至，亦一字不及裕谦。裕谦有攘寇之志，而无制寇之才，同于张浚。议者不咎其丧师失地，而翻以英之在粤在闽败盟诬咎于浙帅，不据英书英示为词，而据余步云逃罪之语为词，则是责张浚不如汪、黄，而汪、黄遂堪退敌也。

九月，贼以火轮小舟犯馀姚，犯慈溪，二城先溃遁，英焚掠而去。是月命宗室大学士奕经为扬威将军，侍郎文蔚、副都统特依顺为参赞，以河南巡抚牛鉴总督两江，授怡良钦差大臣，驰赴福建。奕经用宿迁举人臧纡青言，浙兵屡衄不可用，除奏调川、陕、河南新兵六千外，宜多用土勇、水勇。宁波、镇海汉奸通贼，宜令浙江京官各保举绅耆，使分伏乡勇为内应，而委员招集山东、河南、江、淮之土勇万人，及沿海渔、盐、枭、贩，江湖盗贼二万馀，分伏三城，水陆并攻，以南勇为北勇之目，以北勇为南勇之胆，刊给赏格，惟用散攻，不动大队，不刻期日，陆路伺敌出入，水路各乘风潮，逢敌即杀，遇船即烧，人自为战，使彼出没难防，而后以大兵蹙之，得旨允行。又诏举奇材异能之士，且谕奕经毋遽往杭，先驻苏城，使敌无备，俟各省兵勇齐集，再赴浙江。十月，奕经至苏，幕下侍卫容照、司员杨熙、联芳、阿彦达，皆纨袴少年，所至索供应，征歌舞，纵摴蒱，揽威福。苏城流言四起，远播京师，于是奕经移营嘉兴。十二月十五日，奕经、文蔚同梦洋人纷纷上船，窜出大洋，诘朝各述所梦，不约而符。又适接宁波来禀，有洋人运械上船之信，于是将军、参赞锐意进兵，夜不能寐。

明年元旦赴杭，留参赞特依顺守杭州，而奕经、文蔚渡江。十六日抵绍兴。先是去冬大雪，平地五六尺，入春又淫雨，昼夜兼旬，所备火舟薪苇，皆淋湿不堪用，且三城水陆纵横数百里，兵勇布置未周，非二月中旬，不能集事。各路委员皆请缓师期半月，而奕经坚不肯待。定计二十八日进兵恢复三城，而原议分伏散战之法，一变为排阵对战之举。时敌闻大将军至，亦先自为备。宁波英目尽上船，惟留数百人守城上大炮，以待我西门之兵。镇海则英兵尽上招宝山，俟我兵入城，则开炮俯击，为一举歼我之计，此梦兆所由也。而诸将方严饬我军，不许携火器、火箭，恐延烧民舍，但约城中汉奸内应，擒缚英酋英兵以献，三城唾手可得，得城后即执所获英酋，与之议款，谓万全无失。于是奕经以兵勇三千，营绍兴之东关。使文蔚以兵勇四千，半屯慈溪二十里之长溪岭，半属副将朱桂，屯西门外之大宝山，以图镇海。提督段永福以兵勇四千，半伏宁波城外，屯大隐山，以图宁波。而副将谢天贵率兵千馀，屯骆驼桥，以扼镇海、宁波适中之路。其领乡勇者，陆路则泗州知州张应云主之，令沉船梅墟，以隔断宁、镇英船，而杨熙伏勇上虞策应。水路则海州知州王用宾主之，专驻乍浦。而故总兵郑国鸿之子郑鼎臣，专司定海水勇，以火攻洋船。及期，陆路官兵皆冒雨夜进，至城则雨霁，其从宁波西门入者，城内伏勇先歼守门之贼，钉城上之炮，洞开城门以待。我兵长驱至府署，敌始惊觉，巷战相持。俄北门洋兵又绕至攻其后，前后受敌，洋兵踞街楼屋甍之上，火箭火炮，两面雨下，巷狭墙高，仰攻不利，屯兵五百，且战且退，死伤者半。段永福督后队至，闻风反走，既不登城扼斗力战，又不退保大隐山，而直走东关。余步云率兵二千，驻宁波之奉化，中途闻败，折窜终夜，喘吁遍野。此宁波之师也。其慈溪、大宝山之兵，则副将朱桂、参将刘天保分领之。刘天保率河南劲勇五百先发，镇海城亦开门以待，内应寥寥，不能缚贼，急使人出城取火器，至则天已黎明。城外招宝山敌铳齐发，我军踉跄遁出，而朱桂军风雨迷路未至。此镇海之师也。

至是始知仓卒布置之误，然所死不过二三百兵，于大局尚无害。于是朱桂率陕、甘兵千二百回屯大宝山之右，刘天保收河南兵五百回军大宝山之左，张应云兵勇亦回守慈溪城。奕经既不斩弃营逃将，以肃军令，又不进营上虞，以壮士气，文蔚复调张应云赴奕经营商军事。于是慈溪城中乡勇无主，亦溃散。

二月四日，敌遂遣火轮舟焚我火舟数十于姚江，而以兵二三千，自慈溪登岸，陆行十馀里，进攻大宝山，并自撤原舟，以绝反顾。朱桂以扛炮兵四百御之，自辰至未，击死洋兵四百馀，歼其头目巴麦尊，我兵隐崖石树木间，无一伤者。时洋兵离其船数十里，深入死地，使得一队伏兵截其后，可获全胜。不然即有兵数百，防守后山，我兵亦不致败。此夷事第八转机。

而谢天贵军不至，张应云城中伏勇已散，刘天保火器已半丧于镇海，虽据左山，不能下山截贼后。其地即在长溪岭之麓，距参赞营仅十馀里，朱桂请援兵数百，文蔚坚不许发，薄暮始发兵三百，而敌已分兵四百，潜越旁港，绕出我军山后。朱桂前后受敌，父子死之，刘天保左军亦惊溃。时长溪岭阻险而阵，洋兵断难黑夜进攻，而容照及联芳等，力请文蔚弃军宵遁，沿途赏舆夫，赏舟子，惟恐英兵追及。参赞既遁，全军遂溃，弃辎重器械山积，反妄奏营被汉奸烧毁，其实次日薄暮，英兵尚未至岭也。

长溪岭既溃，军气大沮丧，即有献策请移营上虞，别选新到之兵，再诱敌深入，与之再战三战，一以牵其北扰江苏之计，一以阻其骄索无餍之气，而后徐与讲款者。奕经、文蔚心已乱，言不入耳，惟容照之言是听。镇海之役，刘天保军仅伤七人，而奏言全军覆没，仅脱回七人。大宝山之战，我军仅死百馀，而奏言死者千馀，慈溪英兵登岸仅二千馀，而奏言万有七千，无非张贼势而逭己罪。初七日，即与文蔚弃绍兴，走西兴。奕经旋渡江回杭州，而陆路不可为矣。水路本议由乍浦雇渔舟潜渡岱山，以图复定海，已渡水勇万馀，分伏各港，至是亦用容照言散之，并战船、火船尽撤回。其水勇无归者，遂窜入英船为汉奸，而水路亦不可为矣。惟郑鼎臣一路不奉命，容照、联芳等憾之，力请诛以军法，奕经唯唯不决。臧纡青愤盲左目，力辞去，奕经固留之，始复思用原议伏勇散战之法。于二月十六日再渡江，檄饬各路兵勇，相机自效，一月中伺杀黑白英人三百馀级，生擒英官四人，白黑夷五十馀人，缚献宁波汉奸主谋二人，馀尽解散。郑鼎臣水路则三月朔联火舟数十，围攻大洋艘于岑港，又分攻三洋船于他港，共焚沉洋兵船四，及小洋船十馀，焚溺死洋兵五六百。镇海知县叶堃亦报大攻洋船于海口，先后奏闻。诏赏奕经双眼孔雀翎，文蔚一品顶戴，郑鼎臣、叶堃奖励有差，于是阖营沸然。

前此主杀郑鼎臣者，今又竞思邀功，而主和议之人，则又哗然以为虚报不实。巡抚刘韵珂据以劾奏，既而郑鼎臣送所获贼首贼衣及毁破船板，共载四大艘呈验，刘韵珂始语塞。而韵珂前月已奏请伊里布来浙主款，上复命宗室尚书耆英为钦差大臣署杭州将军，与参赞齐慎赴浙，降旨不许进兵，并不许擒斩零夷，有兵勇杀一黑白夷，即行正法，并治官弁之罪，皆刘韵珂所奏请也。是月，河南开封黄河决口堵合，诏林则徐由工次赴新疆，大学士王鼎自河南工次入京复命，越五日，发愤具遗疏暴薨。英人是月遂弃浙江窥松江，窥长江，登范氏天一阁，取去《一统志》，又购长江图及黄河图，尽得我军所裁撤水勇为乡导，兼造小蜑船数十为入浅河之用，勒索宁波绅士犒军银二十万圆，许退出城池。遂以三月二十七日，弃城登舟。奕经等以大军逼退英兵,收复宁波入告。盖贼自去秋破宁波后,即遣火轮舟归报国王,其舟自中国至西洋,往返六月可达。至是三月初,国王谕至,令复往天津求埠地通商,故是月退出宁波,于官兵无预也。

四月朔,镇海洋船亦弃城而北,惟留四舟及洋兵千馀守定海。钱塘江口龛、赭二山,近年滩涨淤浅,潮至通舟,潮落断流,故洋船不窥杭,而初九日犯乍浦。先以兵船横列成阵,开炮与官兵相持,而遣小舟分路登岸,攻东门。我陕、甘兵以扛炮伤敌甚众,敌转攻南门。驻防旗兵,平日凌辱汉人,至是又动斥为汉奸,由是福建水勇积愤,纵火内应,贼遂逾南城入,尽焚满营,都统长喜、署乍浦同知韦逢甲死之。兵备道宋国经退走嘉兴,杭州、嘉兴俱戒严。原任大学士伊里布至乍浦洋船议款,英邀挟甚侈,不能成议;刘韵珂又奏请释还所擒黑白夷数十送乍浦,则洋船已去,又改送镇海,谓可解仇通好,英置不问。诏将军、参赞分一人前赴嘉兴防堵,于是奕经自绍兴渡江而北,钦差大臣耆英方驰至嘉兴,忽奉命前赴广东,其杭州将军关防,命特依顺署理。盖据御史苏廷魁之言,风闻廓尔喀国已攻袭英人驻防印度之兵,洋船将回兵救援,因有退出宁波之事。故命耆英前赴广东,体察虚实,乘机攻香港。及江左告急,复命中道折回防堵。

时香港洋船十四,杉板小船数十,洋兵千馀,汉奸海盗薮聚其间。奕山等既招回汉奸三千馀,其香港汉奸头目内向者,亦十之六,各愿立功赎罪,请包修虎门炮台,并请乘冬令晦潮,出其不意,与香港汉奸表里应和,火攻洋船,一举歼之。而奕山听祁𡎴言,惟恐触其怒,不许。六月,诏责奕山视师广东半载,毫无方略,屡命收复虎门,攻香港,以牵制闽、浙贼势,皆以造船未就为词,惟以填塞河道为事，革去御前大臣、都察院左都御史。而颜伯焘亦久未剿除厦门停泊之洋船，革职，以怡良代之。十八日，洋船弃乍浦而北。五月初三日，洋船至吴淞口。初五日，牛鉴接奕经檄令，权宜羁縻。牛鉴迟至初七日，始遣弁赍札赴洋船，则已无及。宝山城在吴淞口外，洋面辽阔，本不如内东沟、江湾两隘之易于设伏，宝山知县周恭寿请伏兵口内诱贼，毋守海口炮台，牛鉴不从。总兵王志元守小沙背之徐州兵五百，即在浙从余步云弃招宝山之溃兵也。牛鉴不惩创之，反令守要害，终日骚掠，居民汹汹。周恭寿力请撤换他兵，亦不听。初八日黎明开炮，提督陈化成炮沉其二艘，又击折其二艘之桅。洋兵溺死二百馀，遂以小舟绕攻小沙背，总兵王志元率徐州兵果望风西走，提督陈化成亦中炮死。贼遂由小沙背登岸，仅八九人，而塘上数千兵，皆望风溃矣。牛鉴走嘉定，其东炮台之兵，皆同时溃，贼遂陷宝山，丧大炮军仗无算，上海大震。参将继伦率兵先弃城走松江，上海兵备道巫宜禊、上海知县刘光斗从之。所募福建水勇，变为土匪，纵火焚掠。十一日，洋船七八艘驶入上海，城中已空无人。十三日，洋人乘火轮船二、杉板船四五，驶入松江，我兵先塞港口，距城八里。寿春镇总兵尤渤以陕、甘兵二千守之，敌开炮数十，我兵皆伏避之，炮过而起，我炮齐发，相持半日始退。次日复至，亦如之，故松江得无恙。贼又将窥苏州，使火轮舟测水，至泖湖，渔舟引之入浅，轮胶水草，乃返。于是二十日洋艘退出吴淞口，图入长江矣。

初，裕谦奏江海情形，有“长江无遮障，潮来甚溜，甚难防守”之语，牛鉴则驳斥常镇道请守鹅鼻嘴之禀，且遍谕居民，以长江沙线曲折，洋船断不能入。贼劫沙船导火轮船，两次驶探，初报诸险要皆无备，次报诸汊港荻洲皆无伏，始连樯深入。六月八日薄瓜洲，瓜洲城已空，遂窥镇江。镇江依北固山为城，以运河为濠，形势险固，非宝山比。驻防副都统海龄，庸缪人也。牛鉴既失吴淞口，自应驰守镇江，会参赞齐慎、提督刘允孝之兵，且节制副都统婴城固守，洋船必不越镇江，而径犯江宁。上之可以徐筹火攻，次之即与敌讲款，亦不致操我死命，无求不遂。乃牛鉴从丹阳、句容直走江宁，海龄又拒齐慎、刘允孝使战城外，惟以驻防兵守城内。镇江繁富十万户，海龄禁难民迁徙出城，出者皆刃夹而搜括之，日捕诛城中汉奸，合城鼎沸，凡木石油炭火器，守城之具，一切不备。又不团练居民乡勇助守，城中仅驻防兵千馀，与绿营兵六百，寥落如晨星。始则城外军击其西北登岸之贼，相持二三日，英佯攻北门，而潜师梯西南入城，士兵仅斫其一二人，敌已蚁附上，守兵皆溃。英先焚满营，海龄为乱兵所杀，镇江陷，掳掠焚杀惨甚。宁波招宝山夷酋璞鼎查即欲出江前赴天津，而马礼逊阻之，谓此中国漕运咽喉，扼以要挟，必可如志，遂不果。是时洋船八十馀艘，炮声震江岸，自瓜洲至仪征之盐艘巨舶，焚烧一空，火光百馀里。扬州盐商许银五十万免祸。六月二十八日，遂逼江宁，东南大震。

朝廷廑念漕运重地，敕耆英便宜从事。是时敌人已奉国王谕至，但得他省通商，不必更索兵饷、烟价，其鸦片烟亦不再至。故洋师三月出宁波，及在乍浦伪示，皆有“前往天津求和、遵国王所谕办理”之言。至是伊里布遣张喜等至洋船，洋酋言：一，索洋银二千一百万圆，三年交付。一，索香港为市埠，并往广州、福州、厦门、宁波、上海贸易。一，洋官欲与中国官员敌体。馀与上年同。张喜言烟价、兵饷广东已给六百万，今索价更奢、索埠太多，若之何？马礼逊言马礼逊，洋官之通汉语者。此我国所索之价，岂即中国所还之价？且此次通商为主，志不在银钱，但得一二港口贸易，其兵饷、烟价中国酌裁可也。而诸大吏不速覆,遣张喜往返传语。越二日,张喜还,则敌听汉奸言,闻增调寿春兵之信,谓我借款缓敌,如今日不定议者,诘期交战,其意盖欲款局速成,非望所求尽允。而诸帅已胆裂,即夜覆书,一切惟命,其禁约鸦片章程,一语不及,英喜出望外。诸帅会奏,言敌设炮钟山之顶,全城命在呼吸,盖仿袭粤省失四方炮台之说,其实绝无其事。且奏称昔纯皇帝征缅无功,弃关外地五千里,尤以凿空无稽之谈,诬祖德,骇听闻。敌人又言讲款文书,中国需用御宝,彼国亦遣火轮舟归,请国王用印。兵船惟退出海口,其舟山及鼓浪屿、香港之洋兵,必俟三年银数交竣,方可撤归。七月初九日,款议成。耆英、伊里布、牛鉴亲赴敌人璞鼎查之舟。越二日,璞鼎查、马礼逊等亦入城会于正觉寺。连日分提江宁、苏州、安徽藩库、扬州运库银数百万,如数馈之。八月杪,洋船将出江,诸帅复饯于正觉寺。九月初旬,洋艘尽回定海,诏以不守江口逮总督牛鉴治罪,以耆英代之,而伊里布以钦差大臣由浙至广东议互市章程。褫逮领兵之奕山、奕经、文蔚、余步云,交刑部治罪。惟余步云于是冬伏法。其沿海失守城池之道、府、县,及领兵将官失事者,以次惩处,分别豁免沿海被寇州县钱粮。而是冬又有索台湾俘人之事,上年及次年又有廓尔喀、佛兰西、弥利坚各国违言之事,又有广东义兵焚洋馆之事。

台湾俘人者,二十一年八月,及次年二月,洋船两窥台湾。一在淡水港,遭风触礁;一在大安港,为渔舟诱引搁浅。皆为沿海义勇围攻,擒获三桅大舟一,杉板舟二,白夷二十四,黑夷百有六十五,炮二十门,刀铳器械,并宁波、镇海营中官物,盖攻浙之贼回窥闽洋者。总兵达洪阿、兵备道姚莹先后奏闻。三月,敌遂以十九艘赴台报复,结海盗艇数十导之入港。我兵先破其盗舟,敌人不敢入,遥轰大炮而遁。又屡遣奸细入台煽乱,皆被擒斩,一方屹然,洋船不敢再犯。屡诏优奖,姚莹加布政使衔,达洪阿加提督衔,各世袭轻车都尉。是秋,江宁议款约,所获兵民,彼此交还,而台湾黑夷百有六十五人,已于五月奉旨斩决,惟以白夷还之,敌目璞鼎查遂讦台湾镇道妄杀其遭风难民。时江苏主款官吏,方忌台湾功,而福建厦门失守,文武亦相形见绌,流言四起。耆英遂据闽人故总督苏廷玉及提督李廷钰二人家信,劾台湾镇道冒功,敕福建新督查奏。新督至台湾查案卷,则所奏皆据厅营及绅士禀报,无功可冒,因强镇道引诬以谢洋人,遂劾逮至京。台湾兵汹汹鼓噪,达洪阿、姚莹谕解之。新督亦旋告病,以刘鸿翱代之。刘鸿翱尽以台湾厅营绅士禀报原案咨送军机处,上遍阅之,鉴二人枉,不深罪,达洪阿、姚莹旋即起用云。

廓尔喀者,在西藏西南,与英国所属东印度孟阿腊接壤世仇。二十年秋,闻英人入寇,即禀驻藏大臣,言小国与底里所属之披楞部相邻,每受其侮,今闻底里与京属构兵,京属屡胜,小国愿率所部,往攻底里所属,以助天讨。使廷臣明地势洋情,许其犄角,则英国印度之兵,怀内顾忧,不能全赴中华。此洋事第一外助。而廷臣未知其所谓底里者即英吉利,所谓披楞者即孟阿腊,所谓京属者,即中国之广东。顾答以蛮触相争,天朝从不过问。于是廓夷罢攻印度,而英人入寇之兵无复内顾。及是秋款议成,英人归印度者,以此大骄廓尔喀,廓尔喀则反唇于驻藏大臣,词甚悖谩。驻藏大臣惟羁縻之而已。

佛兰西、弥利坚者,皆大西洋强国,与英人同市广东,且世仇英人而恭顺中国。上年英人入犯,并阻遏诸国货船,不许贸易,诸国皆憾之,言英人若不早回国,亦必各调兵船来粤,与之讲理,林则徐两次奏闻。俄林则徐罢，琦善一意主和，前议遂中止。及去年琦善褫逮甫数日，弥利坚头目即出调停，故有但许通商，不索一切，及私带鸦片，船货充公之请。乃广东诸帅，夜攻洋馆，反误杀弥利坚数人，于是弥利坚不复肯出力。而佛兰西洋官于英人再次败盟之后，屡在粤愿助造兵船。是冬来兵船二，兵帅一，言有机密事愿面见将军，请勿用通使，从有能汉语之二僧，可以传言。将军奕山及总督祁𡎴与再会城外，屏左右，密言英人阻隔诸国贸易，国王遣兵船前来保护，并命从中解散，请赴江、浙代款，必能折服英人，不致无厌之求，倘英人不从，亦可藉口与之交兵。此粤事第二外助。

乃奕山始则拒不肯奏，佛兰西请先赴香港，晤璞鼎查，议之数日，覆称英人以香港及烟价三百万为请。奕山亦屏不奏，良久始奏闻。又言敌情叵测，难保其非阴助英人，代探我虚实。佛兰西自正月至五月，待命半载，及六月驶赴吴淞口，则英人已深入长江。佛兰西请我舟导之入口，上海官吏反难之，往返申请稽时。及佛兰西易舟入江，则款议已成数日，尽饱溪壑，视佛兰西原议相去天渊，佛兰西头目顿足而返。是冬回至广东议互市，英人欲各国洋商就彼挂号始输税，佛兰西、弥利坚皆愤言，我非英国属国，且从未猾夏冯陵，何厚彼而疏我？于是弥利坚来兵船八，不数月，佛兰西亦来兵船八，皆上书求入贡，而陈诚款，并请留兵船于闽、粤，惟贡使数人由陆入京，盖欲密献机宜，效回纥助唐之谊。此洋事第三外助。而廷臣再三却之。时伊里布已卒于广东。二十三年，耆英奉命驰往接办，先后许各国皆如英人之例，不用洋商，任往各海口，与官吏平行，英人反以此德色于诸人矣。

广东义民者，初英人自去夏困于三元里，不敢入市广州，及讲款后，奉旨许广州贸易。是冬白夷横行于市，粤民怒起诛之，聚众万馀，焚洋馆，掠其货，又杀其洋官洋兵于澳门海中。时璞酋兵船正在广东，竟不敢报复。督抚惩治焚馆之民以谢。而番禺绅士潘仕成捐赀延佛兰西洋官雷壬士于家，造洋船洋炮，又造水雷，能水中轰破船底，所捐造二桅战舰四艘，材坚工巧，悉如西洋式，每水雷造价仅四十金，每艘仅价二万金。诏广东新造战舰，一切交其承办，毋令官吏经手，以杜侵蚀。大吏尼之，旋亦中止。故敌寇之役中国，非无外援也，非无内助也，无人调度之，则驱属夷以资敌国，且化良民为奸民，且诬义民为顽民。

迩者，沿海通商，鸦片益甚于前，并用广东巡抚黄恩彤言，开各省天主教之禁。其据定海及鼓浪屿之人，皆胁官吏，薮逋逃，而福州乌石山之人，直据省会腹心，俯瞰全城。总督刘韵珂、巡抚徐泽醇束手惟命，而奏疏讳之，但言给与城外破庙。闽省士民愤怨，时林则徐家居，尤为闽大吏所忌。道光二十四年，召还耆英，降巡抚黄恩彤为同知回籍。二十五年，英人欲践耆英所许三年入城、设洋馆之约。总督徐广缙内联义民，外联弥利坚以拒之，敌受约束退，诏封徐广缙子爵，巡抚叶名琛男爵，粤事始稍定。咸丰元年，又特诏奖雪林则徐及姚莹、达洪阿之尽心竭力于边，而斥耆英畏葸骄敌之罪，中外翕然钦颂。

论曰：夷寇之役，首尾二载，糜帑七千万。中外朋议，非战即款，非款即战，从未有专议守者何哉？且其战也，不战于可战之日，而偏战于不可战之日。其款也，不款于可款之时，而专款于必不可款之时。其守也，又不守于可守之地，而皆守于不可守不必守之地。粤东不议守而专款，是浪款也。奕山不筹守而即战，是浪战也。颜伯焘、裕谦、牛鉴不择地而守，是浪守也。诚能择地利，守内河，坚垣垒，练精卒，备火攻，设奇伏，如林、邓之守虎门、厦门，先为不可胜以待敌之可胜,则能以守为战,以守为款。以守为战,则岂特我兵可用,即佛兰西、弥利坚皆可用,即廓尔喀亦可为我用,以外敌攻外敌也。岂特义民可用,即莠民亦可用,以汉奸攻逆敌也。以守为款,则我无耆于彼,彼有求于我,力持鸦片之禁,关其口,夺其气,听各国不得贸易之夷居间调停,皆将曲彼而直我,怒彼而昵我,则岂特烟价可不给,而鸦片亦可永禁其不来,且可省出犒夷数千百万金,为购洋炮洋艘,练水战火战之用,尽收外国之羽翼为中国之羽翼,尽转外国之长技为中国之长技,富国强兵,不在一举乎?时乎时乎,惟太上能先时,惟智者能不失时;又其次者,过时而悔,悔而能改,亦可补过于来时。

——据《圣武记》,光绪四年上海申报馆排印本

海国图志叙

《海国图志》六十卷,何所据?一据前两广总督林尚书所译西夷之《四洲志》,再据历代史志及明以来岛志及近日夷图、夷语。钩稽贯串,创榛辟莽,前驱先路。大都东南洋、西南洋增于原书者十之八,大小西洋、北洋、外大西洋增于原书者十之六。又图以经之,表以纬之,博参群议以发挥之。何以异于昔人海图之书?曰:彼皆以中土人谭西洋,此则以西洋人谭西洋也。是书何以作?曰:为以夷攻夷而作,校者案:五十卷、六十卷及一百卷本《海国图志·叙》此处均有"为以夷款夷而作"。为师夷长技以制夷而作。

《易》曰:"爱恶相攻而吉凶生,远近相取而悔吝生,情伪相感而利害生。"故同一御敌,而知其形与不知其形,利害相百焉;同一款敌,而知其情与不知其情,利害相百焉。古之驭外夷者,诹以敌形,形同几席;诹以敌情,情同寝馈。

然则执此书即可驭外夷乎?曰:唯唯,否否!此兵机也,非兵本也;有形之兵也,非无形之兵也。明臣有言:"欲平海上之倭患,先平人心之积患。"人心之积患如之何?非水,非火,非刃,非金,非沿海之奸民,非吸烟贩烟之莠民。故君子读《云汉》《车攻》,先于《常武》《江汉》,而知《二雅》诗人之所发愤;玩卦爻内外消息,而知大《易》作者之所忧患。愤与忧,天道所以倾否而之泰也,人心所以违寐而之觉也，人才所以革虚而之实也。

昔准噶尔跳踉于康熙、雍正之两朝，而电扫于乾隆之中叶。夷烟流毒，罪万准夷，吾皇仁勤，上符列祖，天时人事，倚伏相乘，何患攘剔之无期？何患奋武之无会？此凡有血气者所宜愤悱，凡有耳目心知者所宜讲画也。去伪，去饰，去畏难，去养痈，去营窟，则人心之寐患祛其一。以实事程实功，以实功程实事，艾三年而蓄之，网临渊而结之，毋冯河，毋画饼，则人材之虚患祛其二。寐患去而天日昌，虚患去而风雷行。《传》曰："孰荒于门，孰治于田？四海既均，越裳是臣。"叙《海国图志》。

以守为攻，以守为款，用夷制夷，畴司厥楗。述《筹海篇第一》。

纵三千年，圜九万里，经之纬之，左图右史。述《各国沿革图第二》。

夷教夷烟，毋能入界，嗟我属藩，尚堪敌忾。志《东南洋海岸各国第三》。

吕宋、爪哇，屿埒日本，或噬或駾，前车不远。志《东南洋各岛第四》。

教阅三更，地割五竺，鹊巢鸠居，为震旦毒。述《西南洋五印度第五》。

维晳与黔，地辽疆阂，役使前驱，畴诹海客。述《小西洋利未亚第六》。

大秦海西，诸戎所巢，维利维威，实怀泮鸮。述《大西洋欧罗巴各国第七》。

尾东首西，北尽冰溟，近交远攻，陆战之邻。述《北洋俄罗斯国第八》。

劲悍英寇，恪拱中原，远交近攻，水战之援。述《外大洋弥利坚第九》。

人各本天,教纲于圣,离合纷纭,有条不紊。述《西洋各国教门表第十》。

万里一朔,莫如中华,不联之联,大食、欧巴。述《中国西洋纪年表第十一》。

中历资西,西历异中,民时所授,我握其宗。述《中国西历异同表第十二》。

兵先地利,岂间遐荒,聚米画沙,战胜庙堂。述《国地总论第十三》。

虽有地利,不如人和,奇正正奇,力少谋多。述《筹夷章条第十四》。

知己知彼,可款可战,匪证奚方,孰医瞑眩?述《夷情备采第十五》。

水国恃舟,犹陆恃堞,长技不师,风涛谁詟?述《战舰条议第十六》。

五行相克,金火斯烈,雷奋地中,攻守一辙。述《火器火攻条议第十七》。

轨文匪同,货币斯同,神奇利用,盍殚明聪。述《器艺货币第十八》。

原刻仅五十卷,嗣增补为六十卷。道光二十七载增为百卷,重刻于扬州,仍其原叙,不复追改。

拟进呈元史新编序

臣源言：伏闻天下不变道变不变，国可灭史不可亡。粤稽典谟三五之年，《春秋》所纪二百馀岁之事，自周汉至明二十三史之编，事匪一端，迹多殊轨。元有天下，其疆域之袤，海漕之富，兵力物力之雄廓，过于汉唐。自塞外三帝，中原七帝，皆英武踵立，无一童昏暴缪之主。而又内无宫闱奄宦之蛊，外无苛政强臣夷狄之扰，又有四怯薛之子孙，世为良相辅政，与国同休，其肃清宽厚亦过于汉唐。而末造一朝，偶尔失驭，曾未至幽、厉、桓、灵之甚，遂至鱼烂河溃不可救者，何哉？

《礼运》言三代之治天下也，曰："大道之行，天下为公。"公则胡越一家，不公则肝胆楚越。古圣人以绂冕当天之喜，斧钺当天之怒，命讨威福，一奉天道出之而不敢私焉。明人承元之后，每论元代之弊，皆由内北国而疏中国，内北人而外汉人、南人，事为之制，曲为之坊。以言用人，则台省要官皆北人据之，汉人、南人百无一二。其破格知遇者，官至集贤翰林院大学士而止，从无入相秉枢之事。乃稽之《元史》纪传，殊不尽然。太祖龙兴，即以耶律楚材为丞相。太宗则刘秉忠主机要，而汉相数人副之。宪宗、世祖，则史天泽、廉希宪、姚枢、许衡、窦默诸理学名儒，皆预机密，朝夕左右。即姚□后虽以事诛，而史言有元一代纪纲，多其所立，则亦非以汉人为不可用。而末年至正中，贺太平尚以汉相负中外望。惟是中叶以后，台省官长，多其国人，及其判署不谙文义，弄獐伏猎，不得已始取汉人、南人以为之佐。至于末造，中书政以贿成，台宪官皆议价以得，出而分巡，竞渔猎以偿债，帅不复知纪纲廉耻为何物。至于进士科举，罢自国初，中叶屡举屡辍，动为色目人所掎摭。顺帝末年，始一大举行，而国将亡矣。兼之中原财赋，耗于僧寺、佛寺者十之三，耗于藩封、勋戚者十之二。是以膏泽之润，罕及于南；渗漉之恩，悉归于北。界鸿沟于大宅，自以为得亲迩疏逖之道，致韩山童伪檄有“贫极江南、富归塞北”之斥。天道循环，物极必反，不及百年，向之畸重于北者，终复尽归于南。乘除胜负，理势固然哉！

且元恃其取天下之易，既定江南，并大理，遂欲包有六合。日本、爪哇，皆覆海师于数万里之外。又不思中原形势，外置岭北、岭西、阿母河诸行省，动辄疆域数千里，马行八九十日方至。内置江浙、湖广各行省，举唐宋分道分路之制，尽荡覆之。旁通广辟，务为侈阔；鞭长驾远，控驭不及。于是海都、乃颜诸王叛于北，安南、缅甸八百诸蛮叛于南。穷年远讨，虚敝中国，如外(疆)〔强〕中干之人，躯干庞然，一朝瘘木。于是河溃于北，漕梗于南，兵起于东，大盗则一招再招。官至极品，空名宣敕，逢人即授。屯膏吝赏于未炽之初，而曲奉骄子于燎原之后。人心愈涣，天命靡常。二三豪杰魁垒忠义之士，亦冥冥中辄自相蚌鹬，潜被颠倒，而莫为之所，若天意，若人事焉。乌乎！孰使然哉？

人知《元史》成于明初诸臣潦草之手，不知其载籍掌故之荒陋疏舛、讳莫如深者，皆元人自取之。兵籍之多寡，非勋戚典枢密之臣一二预知外，无一人能知其数者。《拖布赤颜》一书，译言《圣武开天记》，纪开国武功，自当宣付史馆。乃中叶修《太祖实录》，请之而不肯出;天历修《经世大典》,再请之而不肯出。故《元史》国初三朝本纪,颠倒重复,仅据传闻,国初平定部落数万里,如堕云雾;而《经世大典》于西北藩封之疆域、禄籍、兵马,皆仅虚列篇名。以金匮石室进呈乙览之书,而视同阴谋,深闭固拒若是,又何怪文献无征之后人哉?是以疆域虽广,与无疆同;武功虽雄,与无武同。加以明人旧史,不谙翻译,遂至一人重出数传,而元勋反无姓名。顺帝末年事,全抄吏牍,如涂涂附,为从来未有之秽史。近人如邵远平之《元史类编》,徒袭郑樵《通志》之重台,分天王、宰辅、侍从、庶官、忠节、文翰、杂行等类,甚以廓扩之忠勋,列入杂行。又有纪、传,无表、志,因摭志入传。又多采制册入纪,多采书序入儒林,又多采《元典章》吏牒之书以充卷帙,皆不登大雅。甚至本纪直以世祖为始,而太祖、太宗、宪宗三朝,平漠北、平西域、平金、平蜀之功,不载一字,更旧史之不如。至近臣钱大昕重修之本,亦仅成《氏族志》《经籍志》,馀并无稿。

臣源于修《海国图志》之馀,得英夷所述五印度、俄罗斯元裔之始末,怅触旧史,复废日力于斯,旁搜《四库》中元代文集数百种,及《元秘史》。芟其芜,整其乱,补其漏,正其诬,辟其幽,文其野,讨论参酌,数年于斯,始有脱稿。乌乎!前事者,后事之师,元起塞外有中原,远非辽、金之比。其始终得失,固百代之殷鉴也哉!

元史大理传叙

顾祖禹《方舆纪要》谓“历代行军地利皆有格式,惟蒙古之兵,任臆出奇,出没不测,为从古所未有”,盖指大理之役言也。元宪宗兵顿合州之钓鱼山,一载不下,乃思绕出西蜀上游,遂令皇弟忽必烈绕乌斯藏,穿蚕丛数千里而至大理,士马死者十馀万。然皇弟两次皆由大理反,以未能遂夹攻之效,虽留乌良合台在后,绕至湖南,而已属强弩之末。(此)〔比〕其即位后即遣国信使郝经渡江往聘者,亦诚见其难也。遇贾似道幽信使于仪征,经年不报,于是世祖怒,用刘整之谋,舍蜀而攻襄阳,图夺其咽喉。吕文焕固守,力战三载,贾似道不遣一旅之援,文焕力竭始降。使似道亲赴襄阳,内外援应,不知世祖又将何以制之?

吾以为宪宗之攻蜀,东川、西川已皆为元有,区区一合州钓鱼山不下,何阻于大事?曷不敛内江、外江之船,乘春水直出巫峡,攻鄂攻金陵,直走吴、越,则不待师抵钱塘而杭州失矣,乌用合州之蚌鹬相持哉!襄阳之城不下,何不舍之而赴上游汉中,造船直下,过襄阳不攻,直出汉阳,顺长江而下,则亦破竹之势,胜襄阳之顿兵老师,其巧拙劳佚天渊矣。

更有奇于是者,日本、爪哇之役,均为孟浪,自取颠沛。至元兵攻襄阳时,宋人金履祥曾上书献海道图并策,请以重兵由四明出海，直抵天津，捣燕、云，则襄、樊之围自解，似道不报。及伯颜下临安，收图籍，得此图及策，乃奏筹海运，招海盗张清、朱瑄，封以二侯，专主其事，由海运历年益增益多，运漕至三百万。是天津之至吴、越，海道直捷，苟当其未破襄阳之前，闻执使之信，即以其征日本、爪哇之力，移海艘数十舰由天津直抵江东，一由扬子江直取江陵，一由钱塘江直捣临安，岂非天降之师，事半而功百哉！此之谓奇师，视大理、日本之役何如耶？故顾祖禹所谓元人用兵之奇，不知皆拙谋下策也。

关中形势论

谢山全氏作《诸葛武侯入蜀论》，谓“为先主、孔明计，当弃荆州而图长安，乃使前将军日夜结怨于吴。且宛城之内应已平，张辽之援兵已至，即无陆逊，亦败而归也。况即使得荆、襄，不若得长安之一郡一县”，其论高而识卓矣。虽然，长安之一郡一县，亦何足得哉！

凡欲守关中者，必先守潼关。以信陵率五国之师攻秦，秦人固守崤、函，五国之师逡巡而不敢入。自西汉移关之后，潼关之险更胜崤、函；以崤、函纵攻不入，尚有洛阳可为退步，未若潼关在崤、函关之内，潼关既守，则别出奇兵，由蓝田出武关，西塞崤、函，东扼虎牢，使敌坐困于二关之间，进不得进，退不得退。灵宝弹丸之地，无粮可征，不出旬月，三军饥困，不战成禽，而长安、洛阳先为我有矣。乃始既不用魏延子午谷之计袭取长安，而欲出上游平取陇右，陇右纵可得，何足以制关中哉！其失一。再则屡出祁山，祁山固守，蹈攻城之下策，屡以粮尽而返，不知过城勿攻，直取长安，因粮于敌。其失二。最后乃惩粮运之弊，而屯田渭上，与司马懿相持。司马懿虽不敢战而长于守，孔明纵不死，蚌鹬相持，何年破贼？用兵之道，地利为先，从未有不守潼关而能有关中者。宇文泰与高欢相持于夏阳，而潜师先据潼关，击破窦泰之众，高欢遂东走。英雄成算，止争机先，彼哥舒翰、孙白谷之出关辄败者，皆由朝廷中制，不知守“将在外君命有所不受”之谊，势非得已，情尚可原。安有位兼将相，进止自由，乃不据形胜，专恃节制持重，为不败之计者哉！

全子又作《曲端论》，谓“张浚富平之败，由防兀术重有渡江之举，故先出西北空虚之地以挠之。兀术千里赴援，富平虽败，而江左遂以高枕而无忧”。乌乎！以四十万之兵投虎狼之喙，尚得执干戈卫社稷之名，老成谋国，固若是乎！

诚能固守潼关，纵敌入崤、函之后，而遣奇兵由蓝田出武关，据崤、函以断其归路，使金兵困守于灵宝之间者，上也。即不然，敌已入险，则为坚壁清野之策，于四十万众中选简练之师十万，使吴璘、吴玠、刘子羽各将一二万人，守富平、华州、凤翔，而自以三万人固守长安，深沟高垒，先为不可胜以待敌之可胜。敌攻长安，则三城各出劲旅以挠其后；敌分攻三城，则长安出劲旅以挠其后。声东击西，声西击东，更番转战，使疲于奔命，窘于粮饷，而后合军大战以克之，顺昌之捷，不可再见乎？奈何以刚愎无谋之将，御纪律不严之兵，一败涂地，中原遂不可复。尚不可以服曲端之心，更何以对李纲之劾也？

故顾祖禹《读史方舆纪要》为用兵乡导之要，戚继光《练兵纪实》《纪效新书》为训练之要。有节制而无地利者，武侯也；无地利而并无节制者，张魏公也。姑举关中二事以为千古兵家之鉴。

王翦苻坚论

从来用兵，兵多者败，而王翦灭楚独出于用众。从来客兵利速战，主兵利持重，而王翦之兵独以持重不战，反客为主；谢玄淝水之胜，又以速战，反主为客。考信陵救赵，选兵八万，(逐)〔遂〕走蒙骜二十万之师；项羽以楚兵三万，遂破章邯二十万之众；谢玄淝水八万，遂败苻坚投鞭断流之众。而楚师于秦屡战屡败，一则怀王败于秦，杀其将唐(妹)〔昧〕；一则白起以三万人自蜀攻楚，一战而烧夷陵，再战而举鄢、郢。同此秦、楚，而李信以二十万败于楚，王翦必六十万乃行，何今昔用众用寡相胡、越哉？

魏子曰：此太史公叙述不详，致后人疑其以六十万之兵萃于一阵，从古无此兵法。计李信之兵二十万，与项燕之兵数相当；而以主待客者主常胜，故李信败于项燕。白起之役，能破其众而不能取其国，究以兵数太少之故。王翦老将，以楚地五千里，建国千年，民风慓悍，非一路之师所能吞并，故自将二十万以当项燕，坚壁不战，其相持当在寿春国都之地；其馀四十万之师必分四路，一由上游巴、蜀东下，取湘南长沙，一由襄阳取荆州，一由淮南取广陵，一由海道取姑苏，计半载间，江南江北诸城无不下，所有楚之郡邑府库积贮无不为秦兵所有矣。项燕欲救则不敢分兵，欲战则不能致敌，反主为客，锐挫气阻，而后王翦开垒倾壁，一大战而败之。项燕走，楚王禽，一举而灭五千里之国，此兵家万全之师也。

苻坚之师，人以为败于众；不知以万乘之国，攻万乘之兵，非多不能制敌。《兵法》，“十则围之，五则攻之”，假使苻坚用王翦故策，自督慕容垂、姚苌等以二十万众阻淝水坚壁不战；而苻融、苻丕、苻登之徒各将十万，一由上游取蜀，一趋荆州以羁桓谦使不得东下，而一军由广陵渡江直趋建业，其时重兵大将皆在外，建康空虚，即谢太傅之才，岂尚能围棋赌墅以却敌哉！建业下则谢玄、桓谦两军闻风夺气，不战自溃，况以二十万众渡淝而攻八万哉！项燕之才不下谢玄，而胜败异者，以所当之敌，一有节制之王翦，一无节制之苻坚也。

至于淮阴之用众，武穆之用少，李广之用奇，虽有神明于法度之外者，然以李临淮之才，尚不敢野战而长于凭城，周亚夫以四十万军坚壁不战，以梁委吴、楚，必待奇兵扰其饷道，敌兵饥困，而后一战成功。千古兵机，如出一辙，胸无成算而大勋克建者，未之前闻。

赵汝愚拥立宁宗论

宋孝宗之孝，一代所无；宋光宗惇之不孝，亦一代所无也。孝宗大渐，群臣皆疏请侍疾，而光宗不视疾；孝宗崩，群臣疏请执丧，而光宗不成服，不执丧。当是时，人心岌岌，丞相留正拜表而去，赵汝愚以宗室贵戚之卿，遂以皇太后之命及光宗念欲退闲之旨拥立宁宗，国势危而复安，可谓功在社稷。而钱詹事大昕深不然之，谓："汝愚此举冒险徼幸，万一宫中有奉帝出门者何以御？幸而不胜，为秦王从荣，犹可言也；不幸而竟胜，为公子商臣，不可言也。当此之时，惟有为留正之去，不可为汝愚之易君。"夫秦王从荣之起兵讨武三思也，兵从外入，其败固宜；彼岂有中宗念欲退闲之旨，岂有皇太后之命乎？情事悬绝，比拟不伦。况以大功已成之后，而设为万一不然之词，例诸篡弑，从古无此论史之法。

至汝愚之失计则不在此。当其拥立也，皆由侂胄传命往来之力，及事定(成)后，侂胄不过欲得一节镇，此(一)〔亦〕赏功之常；而汝愚不欲居定策之名，故不受拥戴之赏，并约同朝皆不受赏。乌乎！汝愚，枢密使也，受赏不受赏，无所加损；韩侂胄，閤门使也，而欲其不受赏，得乎？及侂胄用宵小之计，用内批罢彭龟年，而汝愚拒之不见，试思彼能罢龟年，独不能罢汝愚乎？至是侂胄擅权，一时名望，斥逐殆尽，立庆元党禁之碑，用苏师旦开边衅，几致亡国。

乌乎！有用人之权，有去小人之力，而优柔不断以致垂成而败者，一见于张柬之、五王之不去武三思，再见于汝愚之不去韩侂胄，皆忠有馀而智不足也。钱氏不责其驾驭小人之不善，而反责其推戴之不宜。贤人君子，进退消长，自有定数，而国家受其弊。乌乎！可胜叹哉！

书金史完颜元宜传后

海陵南伐时，元宜授浙西都统制置使，督诸军为前锋。及军临庐州，闻雍王已立于东京，改元大定，海陵进退两难，欲迫令诸将过江以绝反顾，而己自督亲军回北讨贼。诸将以长江天险，初试舟采石江中，与宋将虞允文兵战不利，且刘琦以大队严守南岸，渡必成禽。又闻京师已立新主，军士多欲亡归，决计于元宜及猛安、谋克等，遂议共行大事，然后举军北还。矢及御帐，海陵中流矢死。

大定二年，班师至京，入见世宗，授元宜平章政事，封冀国公，赐姓完颜氏。卒于家，祭赙甚厚。大定十一年，尚书有拟功合斡鲁，补除授，上曰："昔诸军共畔海陵，此人首谋，射及大帐，弑之。人臣之罪，莫大于是，岂可漫加官职，姑听其世袭谋克可也。"大定十八年，扎里海上言："弑海陵者，赏以高爵，非所以劝事君，宜削夺以为人臣之戒。"

夫海陵弑君、弑母之贼，滔天之罪，亘古所无。故世宗之立，先下诏暴其罪状，废为庶人，人不以为篡，盖海陵独夫，覆载所不容也。倘无完颜元宜之事，海陵竟回军北向，与世宗交战，其将不临阵诛之乎，又将责世宗以贼故主之罪乎？

《春秋》之义，称某臣弑其君者，罪在臣；不书何人弑而书通国弑其君者，罪在君；罪在君者，人人得而诛之。"宋人弑其君杵臼"，

“莒弑其君庶其”,“齐人弑其君商人”,“吴弑其君僚”,“莒人弑其君密州”。其中如“齐公子商人弑其君舍”,是商人本弑君之贼;及商人为下所弑,不复问臣下之罪;奈何诛海陵之人而尚责以弑君乎?

宋艺祖曰:“范质为相无他短,只欠周世宗一死耳。”试问宋祖受周世宗之恩,与质孰大乎?窃钩者诛,窃国者侯,其来久矣。爰举《春秋》斧钺大义,以正弑君、弑母之罪在海陵而不在杀海陵者。

书宋名臣言行录后

乾隆中修《四库书》，纪文达公以侍读学士总纂。文达故不喜宋儒，其《总目》多所发挥，然未有如《宋名臣言行录》之甚者也。曰："兹录于安石、惠卿皆节取，而刘安世气节凛然，徒以尝劾程子，遂不登一字。以私灭公，是用深懟。"是说也，于兹录发之，于《元城语录》发之，于《尽言集》发之，又于（宋如）〔杜大〕珪《名臣琬琰录》发之，于《清江三孔集》发之，于唐仲友《经世图谱》发之。昌言抨辟，汔再汔四，昭昭国门可悬，南山不易矣！虽然，吾未知文达所见何本也？

兹录前集起宋初，后集起元祐，而刘公二十馀事在焉。羔羊之节，曾、史之行，明夷之贞，凛然起懦夫，炳万祀，故南宋黄震《日钞》品骘兹录诸人，亦厕刘公与王岩叟、范祖禹间，次第吻符，是宋本、今本，五百年未之有改也，吾未知文达所见何本也？且朱子于刘公也，推其刚则视陈忠肃为得中，劾伊川非私心，述折抑必非妄语。养气刚大，殁致风雷，皓然秋霜烈日相高焉，而谓其"百计抑之终不能磨灭"，然耶，否耶？

寻其由来，文达殆徒睹董复亨《繁露园集》之瞽说，适惬其隐衷，而不暇检原书，遂居为奇货。夫董氏不学固无论，即其以苏党及禅学二事为刘公所以不登之由，则录中取二苏言行不下二十馀事,而所胪宋初诸公杂禅学者又十而七,何耶?矧是书成时,朱子悔黄鲁直之孝友笃行而遗之,则即四科不列曾氏,尚未足为记者阙失,矧未见言色而言乎?

夫忠定与文公皆百世师,原非后人所能一畚增岳,一蠡损渤。而文达方以记丑言辩尸重名,余恐耳食者流,或眩其信仰前哲之心而靡从之,则是益重文达过也。至文达谓“南宋亡于诸儒,不得委之侂胄;东林起于杨时,遂至再屋明社”,则固无讥焉。末二条见《四库书目·庆元党禁》、《杨龟山集》下。

再书宋名臣言行录后

太原阎百诗曰："近日文人议论之愎之辟，未有甚于杨用修者也。用修最不喜朱子，以不喜朱故，遂并濂、洛、关、涑诸儒摈勿道；以不喜朱故，遂并宋一代文章、事业、议论摈勿道；以不喜朱故，遂并夷宋于晋，谓国运不得肩汉、唐。"韪哉，阎氏之论乎！虽然，尚未得所由然也。

用修谈诗专诋杜，谈史专诋朱。其诋杜也，欲右李白也；诋朱也，以议二苏也；其尊苏、李也，则以蜀人也。用修曰："古今才咸患不足，稍稍有馀者惟太白、子瞻二人。"用修殆欲离立而三乎？然谓杜恒推李，李恒藐杜，既不君子古人；又以杜诗见重宋代，并谓宋人杜撰诗史坏风雅体，可谓勇于自用矣。

至谓"朱子列安石《名臣言行录》，缁素易位"，则尤不可无辨。朱子跋两陈谏议，罪状安石，缅缅三四千言，不啻九鼎铸魑魅。而兹录安石十馀事，则皆心若公孙弘，学若商君，愎若阳处父，〔不臣若王处仲〕，怙子若石季龙，皆取元祐诸君子攻安石语，正犹纂《楚辞》附扬雄《反骚》，以藉著洪氏、苏氏贬词，明大谊也。即较范氏《列女》不遗文姬，汝愚奏议兼收惇、蔡，尚区以别。故临川李穆堂侍郎深憾录中安石言行之为诬。夫同一《言行录》也，临川人则曰"诬谤安石"，蜀人则又曰"左袒安石"，果仁者见仁，智者见智耶？

矧朱子答吕东莱,谓“兹录随手捃缀,不成文字”,而用修谓其自拟《春秋》,又何据耶?靖康初,杨时即劾罢安石配享,毁《五经新议》板;孝宗乾道五年,魏掞并劾去其从祀;用修乃谓其父子配享,终宋世无一人公言其非,又何耶?

用修诩唐诗人二十有一,南宋相业五,皆蜀士。且谓“新法之行,始终争之惟二苏”。谓“绍熙剑州黄裳封事,远过司马温公”,而他非蜀产者,虽韩魏公、欧阳文忠公德业,皆据小说卮言,议其疏防危身为莫大罪,议其昵妓挟私,诬谤钱氏,等诸秽史。呜呼!桑梓之重如山,畛域之坚如城,而顾谓他人畛域未化耶?

又其甚者,则谓“朱文公著书谈道,品骘古今,罔不违公是,远人情”;称秦桧,诋岳飞,盗诸葛,匡衡、陶渊明、韩退之,皆力诋不使为完人。呜呼!天下后世尚有读书人也?文公父韦斋公忤秦桧以去国,文公谓“天地之正气忽发于施全”;又欲请武穆恤典,会去国未果,其手帖存岳氏,故珂跋反复感激数千言,见《宝真斋法书赞》。而谓党奸谀,抑忠荩,恐起岳、桧二人质之,亦未必受此等谀谤也。至《通鉴》沿旧史书“诸葛入寇”,《纲目》正之,有目共窥,〔有耳共熟,〕今谓盗之,果孰睹孰传耶?文公予蜀汉君臣正统,书渊明有晋士,特著《韩文考异》以昭道统,而孔明、昌黎,宋后始祀阙里,其以表章力乎,诋斥力乎?至匡衡说经谈粹,而相汉以〔奸〕贪败,故文公疑其剿说,而升庵不平之,然则匡衡果清节之儒耶?文公箴门人议霍光、马援者曰:“采葑采菲,无以下体,取人善为己师,胡如此议论也!”用修犹谓其无过中求有过,独不思苏子瞻圣荀彧不圣武王,至以汤、武为篡弑,以乱天下公义自孟子始,以昭烈、孔明入蜀与曹操无异,此有过中求无过耶,无过中求有过耶?胡不置一解也?文公于名臣言行胪苏公忠谠大节甚具,而用修谓专诋其未形之恶,然则用修以《庄子》诗礼盗冢验于宋儒谈性理者,是果预诋未形之斑否耶?

用修曰:“自周、孔来无一人能逃文公议者。”予则曰:“有宋一代,自蜀人外无一人能逃用修议者。”然且欺后世无复读书人,动辄赝某书,臆某事,鼓噪后生,诖误来学,至伪称《朱子语录别本》,言“《大颠书》乃昌黎死案”。呜呼!此别本者何人所藏,独升庵见之耶?陈氏《正杨书》,其亦不得已耶?

书明史稿一

尝闻杨椿之言曰:“《明史》成于国初遗老之手,而万季野功尤多。纪、传长于表、志,而万历以后各传,又长于中叶以前。袁崇焕、左良玉、李自成传,原稿皆二巨册,删述融汰,结构宏肃,远在宋元诸史上,是则是矣。”以上杨氏原文。

然《宋史》以来,人人立传之弊,仍不能革,即如太祖功臣十八侯,人各一传,或同一事,而既见于此,复见于彼。使以此例施之《史记》《汉书》,则《列传》当多数倍,有是史例乎? 如平云南事,止宜见于《沐英传》,其从征诸将,附于《沐英传》后足矣;平夏、平朔漠,以李文忠、蓝玉为主,其从征诸将,附二人传末足矣。

至于《外国传》,止宜择其二三岛夷之大者立传,其馀止附见国名,汇书本传之后,乃岛不过数十里,人不过数百家,渔村蛋户,动列《蕃国》,何与共球! 仅据三宝太监下西洋归奏铺张之词,毫无翦择,史法安存? 以此例之,则《列传》可删去十分之三。

至于《食货》《兵》政诸志,随文钞录,全不贯串,或一事有前无后,或一事有后无前,其疏略更非《列传》之比。

且《列传》虽详,而于明末诸臣尚多疏略。即黄得功、李定国二人,予所见野史,述其战功事迹,数倍本传。此略所不当略与前之详所不当详,均失之焉。

书明史稿二

尝读故礼亲王《啸亭杂录》曰:“康熙中,王鸿绪、揆叙辈党于廉亲王而力陷故理邸,故其所撰《明史稿》,于建文君臣指摘无完肤,而于永乐及靖难诸臣每多恕辞。盖心所阴蓄,不觉流于笔端。从古佥壬不可修史,王司徒言未可非也。”又闻安化陶文毅公之言曰:“王鸿绪《史稿》于吴人每得佳传,于太仓人尤甚,而于他省人辄多否少可。张居正一传,尽没其功绩,且谤以权奸叛逆,尤几无是非之心。幸乾隆中重修《明史》,略为平反。”善哉二公之言!

或谓《明史稿》出万季野名儒之手,其是非不应舛戾,折之曰:《史稿》于王之寀列传后附采夏允彝《幸存录》数百言,以折衷东林、魏党之曲直。夫《幸存录》,黄南雷诋为“不幸存录”,又作《汰存录》以驳之,故其前录则巢氏序谓“出夏公身后,冒托其名”,后录称夏淳古撰,全谢山驳其中“先人备位小宰”一语,其时小宰乃吕大器,而淳古父允彝仅官考功,岂有子诬其父之理?淳古十五从戎,十七授命,孝烈贯金石,视匪党如粪壤,岂有堪挂其齿之理?盖马、阮邪党所伪撰,而窜允彝父子之名以求信于世。其书专以扶邪抑正为事,虽以孙承宗、熊廷弼之功业忠烈,皆曲加污(衊)〔蔑〕,一则曰“闻其不能无欲”,一则曰“惟知善骂以避封疆之责”,而于邪党杨维垣、张捷、马、阮皆曲为解脱,乃南雷所深恶。岂有季野为南雷高弟,反采录其言以入正史?其为王鸿绪之增窜无疑。

且明太祖平张士诚,恶苏民为士诚守城不下,命苏、松田亩悉照私租起赋。凡淮张文武亲戚及后日籍没富民之田,悉为官田。建文二年,降诏减免,每亩止输一斗,可谓干蛊之仁政。乃成祖篡立,仍复洪武旧额,至今流毒数百年未已。此事建文是而永乐非,比户皆知。今《史稿》止载成祖杀齐泰、黄子澄、方孝孺,夷其族,执铁铉于山东,至京杀之。其馀屠戮忠臣数百人,株连夷灭亲戚十馀家,妻女发象奴及教坊为倡,皆讳不书;即苏、松浮粮复额殃民之政,亦为之讳。考宋时苏州田租三十万,水田每亩租六升,至洪武中而苏田十六分,仅一分为民田,馀十五分皆官田,所以苏、松浮粮至三百七十馀万。宣德中况钟为知府,正统中周忱为巡抚,先后奏减十分之三,尚存一百七十万,而岁岁逋负,不能足额,万历中,始有岁纳至八分之令。我朝康熙、雍正又豁免其半,改折其半,始定今额。鸿绪身为吴人,岂有不知,而曲笔深讳?若非礼亲王诛心之论,乌能洞史臣之肺腑哉!

鸿绪身后,其子孙镂板进呈,以板心雕"《横云山人史稿》",遂碍颁发。攘善而不遂其攘,盗名而适阻其名,岂非天哉!

《幸存录》处处以东林与攻东林者对勘,夫攻东林者何人?何以毫无称谓?盖去"攻东林者"四字,则必称阉党,将如何下笔?故为此蒙头盖面掩耳盗铃之计,不言何人,可谓心劳日拙,欲盖弥张矣。其先谓"马士英是小人中君子,阮大(鋮)〔铖〕是小人中小人",其后又谓"某某等不如阮大(鋮)〔铖〕尚有伉爽之气,可与言大谊",明出马、阮馀党。于国亡之后尚怀馀毒,含沙阴射,不得已嫁名于忠烈之夏允彝父子。呜呼!麟豸而为桀犬之吠乎!

书赵校水经注后

近世赵一清《水经注》为戴氏所剿，而其徒金坛段氏反覆力辩为赵之剿戴，谓“赵氏成书在前，刊书在其身后；凡分经、分注之例，赵氏未尝一言，至戴氏始发明之。及聚珍板官为刊行，而后人校刊赵书或采取戴说，故二书经文无异”。是不以为戴之剿赵，而反以为赵之剿戴。且怪梁耀北昆仲刊赵书时，何不明著其参取戴校之故，谓“以攘美成疑案”。其说呶呶千馀言，诖误后学，靡所折衷，请详辟其妄：

考赵氏书未刊以前，先收入《四库全书》。今《四库书》分贮在扬州文汇阁、金山文宗阁者，与刊本无二，是戴氏在四库馆时先睹预窃之明证，其后聚珍官板刊行又在其后。若谓赵氏后人刊本采取于戴，则当与《四库》箸录之本刊然不符而后可，岂《四库书》亦为赵氏后人所追改乎？若谓赵氏序例中未言“经文不重举某水，注必重举某水之例”，则不知赵本第二卷《河水篇》下首言之矣；“江水又东径永安下为注之混经”，则《附录》中欧阳元《水经序》又言之矣；皆戴氏所本，何谓赵氏不言？

且一清与全氏祖望同时治《水经》，全氏《水经》未刊，予曾见其钞本凡例一卷，于经、注分晰尤详，凡戴氏所举三例皆在其中，故赵书不复重述凡例，戴氏不当侈为创获也。《四库提要·水经》一门，即系戴氏所纂,于赵书首辟其“注中有疏”之说,谓“同于丰坊之伪本”。及戴氏所校《水经》,则又于第一卷《河水篇》“《尔雅》河出昆仑墟”下引《物理论》十六字为注中之小注,故杂在所引《尔雅》之间,“《山海经》下引《括地图》十三字亦同此例”,其馀不一而足。是则注中小注之说,戴氏既窃之而又斥之,盗憎主人,不顾矛盾一至是乎?

戴氏臆改经注字句,辄称《永乐大典》本,而《大典》现贮翰林院,源曾从友人亲往翻校,即系明朱谋玮等所见之本,不过多一郦《序》,其馀删改字句,皆系伪托《大典》,而《大典》实无其事。殆以秘阁官书,海内无从窥见欤?

至赵氏《畿辅水利书》百六十卷,为戴氏就馆方制府时删成八十卷,则段氏亦谓戴“就方敏恪馆仅半载”,何能成此钜帙?知其必有底稿,非出戴一人之手。戴既据赵为蓝本,何以《凡例》中不一字及于原书,深没其文,若同创造?宜其书至嘉庆中又为吴江通判王履泰所窃,删改为《畿辅安澜志》进呈被赏,可为郭象之报也。

戴为婺源江永门人,凡六书、三礼、九数之学,无一不受诸江氏,有同门方晞所作《群经补义序》称曰“同门戴震”可证。及戴名既盛,凡己书中称引师说,但称为“同里老儒江慎修”,而不称师说,亦不称先生,则攘他氏之书,犹其事之小者也。

孙子集注序

《易》其言兵之书乎！“亢之为言也，知进而不知退，知存而不知亡，知得而不知丧”，所以动而有悔也，吾于斯见兵之情。《老子》其言兵之书乎！“天下莫柔弱于水，而攻坚强者莫之能先”，吾于斯见兵之形。《孙武》其言道之书乎！“百战百胜，非善之善者也；不战而屈人之兵，善之善者也。故善用兵者，无智名，无勇功”，吾于斯见兵之精。故夫经之《易》也、子之《老》也、兵家之《孙》也，其道皆冒万有，其心皆照宇宙，其术皆合天人、综常变者也。

而苏洵曰：“按言以责行，孙武不能辞三失：久暴师而越衅乘，纵鞭墓而荆怒激，失秦交而包救至。言兵则吴劣于孙，用兵则孙劣于吴，矧祖其馀论故智者乎？”呜呼！吴，泽国文身封豕之蛮耳，一朝灭郢，气溢于顶，主骜臣骄，据宫而寝，子胥之智不能争，季札之亲且贤不能禁，一羁旅臣能已之乎？故《越绝书》称“巫门外有吴王客孙武冢”。是则客卿将兵，功成不受官，以不尽行其说故也。

或又谓将才非人力，运用存一心，括读父书，徒取秦禽。是又不然。兵列五礼，学礼宜及，“有文事者必有武备”，“好谋而成”，“我战则克”，“学矛夫子，获甲三百”。特兵危事而括易言之，正与兵书相背故也。

“弩生于弓，弓生于弹，弹生于古之孝子。”杀人以生人，匪谋曷成？谋定而后战，斯常夫可制变。上谋之天，下谋之地，中谋之人，人谋敌谋，乃通于神，非神之力也，心之变化所极也。变化者，仁术也；上古圣人，以其至仁之心挠水火而胜之，挠龙蛇虎豹犀象而胜之。恩生于害，害生于恩。微观于五行相生相克之原，天地间无往而非兵也，无兵而非道也，无道而非情也。精之又精，习与性成，造父得之以御名，羿得之以射名，稷得之以稼名，宜僚以丸，秋以弈，越女以剑。虽得诸心，口不能云；口即能云，不能宣其所以云。若夫由其云以通其所以云，微乎，微乎，深乎，深乎！夫非知《易》与《老》之旨者孰与言乎！

国朝古文类钞叙代陶中丞作

百物之生，惟人能言，最灵贵于天地，有笔诸书矢为文字之言，即有整齐文字以待来学之言。请言六经：六经自《易》《礼》《春秋》，姬、孔制作外，《诗》则纂辑当时有韵之文也；《书》则纂辑当时制诰章奏载记之文也；《礼记》则纂辑学士大夫考证论议之文也；网罗放失，纂述旧闻，以昭代为宪章，而监二代之文献。然则整齐文字之学，自夫子之纂六经始。后世尊之为经，在当日夫子自视，则亦一代诗文之汇选，本朝前之文献而已。故曰："文不在兹乎？"是则古今文字之辰极也。

宋、景、枚、马以后，不知约六经之旨成文，而文始不贯于道；萧统、徐陵以后，选文者不知祖《诗》《书》文献之谊，瓜区豆剖，上不足考治，下不足辨学，而总集始不秉乎经。

夫圣人之贵人心，崇民智，其至矣！闾巷之议，太师采之；先大夫先民之语言，太史氏司之；其道术成立，昭明乎邦国者，专立之官以世守之。故以一己诏人，不若以天下人诏人之切也；以一时之天下所言诏人，不如以一代数代之天下所言诏人之备也。鬼神礼乐所以幽明，食货兵刑所以因革，公卿师尹士女谣俗所以失得，散听则歧，合听则圣。散观则支，合观则性。

虽然，合观合听亦何易言也？文章与世道为洿隆，南宋之文必不如北宋，晚唐之文必不如中唐，两晋、六季之文必不如两汉，而东汉之文又不如西京。矧我圣清皞皞二百载，由治平、升平而进于太平，元气长于汉，经术盛于唐，兵力、物力、幅员雄于宋，列圣御制诗文集、康熙《图书》、乾隆《四库》官书尤富轹万古。生其间者，其气昌明，其声宫喤，其见闻瑰轶而混芒，则其文不当驾两汉、两晋、三唐而上乎！其进退去取，不亦视汉、晋、三唐更难乎！故曰：百川止于海，百家筦乎道。畸于虚而言之无物，畸于实而言无心得，是皆道所不存，不可以为文，即不可以权衡一代之文。

泾县朱兰友侍读，在史馆预修《文苑传》，得尽见进呈诸集，又益以搜购假借，共得五百五十馀家，钞为《国朝古文辞》如干卷，如建章千门万户，不专一构。既以究一代承学之士心思材力所极，而要沿溯乎当代经术掌故，以求适乎姬、孔之条贯，可谓不离其宗者乎，可谓操其本御其末者乎！诚能以昭代之典章文字读六经，而又能以六经读昭代之典章文字，其于是编也，又何穷大失居之有！

简学斋诗集序

《简学斋诗集》者，蕲水陈太初修撰之所著也。修撰好言诗而不轻作诗，尤不肯轻存诗，且中年即世，故所存仅四十馀首。乌乎！严矣哉！

昔人有言："欢娱之词难工，愁苦之词易好。"使李、杜但在天宝以前，除《清平调》及《何将军山林》外，亦无以鸣豫而鼓盛。故诗人之境，类多萧瑟嵯峨，而《三百篇》皆仁贤发愤之所作焉。君运际休明，出入侍从，盎然春温而醇酞，宜其以福掩慧，以廊庙易山林，乃今读其诗，清深肃括之际，常有忧勤惕厉之思。盖君尝手注《近思录》，又常从婺源董小槎编修、归安姚敬堂兵曹过从问学，检身若不及。又尝手笺汉、魏以来比兴古诗共数百首，以寓论世知人以意逆志之旨，读之使人古怀勃郁，尤古今奇作。使天假之年，大用于世，其所就岂独诗人已哉！然使君至今日目击东南之民物事变，其感怆承平清晏之福，又当何如！

独恨予以君所极期望之人，而蹭蹬半生，流离颠沛，无以报君知人之明，其所成之经史诗文集，虽裒集成书而皆在晚岁，不及质之知己为可憾。适与君长子小舫太史相从于风鹤四警之中，翦灯读集，百感茫茫，乃泫然流涕而书之！

小舫本当出守大郡，以副幼学壮行之志，乃感触时事，超然引退，就养吴门，怡情物外，非有得于家学者，其能然乎！

诗比兴笺序

《诗比兴笺》何为而作也？蕲水陈太初修撰以笺古诗《三百篇》之法笺汉、魏之诗，使读者知比、兴之所起即知志之所之也。

昔夫子去鲁，回望龟山，有"斧柯奈何"之歌，又有"违山十里，蟪蛄在耳"之歌，又作《猗兰》之《操》。甚至闻孺子沧浪濯缨起兴，与赐、商言诗，切磋绘事，告往知来，皆见许可，是则鱼跃鸢飞，天地间形形色色，莫非诗也。

由汉以降，变为五言，《古诗十九章》多枚叔之词，《乐府鼓吹曲》十馀章，皆《骚》《雅》之旨，张衡《四愁》，陈思《七哀》，曹公苍莽对酒当歌，有风云之气。嗣后阮籍、傅〔休〕奕、陶渊明、鲍明远、江文通、陈子昂、李太白、韩昌黎，皆以比兴为乐府琴操，上规正始，视中唐以下纯乎赋体者，固古今升降之殊哉！

自《昭明文选》专取藻翰，李善《选注》专诂名象，不问诗人所言何志，而诗教一敝；自钟嵘、司空图、严沧浪有《诗品》《诗话》之学，专揣于音节风调，不问诗人所言何志，而诗教再敝；而欲其兴会萧瑟嵯峨，有古诗之意，其可得哉！

词不可以径也，则有曲而达焉；情不可以激也，则有譬而喻焉。《离骚》之文，依诗取兴，善鸟、香草以配忠贞，恶禽、臭物以比谗佞，灵修、美人以媲君王，宓妃、佚女以譬贤臣，虬龙、鸾凤以托君子，飘风、雷电以为小人,以珍宝为仁义,以水深雪雰为谗构。荀卿赋蚕非赋蚕也,赋云非赋云也。诵诗论世,知人阐幽,以意逆志,始知《三百篇》皆仁圣贤人发愤之所作焉,岂第藻绘虚车已哉!

蕲水太初修撰,兰蕙其心,泉月其性,即其比兴一端,能使汉、魏、六朝、初唐骚人墨客,勃郁幽芬于情文缭绕之间,古今诗境之奥阼,固有深微于可解不可解者乎!至于因比兴而论世知人,如古诗九首为枚乘讽吴,汉《乐府》皆汉初朝政所系,以及阮公、陶令、郭景纯、傅(修)〔休〕奕、鲍明远、庾子山、江文通及杜、韩之忧世,而陈伯玉、李太白、储光羲之大节被诬,此笺皆表章出之,如浴日星出沧海而悬之中天之际。

时予所治《诗古微》方成,于齐、鲁、韩之比兴,旁推曲鬯,复从君长子小舫太史获读此笺,以汉、魏、六朝、三唐之比兴,补余所未及,盖不期而相会焉。我思古人,实获我心,质之小舫,以为何如也?

地理纲目序

形家阴阳之用，其大者建都立邑，其次立宫室，其次营兆域；见于经者，《公刘》《楚丘》之诗，《孝经》“卜其宅兆而安厝”之文，其大较也。《周礼》墓大夫之职，〔掌〕(凡)邦墓之地域，为之图，令国民族葬而掌其政令”。家人以昭穆定位次而为图，死者则授之兆，其于《孝经》卜地之谊若不相符焉。盖古者卿大夫之始祖，其兆域已卜于先世。而西北土厚水深，高燥平旷，可容数世、十数世，故必其土满无以容而后改卜焉，又或异国始迁别子为祖而后新卜焉。此西北族葬之法，非所语于水土浅薄之区，而形家之学独盛于东南，亦其势然哉！

且夫葬者藏也，鬼者归藏之义，抄本“鬼者”下有“归也”二字。主于全体魄，妥先灵，非图以利后嗣。自术士祸福之说兴，始见摈于儒术，第不知其嗣昌者，其体魄果不宁乎？其嗣悴者，其体魄反宁乎？抑株荄枝叶，菀必同菀，枯必同枯，而未必二之乎？

文王葬王季于楚山之尾，栾水啮其墓，见棺之前和，乃改葬于毕。宋贤周子以先墓患水改葬，朱文公母墓再迁而后定，王文成公葬父地不善亦卒迁之，黄石斋先生葬亲，负土成茔，穴高右臂受风，梦先灵不安，上书唐王求归改葬。国朝桐城方灵皋侍郎，山东阎怀庭工部，皆醇笃之儒，力斥形家之说。后方公葬兄百川，家罹大祸，梦兄跃大水而沈，始启棺见水而改厝；阎公父墓洿下，校者案：《文稿》此句作“山东孝子阎循观父墓洿下”。每雨潦，绕墓而号，其友韩梦周为书力争，以为必迁；始则执一隅之臆见，卒不能易通方之大途也。

周公制礼，有“改葬服缌”之文，与《孝经》卜兆安厝同义。而程子论葬地，则必形势环绕，土润卉茂，五患不侵，岂非以丧礼慎终莫大之事，附于棺者必诚必信，勿之有悔焉。苟奉先人之体魄，委之蝼蚁沟壑、五患六害之区，揆诸亲病不尝药之谊，得毋有皇然怒然其不安者乎？

古者举大事必谋诸卜筮，后世卜筮之学，儒者既皆不习，而相阴阳，观流泉，则又执“山川不能语”之说以排之，岂知《易》曰“俯以察于地理”，《记》曰“毋绝地之理”，地理即地脉也。丘原高下向背，人人可察而知也；土色之枯润、燥湿、坚散，人人可察而知也。而又瘗帛窖粟以验之，卜筮梦寐以符之，心诚求之不中不远，故吉地之得可必于仁人孝子之心，而不藉夫葬师术士之说也。

近世葬师言地理者，往往好奇而不轨于经，索隐而不求之近，其书虽一时盛行，不免贻误后人。故语道不可以觉童蒙者非至道，立德不可以明征验者非至德，此新化罗子《地理纲目》所为作也。罗子尝为《地理乘气论》四卷以抒一家之心得，惧未足以启初学，故复辑为是编云。校者案：《文稿》有“道光屠维大渊献孟秋之月邵阳魏源叙”十六字。

支陇承气论序校者案:《古微堂文稿》作《地理支陇乘气论序》

形家之要,阴阳而已;阴阳之要,乘生气而已。《老子》曰“万物负阴而抱阳,冲气以为和”,《诗传》“山南曰阳,山北曰阴”,是则生气者阳气也,背阴而向阳,去杀而就生也。《易》曰“地势坤”,凡高山、大陇、平原、广隰,尽大地一纯阴之象,惟天阳之气流行于大地之中,而人物以生。是地之有生气者为阳,无生气者为阴。

后人之言阴阳也则异于是。杨氏以冈陇凸迤者为阴,平原凹仰者为阳。夫乾静专而动直,是凸迤不可独为阴也;夫坤静翕而动辟,是凹仰不可概为阳也;即反之而谓凸迤为阳,凹仰为阴,其偏亦从是;即互之而谓阴中求阳,阳中求阴,其支亦从是;是皆知言形而不知言气者也。语地而至于乘气,则但有阴中求阳之一法,又安有阳中求阴之法哉!

山陇者,阴之奔峙,其势动,动近杀,则以静为阳;原隰者,阴之漫衍,其势静,静近死,则以动为阳。山宅其静,是避杀气而取生;原宅其动,是舍死气而取生。生气者,阳气也。人之生,魂阳而魄阴,阳气附之则生,阳气去之则死。道家修命,炼纯阳以销阴翳,故长生不死;形家造命,返生气以荫根荄,则死者仍生;造化之所枢机,鬼神之所缄秘,道家、形家皆言之而不尽言之。言其当然,以篇下学也;不言其所以然,以待饮深契微之子也。

而罗子著形家书，不惟言形且言气，且察察焉以尽泄造化之藏，不已凿欤？罗子曰：夫何凿哉！人身，一小天地也，天地，一人身也。地气有枝干脉络者，不犹人身之有脉理经络乎？地气有起伏敛放，不犹人身之有呼吸乎？地气有环拱、向背、止聚，不犹人身之有气海孔窍乎？地有生气者，验以土之外晕，抄本“外晕”下有“内晕”二字。冷暖枯润美恶，灼然可目验而指示，不犹人身之有肌血华色乎？民生天地之间，广谷大川异势，刚柔燥湿风气异宜。“歌于斯，哭于斯，聚国族于斯”，得山气者崛以特，得泽气者圆以折，得平原气者疏以达。气大聚则建都立邑，生人以托命焉；气小聚则卜兆归藏，死人以复命焉。呴之吹之，笃之薄之，窳之粹之，衰之盛之，皆一气所埏埴而已。虱处发而黑，处汗而腴，生长老死于人身，而莫知所以然也；号万物之灵者当不若是。于是箸形家言，不专言形而言气，气乎气乎，其形之所以形乎！校者案：《文稿》有“道光屠维大渊献季秋之月邵阳魏源叙”十六字。

武进庄少宗伯遗书序

《韩诗外传》曰:“天地之灾,隐而废也;万物之怪,书不说也;无用之变,不急之(辨)〔灾〕,弃而不治。若夫君臣之义,父子之亲,男女之别,则(日)切磋而不舍也。”董子《繁露》曰:“能说鸟兽之类者,非圣人所欲说也;圣人所欲说,在于说仁义而理之,知其分科条贯,明其义之所审,勿使嫌疑。夫义出于经传,经传大本也,弃营劳心,苦志尽情,头白齿落,尚不能合。(故夫)傅于众辞,观于众物,说不急之言以惑后进者,君子所甚恶也。”夫韩傅、董生处于西汉之初,而其言若是。

班固《艺文志》曰:“古之学者耕且养,三年而通一艺,存其大体,玩经文而已。是故用力少而畜德多,三十而五经立也。后世经传既已乖离,博学者又不思多闻阙疑之义,而务碎义逃难,便辞巧说,破坏形体。说五字之文,至于二三万言,后进弥以驰逐。故幼童而守一义,白首而后能言。安其所习,毁所不见,终以自蔽,此学者大患也。”徐幹《中论》曰:“六籍者,群圣相因之书也,其人虽亡,其道犹存。今之学者,勤心以取之,亦足以到昭明而成博达矣。故凡学者,大义为先,物名为后,大义举而(名物)〔物名〕从之。〔然〕鄙儒之博学也,务于物名,详于器械,(考)〔矜〕于(训诂)〔诂训〕,摘其章句,而不能(通)〔统〕其大义〔之所极〕,以获先王之心。此无异

〔乎〕女史诵诗，内竖传令也。〔故〕使学者劳思虑而不知道，费日月而无成功，故君子必择师焉。”夫班孟坚处东汉之初，徐伟长生东汉之季，而其言又若是。

清有天下百馀年，奖崇六艺之科，表章明经之儒，招徕献书之路，摩厉大江南北言游文学之区，刮湔明季虚诬乡壁虚造之习，其褎然成家，箸录国史馆儒林传者人数十外，其官至九列，例不入儒林，入大臣传者犹十馀辈。

武进庄方耕少宗伯，乾隆中以经术傅成亲王于上书房十有馀载，讲幄宣敷，茹吐道谊，子孙辑录成书，为《八卦观象上下篇》《尚书既见》《毛诗说》《春秋正辞》《周官记》如干卷，崒乎董胶西之对天人，醰乎匡丞相之述道德，肫乎刘中垒之陈今古，未尝凌杂釽析，如韩、董、班、徐数子所讥，故世之语汉学者鲜称道之。呜呼！君所为真汉学者，庶其在是，所异于世之汉学者，庶其在是。《易》“童观，小人无咎，君子吝”，言“贤者识大，不贤者识小”，“致远恐泥，是以君子不为焉”。

君在乾隆末，与大学士和珅同朝，郁郁不合，故于《诗》《易》君子小人进退消长之际，往往发愤慷慨，流连太息，读其书可以悲其志云。抄本“君在”一段，作“君尤研悟律吕，不由师受，神明所传，匪道匪器，勿可得而详云”。

定盦文录叙

道光二十有一载，礼部仪制司主事仁和龚君卒于丹阳。越明年夏，其孤橙抱其遗书来扬州，就正于其执友邵阳魏源。源既论定其中程者，校正其章句违合者，凡得文若干篇，为十有二卷，题曰《定盦文录》，又辑其考证杂著诗词十有二卷，题曰《定盦外录》，皆可杀青付缮写。

昔越女之论剑曰："臣非有所受于人也，而忽然得之。"夫忽然得之者，地不能囿，天不能嬗，父兄师友不能佑，其道常主于逆，小者逆谣俗，逆风土，大者逆运会，所逆愈甚，则所复愈大。大则复于古，古则复于本。若君之学，谓能复于本乎？所不敢知，要其复于古也决矣。

阴阳之道，偏胜者强。自孔门七十子之徒，德行、言语、政事、文学已不能兼谊；其后分散诸国，言语家流为宋玉、唐勒、景差，益与道分裂。荀况氏、扬雄氏亦皆从词赋入经术，因文见道，或毗阳则驳于质，或毗阴则愦于事，徒以去圣未远，为圣舌人，故至今其言犹立。矧生百世之下，能为百世以上之语言，能骀宕百世以下之魂魄，春如古春，秋如古秋，与圣诏告，与王献酬，躏勒、差而出入况、雄，其所复讵不大哉！

火日外景则内暗，金水内景则外暗，外暗斯内照愈专。君愦于外事,而文字窔奥洞辟,自成宇宙,其金水内景者欤?虽锢之深渊,缄以铁石,土花绣蚀,千百载后发硎出之,相对犹如坐三代上。

君名自珍,更名巩祚,字璱人,浙之仁和人。于经通《公羊春秋》,于史长西北舆地。其文以六书小学为入门,以周、秦诸子吉金乐石为崖郭,以朝章国故世情民隐为质干。晚犹好西方之书,自谓造深微云。自其先世祖父至君三世,皆以进士官礼曹。君二子,长子橙,以文学世其家。

章教谕强恕斋书序校者案:《古微堂文稿》作《强恕斋所箸书序》

醉一石之醪,量石而止矣;引十石之弓,量十石而止矣。以受万石之舟为芥苇之用,量沛乎有馀,力盅乎若无,是其尘垢糠秕,犹将陶铸万有者乎?

道光四年秋,总兵官陈公阶平,自江苏崇明移湖南镇筸镇,过常德,访余杨将军署中,酒半,论当世钜人长者,慨然曰:"余从东海中来时,江南大潦,逼海之邑曰宝山,泽国之民将为鱼鳖,则有铜陵章叟,以教谕而呼集十万馀金,以教谕而部勒十馀万户。毕账八阅月,无哗无馁。大吏发帑金数万至,不受,将奏其最于朝,复不受,可谓当大事者哉!顾不得立朝佐天子任元元忧,徒穷老东海角。"相与喟然太息。

越七载,省亲宝山,遂识叟海上,则绝口不语世事。斗室环以万卷,坐其中,兀然如山。耳聃过面,声中黄钟之宫。指案上《尚书》,为言《召诰》《洛诰》四篇次第四年时事,二邑营建缘由,明堂位置,各有时日起讫。审其往来踪迹,以察知周、召二公陈诰纳诲心事,于诘曲聱牙中而如闻其告语。宝山城东北角斗入大海,是日,天风鼓潮殷几席,与谭经声应和如雷。语罢出城,循海塘东西炮台眺望一角海,划然长啸,水天寥泬,"前不见古人,后不见来者”，悢悢而归。乌乎！伏生、申公，非经生也；太丘、林宗，非一乡之士也；庞士元、元德秀，非一邑之吏也。“君子得时则驾，不得时则蓬累而行”，虎决而尸默者也，鹰扬而龟息者也。

方仁庙亲政之初，征天下孝廉方正之士，叟以大兴朱文正公荐入都。时廷对百馀人，翼日召诣军机处，询川、楚平贼方略者，独湖南溆浦严如熤暨叟二人。严君奉命从军，官至两司，尚未竟其用，天下至今惜之。叟则以老亲年八十辞，遂改所拟保甲摺子为上军机大臣书而归，终身不出，浮沉东海上二十馀年。

时时出其声响，歌啸先王之道，羽翼群生之命。弟子录其书为《经賸》《文賸》《笔賸》各如干卷，读者或震而矜之，以为叟所学在是。乌乎！挹一蠡于大洋，而谓海尽在是，抑岂得谓海必不在是耶？叟名谦存，校者案：《文稿》有“原名天育”四字。铜陵人，今年七十有九，自号强恕老人。

刘礼部遗书序

魏源曰：余读《后汉书·儒林传》，卫、杜、贾、马诸君子承刘歆之绪论，创立费、孔、毛、左古文之宗，土苴西京十四博士今文之学，谓之俗儒，废书而喟。夫西汉经师承七十子微言大义，《易》则施、梁丘、孟、京，皆能以占变知来；《书》则大小夏侯、欧阳、倪宽，皆能以《洪范》匡世主；《诗》则申公、辕固生、韩婴、王吉、韦孟、匡衡，皆以三百五篇当谏书；《春秋》则董仲舒、隽不疑之决狱，《礼》则鲁诸生、贾谊、韦元成之议制度，而萧望之等皆以《孝经》《论语》保傅辅道；求之东京，未或有闻焉。其文章述作，则陆贾《新语》以《诗》《书》说高祖，贾谊《新书》为汉定制作，《春秋蕃露》《尚书大传》《韩诗外传》、刘向《五行》、扬雄《太玄》，皆以其自得之学，范阴阳，矩圣学，规皇极，斐然与三代同风，而东京亦未有闻焉。

今世言学，则必曰东汉之学胜西汉，东汉郑、许之学综六经。呜呼！二君唯六书《三礼》并视诸经为闳深，故多用今文家法，别详《两汉经师今古文考》。及旁释《易》《诗》《书》《春秋》，皆创异门户，左今右古。其后郑学大行，骎淫遂至《易》亡施、孟、梁丘，《书》亡夏侯、欧阳，《诗》亡齐、鲁、韩，《春秋》邹、夹、公羊、穀梁半亡半存，亦成绝学。谶纬盛，经术卑，儒用绌，晏、弼、肃、预、谧、赜之徒，始得以清言名理并起持其后。西京微言大义之学坠于东京，东京典章制度之学绝于隋、唐，两汉诂训声音之学熄于魏、晋，其道果孰隆替哉？且夫文质再世而必复，天道三微而成一箸。今日复古之要，由诂训声音以进于东京典章制度，此齐一变至鲁也；由典章制度以进于西汉微言大义，贯经术政事文章于一，此鲁一变至道也。

清之兴二百年，通儒辈出。若所见之世，若所闻之世，若所传闻之世，则有若顾、江、戴、程、段、庄明《三礼》六书，阎、陈、惠、张、孙、孔述群经家法，于东京之学，盖尽心焉。求之西汉贾、董、匡、刘所述，七十弟子所遗，源流本末，其尚尽合乎？其未尽合乎？有潜心大业之士，罡罡然，竺竺然，由董生《春秋》以窥六艺条贯，由六艺以求圣人统纪，旁搜远绍，温故知新，任重道远，死而后已，虽盛业未究，可不谓明允笃志君子哉？

道光十年商横摄提格之岁，既论定武进礼部刘君遗书若干篇为若干卷，群经家法具在。诸子以源为能喻其先人之志，复使叙其大都。故箸先王之道偏全同异艰难绝续者于篇，俾成学治古文之士折其衷；《诗》曰："周道如砥，其直如矢，君子所履，小人所视"，又睾然以睎来者焉。

——据《古微堂文稿》

御书印心石屋诗文录叙

道光十有五载冬，天子御书“印心石屋”，以赐两江总督宫保陶公。公荣君赐，归勒诸石，及所部名胜。中朝士大夫迄吴、楚人士，多为诗文以道扬盛美。公命邵阳魏源编次，为卷十。源谨叙其端曰：

凡国家当创造之初，人心思治，官朴吏愿，士纯工悫，男侗女庞，其君子勤礼而急公，其小人畏威而寡慕，故上常清静休养而天下治。休养日久，生齿炽而机变滋，人心日趋于利，利出于二孔，则不归于上，不归于民。有救时君子欲挢其弊而还其利，势必不得不出于更革。小更革则小效，大更革则大效，于是中饱不便之人辄群起而哗之。豁群哗之难，难于豁积弊，任事者遂动色相戒，以改作为多事，以因仍为持重。

方宋中叶，仁宗之世，韩、范、富、杜诸君子相继立朝，石徂徕作《庆历圣德》之诗。其时开天章阁，置笔墨以询治道，天下矫首望太平。及诸公条对十馀事，更张阔大，多不便于时人，[illegible]议四起，卒皆不安其位以去。盖人心之难一如此。

国家承平二百年，视宋庆历时过倍，而漕、盐、河三大政，利弊之所薮，皆萃于江南。公自道光五年移节抚吴，河、漕交困，首创海运有效，次年遂欲举苏、松、太仓三州、郡永行之，以省漕艘通仓之弊,以苏吴民之困,而南北交哗。及总制两江,兼绾鹾政,革淮南二百馀万之冗费,与江、广各数十万之岸费,而议再哗;严禁数千粮艘之夹私,与漕运长芦为难,而议三哗;改淮北数百年扛坝之道,及四十馀州、县之官费而议四哗。每一哗,则公持之愈力,上任之愈专。凡所奏请,朝上夕可。及入觐面陈得失,昼日三接,都俞密勿无间。且举数十载未尝有之旷典,亲御宸翰,一再宠赉,以示一德之咸,以嘿言者之气,且以厉介确不拔之操,垂训臣工,谊并《典》《诰》。视宋仁宗御书飞白,仅赐侍从文学之臣,光荣翰墨者,既相去辽绝,而公之所以获上,与上之所以知公,勿贰勿疑,视韩、富、范、杜之在庆历中,亦不可同年而语,则徂徕圣主贤臣之颂,作于今日,庶乎称之也。

《大雅》吉甫美中兴之佐,不茹不吐,不畏不侮,而卒之曰“仲山甫永怀”,以慰其心。齐太师作君臣相说之乐,曰“征招角招,畜君何尤”。盖诗乐之作,所以宣上德而达下情,导其郁滞,作其忠孝,恒与政治相表里,故播之乡党邦国,感人心而天下和平。今公之承上赐,不以夸荣而以感惕,故源之编次是集也,亦不徒取善颂祷而已。见有远近,言有文质,比物连类,指归乎忠爱,言之不足,故长言之,永叹之。其亦有往复低徊于君臣遇合之际,而洒然动、慨然兴者夫!

——据《古微堂文稿》

与童石塘司马书

前月所定《陶文毅公文集》凡例目录，贺谢称表，论事称疏，近见刊本皆不从之，而改称摺，且谓靳文襄、孙文定诸奏稿，均系国初有题本无摺子时款式，不可援为今例，此则大可诧也。孙文定在雍正元年尚止检讨，末年始为九卿，乾隆间始外任总督，入赞揆席，十七年始卒，故文定诸疏皆雍正以后摺子，与阁下述某君所云题本可称疏、摺子不可称疏之说，已凿枘不入。然犹可曰疏刊于文定身后，何难斥为门生子弟不学者所为。至国史馆满、汉《大臣传》则总裁总纂所定官书，进呈御览，颁行天下后世，以垂久远，非私家著述之比，而雍正以至嘉庆列传数百篇，传中所载奏摺千馀事，无不谓之疏，并无一称摺者，又何说耶？

列传如此，则本纪可知。国史中止有疏而无摺，明如星日。此正犹满臣武臣奏摺皆称奴才，及国史馆方略馆纪载，则皆有臣而无奴才。《论语》曰"文胜质则史"。史之宜文不宜质，明矣。摺与奴才，质称也；疏与臣，文称也。文集亦然。言之无文，行而不远。彼刊奏草奏稿者，尚不曰摺曰本而多曰疏，乃刊文集者必不从国史而从案牍，以奴才、摺子垂之百世，何异虎豹之鞟乎？

论事之摺既称疏，则贺谢之摺必称表，明矣。近人文集中如贺平金川、平准部表，皆乾隆中之贺摺，与文毅之贺平张格尔有何异同，亦将曰乾隆中贺谢可称表，道光中贺谢不得称表乎？

源前选《经世文编》时，所阅雍正以后奏疏文集以百十计，其称疏、称表者不一而足，皆随借随还，不在左右，然总不如史馆官书之可定案也。如曰官书亦不可遵，必当称摺，则乞于文集凡例中，发明国史所以不可为训之故，与文定诸疏非雍正、乾隆摺子之实据，明白直捷，告之天下后世，以定此案，幸甚！

——据《古微堂文稿》

净土四经总叙

世宗宪皇帝御选《语录》，辑莲池大师净土诸语，御制序文，阐扬宗净合一之旨。高宗纯皇帝南巡，亲诣云栖，拈香礼佛。御制诗有“由来六字括三乘”之句。大矣哉，西方圣人之教，得东方圣人而表章乎？

夫王道经世，佛道出世，滞迹者见为异，圆机者见为同。而出世之道，又有宗教、律、净之异。其内重己灵，专修圆顿者，宗教也；有外慕诸圣，以心力感佛力者，净土也；又有外慕诸圣，内重己灵者，此则宗、净合修，进道尤速。至律则宗教、净之基址，而非其究竟焉。然宗教、律皆发心童真出家，动经久劫，由初地至十地，方称等妙觉；即不蒙佛记，亦自成佛。此是何等根器？但从无一生了办之法。此我佛无量寿世尊净土往生之教，横出三界较竖出三界者，其难易远近有霄壤之分。此永明寿禅师所谓“有禅无净土，十人九错路；无禅有净土，万修万人去；有禅有净土，犹如戴角虎”也。

云栖师中兴净土，乃专宏小本《弥陀》；而于大本《无量寿经》及《十六观经》《普贤行愿品》，皆不及焉。夫不读《无量寿》，何以知法藏因地愿海之宏深，与果地之圆满？不次以《十六观经》，何以知极乐世界之庄严，与九品往生之品级？大心既发，观境亲历，然后要归于持名，非可以持名而废发愿观想也。持名至一心不乱，决定往生,而后归宿于《普贤行愿品》。以十大愿王括《无量寿》之二十四愿,以每愿末,念念相续,无有间断,身语意业,无有疲厌,括《弥陀经》之一心不乱。故现宰官、长者、居士身者,持诵是四经,熟读成诵之后,依解起行。须先发无上菩提之心。大之则无边烦恼誓愿断,无尽众生誓愿度,无量法门誓愿学,无上佛道誓愿成;迩之则广行布施,供养三宝,多刊大乘经典及净土诸经论,使丛林皆于禅堂外别开念佛堂,使出家者皆往生西方,固极顺之势。即在家白衣,未悉朝闻夕死之义,骤睹四经,未必听受。然疑佛谤佛,皆种信根,况蠢动含灵,固皆具佛性乎?夫劝化一人成佛,功德无量;况劝化数十百僧,辗转至千百万,皆往生西方成佛,功德可思议乎?

古德有言,已先自度而后度人者,如来应世;未能自度先愿度人者,菩萨发心。然后闭七日念佛之关,以求一心不乱;再闭七日观佛之关,以求亲见西方极乐依正。盖入门必次第修而后圆修,圆莫圆于《普贤行愿品》,故为《华严》之归宿矣。此天然之次第,修持之定轨,故合刊四经,以广流通,普与含灵,同跻正觉。

咸丰四年菩萨戒弟子魏承贯谨叙。

——据《净土四经》

无量寿经会译叙

莲池大师舍大本《弥陀》及《观经》,而专宗小本《弥陀》,固已偏而不全矣。及《云栖法汇》刊大本《弥陀经》,又专用魏译,且谓四十八愿古今流通。夫天亲菩萨《无量寿偈》,已言誓二十四章,是西域古本如是;故汉、吴二译宗之,为二十四愿。自魏译敷衍加倍,重复沓冗,前后雷同。是以唐译省之,为四十六愿;宋译省之,为三十六愿;是古不流通,今亦不流通也。加之五痛五烧,冗复相等,惟《宝积经》唐译无之。故《无量寿经》,至今丛林不列于日课;使我佛世尊因该果海、果彻因源之大愿,不章于世,岂非净土经教之大憾哉! 谨会数译,以成是经,无一字不有来历,庶几补云栖之缺憾,为法门之善本矣。或谓据子别本经注,仿云栖《弥陀疏》,一一销归自性,且爱不尽,不出娑婆。彼玻璃、砗磲、珊瑚、玛瑙、黄金、白银、真珠、宝树、璎珞天乐,何预性分中事;而经言极乐世界,津津道之者何? 曰:此法身报化之自然也。娑婆世界,本华藏世界第十三重,众生视为坑坎土石者。世尊以神足蹑之,立地皆为琉璃宝地,及摄神足,还复如故。此生佛因果之异感也。

众生无不有六根,有六根即有六尘六入。是以目欲极天下之色,耳欲极天下之音,舌欲极天下之味,鼻欲极天下之香,身欲极天下细滑之触,心欲极天下快意之法;其求而得之者,为诸天福报,不知天福享尽之易堕也。其次为人道,人道终身为形骸妻子所役,苦乐相半,且富贵溺人,易入三途也,在家之难如此。即出家之僧,宗教二门,自智者、永明宗、净合修而外,馀皆大乘自命,欲由初地以登十地,动经长劫。且菩萨有隔阴之迷,云门青草堂五祖戒其前车之鉴,此竖出三界之所以难也。是以大圣觉王悯之,故于竖出三界之外,创横出三界之法,即妄全真,会权归实,揽大海水为醍醐,变大地为黄金,一声唤醒万德洪名。人人心中,有无量寿佛,放光动地,剖尘出卷,自衣获珠。乃知欲为苦本,欲为道本,欣不极则厌不至,厌不极则三界不得出,如是向往,如是取舍,如是出离。而后一礼拜,一观想,一持名,念念仰弥陀如慈父,如疾苦之呼天,如逃牢狱而趋宝所;虽欲心之不专,不可得矣。不然者,口持洪名,心悬世乐,欲其竟出三界也,不亦难哉!

菩萨戒弟子魏承贯谨叙。

——据《净土四经》

观无量寿佛经叙

莲池大师之不疏《十六观经》,以有智者之《疏》、四明尊者之《钞》也。天台以三观三谛释一切经,而于是经尤切。一心三观者为能观,一境三谛者为所观。然即佛即心,即心即境,则所即是能,能即是所,初无彼此之别。台宗一色一香,无非中道,所谓即妄全真,况我佛依正,无上胜境乎?但在行人根器不同,修持有序,则有次第三观、一心三观之别。次第三观者,从空入假,从假入空,从空入中,此经先观依正;日水、冰地,宝树、楼台,以渐及观金容,因以渐契心源也。一心三观者,即假即空即中,诸佛正遍知海,从心想生;故行者观佛时,此心即是三十二相八十相好,则无次第之可言矣。

《彻悟禅师语录》曰:"观经是心作佛,是心即佛。"此言较之宗门见性成佛,尤为直捷。何者?以成佛难而作佛易也。见佛时即成佛时。知此则以弥陀之自性,念自性之弥陀;以净土之惟心,念惟心之净土;而净业纯是第一义谛矣。古德曰:"诸佛心内众生,尘尘极乐;众生心内诸佛,念念证真。"自非用志不分绝利一源者,岂易语此哉!但需依经次第,谛审观境,如对目前,自然定中梦中默为感应,心境圆融,入不思议。略述指归,以告持诵是经者。

菩萨戒弟子魏承贯谨叙。

——据《净土四经》

阿弥陀经叙

《弥陀》一经，得云栖大师《疏钞》，可谓大涵细入，尽美尽善矣。大师以乘愿再来之人，为净业中兴教主，后学仰钻不暇，何敢置议！惟科判太多，初心难入，故为《疏钞节要》，删繁就简，于大师之精华，实一字不遗焉。夫念佛之声，或默持，或金刚持，或经行闭关时持，其声至近也；去阿弥陀佛极乐世界十万亿刹外，岂能得闻！乃念者往生，不念者不得往生，岂非无边刹海，自他不隔于毫端乎！又念佛之念，惟自知之，何故一心不乱者往生，散心不一者不得往生，岂非十世古今，始终不离于当念乎！

蕅益大师《弥陀要解》："自《十方佛赞》以后，即判为流通。"良为直捷，可以并行。惟其弟子成时作《净土十要序》，专主持名，而斥观想参究之非。其言譬如魇人，不可照以灯烛，照则失心，止宜唤其本名，自然醒寤。夫魇人待他人唤醒，与醒人之观佛依正，即心即佛者，何可同年而语。又斥参究之人，曰纤儿得些活计，急须吐弃无馀。此谓参念佛是谁话头，难起疑情，故有是词。若其他话头公案，多可逆流而入，直彻真源者。上品上生，即契无生法忍；上品中生，亦必契第一义谛；云栖师禅关策进，以制心一处，无事不办，为参究之要。其《疏钞》中言言归性，昔有人问云栖师者曰："参禅与念佛二事，还可通融否？"师应声曰："若言是两事，用得通融著。"请举之以告持诵是经者。

菩萨戒弟子魏承贯谨叙。

——据《净土四经》

普贤行愿品叙

《普贤菩萨行愿品》，乃《华严》一经之归宿，非净土一门之经也。《华严》以华藏世界海，诸佛微尘国，无量无边，明心佛之无尽，何尝专指极乐。然《清凉疏》分《信解》《行证》，而自《下法界品》下，普贤告善财五十三参，遍游佛国，得无量法门，皆证道之实。而末后独以十大愿王导归极乐者，盖以经十大愿末，皆结曰："念念相续，无有间断；身语意业，无有疲厌。"则是并法界微尘数佛、微尘数众生而念之也。人以为念尽法界微尘之生佛，卒归于弥陀，而不知自性弥陀之一心本周乎法界；云栖所谓倾华藏海水，入西方一莲华中，曾不满莲之一蕊也。尽法界为一念，故为念中之王。修净土而不读《行愿品》，则其教偏而不圆；故以殿四经之末，为净土之归宿。

盖念佛人至一心不乱，则千念万念，并为一念，犹之炼乳出酪也。由一心之净，而更念至于即假即空即中，离四句，绝百非，是事一心入理一心，犹从酪出酥也。从一念佛法门，遍通华藏海一切法门，一即一切，一切即一，此从酥出醍醐也。世之以宗教轻净土者，曷一诵普贤十大愿王乎！

菩萨戒弟子魏承贯谨叙。

——据《净土四经》

老子本义序

有黄、老之学，有老、庄之学。黄、老之学出于上古，故五千言中动称经言及太上有言，又多引礼家之言、兵家之言。其宗旨见于《庄子·天下篇》，其旁出者见于《灵枢经》黄帝之言及《淮南·精神训》，其于六经也近于《易》。其末章欲得小国寡民而治之，又言以身治身、以家国天下治家国天下，则其辄言天下无为者，非枯坐拱手而化行若驰也。

静制动，牝胜牡，先自胜而后能制天下之胜，其言三宝"一慈，二俭，三不敢为天下先"，故含德之厚，比于赤子，致柔之极，有若婴儿，乃混沌初开之无为也。及世运日新，如赤子婴儿日长，则其教导涵育有简易繁难之不同；惟至人能因而应之，与民宜之。故尧称无名，舜称无为，夫子以仲弓居敬行简可使南面，其赞《易》惟以《乾》《坤》易简为言，此中世之无为也。

天下之生久矣，一治一乱，如遇大寒暑、大病苦之后，则惟诊治调息以养复其元，而未可施以肥浓朘削之剂。如西汉承周末文胜、七国嬴秦汤火之后，当天下生民大灾患、大恫瘝之时，故留侯师黄石佐高祖，约法三章，尽革苛政酷刑，曹相师盖公辅齐、汉，不扰狱市，不更法令，致文、景刑措之治，亦不啻重睹太古焉，此黄、老无为可治天下。后世如东汉光武、孝明、元魏孝文、五代唐明宗、宋仁宗、金世宗，皆得其遗意。是古无为之治，非不可用于世明矣。

至魏、晋之世，则不言黄、老而言庄、老，其言庄也，又不师其无欲，而专排礼法以济其欲，故不勇于不敢而勇于敢，动行一切之法，使天下屏息待命而己得以清净自在。遂至万事蛊废，而后王衍之流始自悔其弊，与黄、老慈俭不敢先天下之旨若冰炭霄壤之相反。而后人不分，动以黄、老相诟厉，岂不诬哉！

后世之述《老子》者，如韩非有《喻老》《解老》，则是以刑名为道德，王雱、吕惠卿诸家皆以庄解老，苏子由、焦竑、李贽诸家又动以释家之意解老，无一人得其真。其实开佛之先者莫如列子，故张湛《列子注叙》曰御寇宗旨与佛经为近，不独西方至人皆不言而自化、无为而自治一章而已。要之《列子注》莫善于张湛，《庄子注》莫善于向、郭，而《老子注》则无善本焉。

源念先圣“犹龙”之叹，与孟子辟杨朱不辟老子之故，因念经曰“言有宗，事有君”，爰专取诸家之说，不离无为无欲与无名之朴者，以为养心治事之助，视治《参同》《阴符》者，或较有益焉。其五千言章句，以河上公所分及傅(休)奕古本为最疵，而《淮南》所引为最善；其开元御注所加与韩非所述者，皆所可取也。

论老子一

文、景、曹参之学，岂深于嵇、阮、王、何乎？而西汉、西晋燕、越焉。则晋人以庄为老，而汉人以老为老也。岂独庄然，解《老》自韩非下千百家，老子不复生，谁定之？彼皆执其一言而阂诸五千言者也。取予翕辟，何与无为清静；刍狗万物，何与慈救慈卫；玄牝久视，何与后身外身；泥其一而诬其全，则五千言如耳目口鼻之不能相通。夫不得言之宗、事之君，而徒寻声逐景于其末，岂易知易行，而卒莫之知且行，以至于今泯泯也。

老子曰："有之以为利，无之以为用。"非不知"有""无"之不可离，然以"有"之为利天下知之，而"无"之为用天下不知；故恒托指于无名，藏用于不见，损之又损以至于无为；无为之道，必自无欲始也。诸子不能无欲，而第慕其无为，于是阴静坚忍，适以深其机而济其欲。庄周无欲矣，而不知其用之柔也；列子致柔矣，而不知无之不离乎有也。故庄、烈离用以为体，而体非其体；申、韩、鬼谷、范蠡离体以为用，而用非其用，则盍返其本矣！本何也？即所谓宗与君也。于万物为母；于人为婴儿；于天下为百谷王；于世为太古；于用为雌、为下、为乡；故如盖公、黄石之徒，敛之一身，而徼妙浑然，则在我之身已羲皇矣。即推之世而去甚去奢，化嬴秦酷烈为文、景刑措，亦不啻后世羲皇矣。岂若刑名清谈长生之小用而小弊，大用而大弊耶？

吾人视婴儿如昨日也，万物之于母无一日离也，百谷于其王未尝一日离也。动极必静，上极必下，曜极必晦，诚如此则无一物不归其本，无一日不有太古也。求吾本心于五千言而得，求五千言于吾本心而无不得，百变不离宗，又安事支离求之乎！反本则无欲，无欲则致柔，故无为而无不为；以是读太古书，庶几哉，庶几哉！

——据《老子本义》

论老子二

老子道太古道，书太古书也。曷征乎？征诸柱下史也。国史掌三皇、五帝之书，故左史在楚，能读《坟》《索》；尼山适周，亦问老聃。今考《老子》书《谷神不死章》，列子引为黄帝书，而或以五千言皆容成氏书。至经中称古之所谓，称建言有之，称圣人云，称用兵有言，故班固谓道家出古史官，庄周亦谓古之道术有在于是者，关尹、老聃闻其风而悦之，斯述而不作之明征哉！孔子观周庙而嘉金人之铭，其言如出老氏之口。考《皇览·金匮》，则《金人三缄铭》即《汉志》黄帝六铭之一，为黄、老源流所自。藏室柱史，多识择取，学焉而得其性之所近，故其书如丧礼处战胜之义，皆深知礼意。而又有失道德而后仁义而后礼之言，则知吏隐静观，深疾末世用礼之失。疾之甚则思古益笃，思之笃则求之益深，怀德抱道，白首而后著书，其意不返斯世于太古淳朴不止也。气化递嬗，如寒暑然。太古之不能不唐、虞、三代，唐、虞、三代之不能不后世，一家高曾祖父，子姓有不能同，故忠质文皆递以救弊，而弊极则将复返其初。孔子宁俭毋奢，为礼之本，欲以忠质救文胜。是老子淳朴忠信之教，不可谓非其时，而启西汉先机也。然删《书》断自唐、虞，而老子专述《皇坟》以上。夫相去太远者，则势常若相反，故论常过高，乃其学固然，非故激而出于此也。

河上公曰：老子言我有三宝：一慈，二俭，三不敢为天下先。慈非仁乎？俭非义乎？不敢先非礼乎？《易》曰："德言盛，礼言恭。"又曰："昔吾有先正，其言明且清。"老子有焉。然则太古之道，徒无用于世乎？抑世可太古而人不知用乎？曰：圣人经世之书，而《老子》救世书也。使生成周比户可封之时，则亦嘿尔已矣！自非然者，去甚去奢去泰之指，必有时而信于天下。夫治始黄帝，成于尧，备于三代，歼于秦；迨汉气运再造，民脱水火，登衽席，亦不啻太古矣。则曹参、文、景，斫雕为朴，网漏吞舟，而天下化之。盖毒痡乎秦，酷剂峻攻乎项，一旦清凉和解之，渐进饮食而勿药自愈。盖病因药发者，则不药亦得中医，与至人无病之说，势易而道同也。孰谓末世与太古如梦觉不相入乎？今夫赤子乳哺时，知识未开，呵禁无用，此太古之无为也；逮长，天真未漓，则无窦以嗜欲，无芽其机智，此中古之无为也；及有过而渐喻之，感悟之，无迫束以决裂，此末世之无为也。时不同，无为亦不同；而太古心未尝一日废。夫岂形如木偶而化驰若神哉！

老氏书赅古今，通上下。上焉者羲皇、关尹治之以明道；中焉者良、参、文、景治之以济世；下焉者明太祖诵民不畏死而心减，宋太祖闻佳兵不祥之戒而动色是也。儒者自益亦然，深见深，浅见浅。余不能有得于道而使气焉，故贪其对治而三复也。

——据《老子本义》

论老子三

呜呼！道一而已。老氏出而二，诸子百家出而且百，天下果有不一之道乎？老氏徒惟关尹具体而微，无得而称焉。传之列御寇、杨朱、庄周，为虚无之学，为为我之学，为放旷之学。列子虚无，释氏近之；然性冲怡邃，未尝贵我贱物，自高诋圣，诬愚自是，固亦无恶天下。杨朱而刑名宗之，庄周而晋人宗之，入主出奴，罔外二派。夫杨子为我，宗无为也；庄子放荡，宗自然也；岂自然不可治身，无为不可治天下哉！

老之自然，从虚极静笃中得其体之至严至密者以为本。欲静不欲躁，欲重不欲轻，欲啬不欲丰；容胜苛，畏胜肆，要胜烦，故于事恒因而不倡，迫而后动，不先事而为。夫是之谓自然也，岂滉荡为自然乎！其无为治天下，非治之而不治，乃不治以治之也。功惟不居故不去，名惟不争故莫争；图难于易，故终无难；不贵难得之货，而非弃有用于地也；兵不得已用之，未尝不用兵也；去甚去奢去泰，非并常事去之也；治大国若烹小鲜，但不伤之即所保全之也；以退为进，以胜为不美，以无用为用；孰谓无为不足治天下乎？

老子言绝仁弃义，而不忍不敢，意未尝不行其间。庄周乃以徜徉玩世，薄势利遂诃帝王，厌礼法则盗圣人。至于魏、晋之士，其无欲又不及周，且不知无为治天下者果如何也，意糠秕一切，拱手不事事而治乎？卒之王纲解纽，而万事瓦裂。刑名者流，因欲督责行之，万物一付诸法，而已得清净而治。于是不禁己欲而禁人之欲，不勇于不敢而勇于敢，不忍于不忍而忍于忍，煦煦孑孑之仁义退，而凉薄之道德进，岂尽老子道乎？岂尽非老子道乎？黄、老静观万物之变，而得其阖辟之枢，惟逆而忍之，静胜动，牝制牡，柔胜刚，欲上先下，知雄守雌，外其身而身存，无私故能成其私，所谓反者道之动，弱者道之用也。后人以急功利之心，求无欲之体不可得，而徒得其相反之机，以乘其心之过不及，欲不偏不弊得乎？老子兢兢乎不敢先人，不忍伤人，而学者徒得其过高过激，乐其易简直捷，而内实决裂以从己，则所见之乖谬使然也。《庄子·天下篇》自命天人，而处真人至人之上。《韩非·解老》而又斥恬澹之学、恍惚之言为无用之教，岂斤斤守老氏学者哉！

汉人学黄、老者，盖公、曹参、汲黯为用世之学；疏广、刘德为知足之学；四皓为隐退之学；子房犹龙，出入三者，体用从容。汉宣始承黄、老，济以申、韩，其谓王伯杂用，亦谓黄、老王而申、韩伯也。惟孔明澹泊宁静，法制严平，似黄、老非黄、老，手写《申》《韩》教后主而实非《申》《韩》。呜呼！甘酸辛苦味不同，蕲于适口，药无偏胜，对症为功，在人用之而已。内圣外王之学，暗而不明，百家又往而不返，五谷荑稗，同归无成，悲夫！知以不忍不敢为学，则仁义之实行其间焉可也。

——据《老子本义》

论老子四

老子与儒合乎？曰否否。天地之道，一阳一阴，而圣人之道恒以扶阳抑阴为事。其学无欲则刚，是以乾道纯阳，刚健中正，而后足以纲维三才，主张皇极。老子主柔宾刚，而取牝、取雌、取母、取水之善下，其体用皆出于阴。阴之道虽柔，而其机则杀；故学之而善者则清净慈祥，不善者则深刻坚忍，而兵谋权术宗之，虽非其本真，而亦势所必至也。

老子与佛合乎？曰否否。窈冥恍惚中有精有物，即所谓雌与母，在佛家谓之玩弄光景，不离识神，未得归于真寂海。何则？老明生而释明死也，老用世而佛出世也，老中国上古之道而佛六合以外之教也；故近禅者惟列御寇氏，而老子固与禅不相入也。宋以来禅悦之士，类多援老入佛。经云："民不畏威，大威至矣。"苏子由乃谓："人苟于死生得丧之妄见，坦然无所怖畏，则吾性中光明广大之大威，赫然见于前矣。"何异指鹿为马，种黍生稗？尊老诬老，援佛谤佛，合之两伤，何如离之两美乎！

河上公《注》不见《汉志》，隋始有之，唐刘知幾即斥其妄。所分八十一章，与严君平《道德指归》所分七十二章，王弼旧本所分七十九章，皆大同小异。又谷神子以《曲则全章》末十七字为后章之首，唐君相以绝学无忧系上章之末，讫元吴氏澄、近日姚氏鼐又各以意合并之,而姚最舛矣。史迁统言著书五千馀言,而妄人或尽翦语词以就五千之数,傅奕定本又多增浮文,王弼称《佳兵不祥章》多后人之言,傅奕谓常善救人四语独见诸河上之本,《韩非》最古,而所引恒逊于《淮南》。开元御注,而赘文臆加于食母,其佗漓玄酒、和太羹者,何可胜道。矧夫流沙西去之诞,燕、齐迂怪之谭哉!著其是,舍其非,原其本,析其歧,庶窃比于述而好古者。

——据《老子本义》

孔子年表

鲁襄公十年十月庚辰孔子生。 襄〔公〕十一年，三桓分为三军。	孔氏《公羊通议》曰："陆德明《释文》谓'庚子孔子生，《传》文上有十月庚辰，此亦十月也。一本作十一月庚子。'今以十月庚辰朔校之，知旧作十一月者误，故定从《释文》本。《传》记此者，分前此为所闻之世，后此为所见之世也。周十月，日在寿星之次，与斗柄同位。先儒言'夫子生时，帝车南指'，此日加午之验也。"谨案：于今禄命术，得己卯、癸酉、庚子、壬午，应四极之位也。占之《金匮式》曰："六阳罡为六合临时之方。青龙系日，朱雀翱翔，始以龙见，终以蛇藏。是有德而章，无位而王者与！"
襄公十五年。	孔子年五岁，为儿嬉戏，尝陈俎豆，习礼容。
襄公二十二年。	《史记·鲁世家》："襄公二十二年，孔丘生。"此大误也，不知孔子是年十二岁矣。

襄公二十五年。	孔子十有五岁，圣母颜氏卒。不知其父墓，殡于五父之衢，问诸郰曼公之母，然后合葬于防。颜母卒年无考，然自二十岁娶妻生子以后，并无居忧之事，知丧母必在二十岁以前。
襄公二十八九年。	“孔子尝为委吏矣，尝为乘田矣。”三年之丧，二十五月而毕。十五居忧，十七免丧。故知乘田委吏必在十八、九岁时。
襄公三十年。	孔子二十而冠，始娶幵官夫人，生子，名鲤，字伯鱼，以荣君赐。
襄公三十(三)〔一〕年。	孔子少居鲁，衣逢掖之衣；长居宋，冠章甫之冠。
	孔子适周，问礼于老聃。反至鲁，弟子益进。吴子使札来聘，请观周乐，见《易象》与《鲁春秋》，曰：“周礼尽在鲁矣。”始得交于孔子，孔子严事之。校者案：《春秋》书“吴子使札来聘”在襄公二十九年。
昭公(十)〔二十五〕年，公欲以越伐鲁而去三桓，卒率公徒攻季氏，平子登台而请，不获。为孟孙氏之兵所败，奔齐。	或曰：“子奚不为政？”子曰：“《书》云‘孝乎惟孝，友于兄弟’，是亦为政，奚其为为政？”阳虎欲见孔子，瞯孔子之

	亡也而馈孔子蒸豚,孔子亦瞯其亡而往拜,遇诸途。曰:“怀其宝而迷其邦,可谓仁乎?”孔子曰:“诺,吾将仕矣。”皆昭公时鲁乱夫子不仕之事。
定公九年,使孔子为中都宰。	
〔定公〕十年,公会齐侯于夹谷。 齐景公二十六年,猎鲁郊,因入鲁,与晏婴俱问鲁礼。校者案:齐景公二十六年,为鲁昭公之二十年。此条似应移前。 齐景公四十八年,鲁定公会齐侯于夹谷。大夫犁鉏曰:“孔丘知礼而(无勇)〔怯〕,请令莱(兵)〔人〕为乐,因执鲁君,可(以)得志。”方会,进莱乐。孔子历阶(而)上,使有司执莱人斩之。齐侯惭,乃归鲁侵地而罢去。以上《齐世家》。	孔子以司寇摄相事,曰:“臣闻有文事者必有武备。古者诸侯出疆,必(以其)〔具〕官〔以〕从,请具左右司马。”果却莱兵,而使齐人归郓、讙、龟阴之田。
定公十二年,鲁堕三都。	孔子行乎季氏,三月不违,曰:“家不藏甲,邑无百雉之城,请堕三都。”于是叔孙堕郈,季孙堕费。费宰公山不狃及叔孙辄帅费人以袭鲁,公与三子入于季氏,登武子之台,费人攻之,不克。仲尼命申句

	须、乐颀下伐之，费人北，国人追之，败诸姑蔑，不狃及辄奔齐。将堕成邑，成宰公敛处父谓孟孙曰："堕成，齐人必至于北门，子伪不知，我必不堕。"冬，十二月，公围成，弗克。
定公十三年。	孔子由大司寇摄行相事，与闻国政。三月，粥羔豚者弗饰价，男女行者别于途，(行)〔途〕不拾遗，四方之客至乎邑者不求有司，皆予之以归。《史记·世家》孔子始用于鲁，鲁人鹥颂之曰："麛裘而鞞，投之无戾；鞞之麛裘，投之无邮。"男子行于途(左)〔右〕，女子行于途(右)〔左〕，财物之遗者，民莫之举。三月，鲁国大治，《吕氏春秋》所谓"于季桓子见行可之仕"也。齐人闻而惧曰："孔子为政必霸，霸则吾地近焉，我为之先并矣。"犁鉏曰："请先尝沮之，沮之而不可则致地，庸迟乎?"于是馈女乐，皆衣文绣之衣，舞于鲁东门之外，定公与季孙皆微服往观，三
定公十四年，齐人馈女乐，季桓子受之，三日不朝。孔子行。	

	日不朝。仲由曰："夫子可以行矣。"孔子曰："鲁今且郊，如致膰肉于大夫，则吾犹可以止。"三日膰肉不至，不税冕而行，宿乎屯。桓子使师己送之，孔子歌曰："彼妇之口，可以出走！彼妇之谒，可以死败！"桓子闻之曰："夫子罪我，以群婢也。"中途歌曰："违山十里，蟪蛄之声，尚犹在耳。"又歌曰："予欲望鲁兮，龟山蔽之；手无斧柯，奈龟山何！"遂适齐。
〔定公〕十五年，孔子去鲁至齐。	子在齐闻《韶》，学之三月不知肉味，曰："不图为乐之至于斯也！" 齐景公问政于孔子，子曰："君君，臣臣，父父，子子。"景公曰："信如君不君，臣不臣，父不父，子不子，虽有粟，吾得而食诸?"景公曰："若季氏则吾不能，以季、孟之间待之。"晏婴阻之曰："公欲用孔子，孔子者，当年莫能究其道，累世不能殚其数。"景公曰："吾老矣，不能用也。"孔子遂接淅而行。

卫灵公(四)〔三〕十九年,太子蒯聩以夫人淫乱,欲杀之,不果,遂奔晋。四十(三)〔二〕年,灵公游于郊,公子郢仆。公谓郢曰:"我将立若为后。"公子郢对曰:"郢不足以辱社稷,且亡人之子辄在。"灵公卒,夫人以灵公遗命,立公子郢为太子,公子郢固辞。于是卫人以辄为君。是年六月乙酉,赵简子欲纳蒯聩,乃令阳虎诈命卫十馀人衰绖归,简子送蒯聩。卫人闻之,发兵围戚,蒯聩不得入,入宿而保,卫人亦罢兵。〔出公辄〕十二年,孔文子娶太子蒯聩之(妹)〔姊〕生悝。孔氏之竖浑良夫美好,文子卒,良夫通于悝母。太子蒯聩在宿,悝母使良夫于太子。太子与良夫盟曰:"苟能入我国,报子以乘轩,免尔三死。"许以悝母为之妻。闰月,良夫与太子入,舍孔氏。昏,又使二人蒙妇人衣,宦者御,适伯姬氏。既食,悝母杖戈而先,太子与五人介,遂劫悝以登台。栾甯方饮	卫灵四十年,孔子适卫,冉有仆。子曰:"庶矣哉!"冉有曰:"既庶矣,又何加焉?"曰:"富之。""既富矣,又何加焉?"曰:"教之。"卫灵公闻孔子至,喜,郊迎。灵公问孔子:"居鲁司寇,得禄几何?"曰:"奉粟六万。"卫人亦致粟六万。时子路从行,至卫。子路与弥子为妻兄弟,欲孔子主其家,而孔子遂主颜仇由家。时夫人南子方逐蒯聩,欲立公子郢。孔子告灵公当立公子郢为太子,故夫人亦慕圣人之德,欲见孔子。孔子辞谢,不得已而见之。夫人先拜于絺帷中,孔子北面稽首答拜,夫人自絺帷中再答拜,环珮声璆然。孔子曰:"吾乡为弗见,见之礼答焉。"是时,孔子与夫人隔帷行礼,闻其声不见其人。盖南子能于昏夜中识蘧伯玉车音,其人非不知慕贤好德者。孔子所谓:"人洁己以进,不保其往。"何必如朱《注》傅会"大夫

酒,闻乱,使告仲(繇)〔由〕,召护驾乘车,奉出公辄奔鲁。仲由欲燔台以取孔叔,太子惧,下石乞、孟黡二人,以戈击子路,子路结缨而死。孔悝竟立太子蒯聩,是为庄公。《世家》孔子至卫,正在蒯聩奔晋、灵公欲立公子郢之时,其再至卫,正在出公初年蒯聩未入之时。	使于邻国有见小君之礼”乎?良由公子郢当立,议合于灵公与夫人之心,此所谓“际可之仕”者。子曰“仲叔圉治宾客,祝鮀治宗庙,王孙贾治军旅”,当在此时;又曰“不有祝鮀之佞,而有宋朝之美,难乎免今之世”,亦在此时;王孙贾问曰“与其媚于奥,宁媚于灶”,夫子以为“获罪于天,无所祷也”,亦在此时。其后灵公与夫人同车,招摇市过之,孔子丑之曰:“吾未见好德如好色者!”见《史记·孔子世家》。故托词以行。其实夫子自言“我战则克”,而子路行军,冉有用矛,亦未教以行陈。灵公果能用孔子,则问兵亦治国之事,何必一言即去乎?
鲁哀公四年,孔子去卫,厄于陈、蔡。	未去卫之前,有仪封人请见之事,有子击磬于卫,荷蒉过门叹有心之事,子路宿于石门遇晨门之事。去卫以后,过宋,讲礼于大树,宋桓魋使人伐其(檀)〔树〕,欲以杀孔子,有微服

楚昭王二十七年,吴伐陈,楚昭王救之,军于城父。孔子适楚,当在是时。	过宋之事,有过匡,匡人疑为阳虎被围之事,过蒲要盟之事。将往陈、蔡,遇叶公问政,叶公又问孔子于子路,遂称于楚昭王,而陈、蔡大夫发徒围之,绝粮三日。子贡使楚,楚昭发兵迎之,将封以书社七百里之地,任以国事,令尹子西阻之,于是孔子复至陈,主司城贞子,为陈侯周臣。子在陈曰:"归与,归与! 吾党之小子狂简,斐然成章,不知所以裁之。"于是自楚反鲁,过卫,
鲁哀公六年,卫灵公卒。	卫辄喜夫子再至,复如灵公之致粟六万,是为卫孝公公养之仕。时辄年甚幼,国政上卿专之,故《春秋》贬书"卫曼姑率师(圉)〔围〕戚",不书辄者,令不自己出也。卫君待子而为政,而子曰"必正名"者,盖欲辄以位让公子郢,而后自迎蒯聩以归,坐享富贵,不复争国,则父子兄弟各复其所,而名正言顺矣。卫君不能行,夫子遂去卫,未尝有三年淹也。先是

	鲁哀公三年秋,季孙斯病,辇而见鲁城,叹曰:“昔此国几兴矣,以吾获罪孔子,故不兴也。”谓其嗣肥曰:“我死,若必相鲁,相鲁,必召仲尼以补吾过。”子肥立,是为康子,将召孔子。公子鱼曰:“昔吾先君用之不终,为诸侯笑。”康子曰:“然则谁而可?”曰:“不如先召冉求。”于是使之召冉求于卫。端木赐送冉求,诫之曰:“即以用孔子为招。”冉求反鲁。鲁哀公八年,齐师伐鲁,战于郎,冉求用矛于齐帅,壮士从之,大败齐师,获其甲首三百。季孙曰:“子之于军旅,学之乎,性之乎?”冉求曰:“学之于孔子。”季孙曰:“我欲召之,何如?”对曰:“欲召之,则毋以小人间之。”
鲁哀公十年。	卫孔圉将攻太叔疾,访于孔子,孔子不对。曰:“鸟则择木,木岂能择鸟?”适鲁以币召孔子,孔子乃归。孔子曰:“吾自卫反鲁,然后乐正,《雅》《颂》

	各得其所。”子曰：“从我于陈、蔡者，皆不及门也。”子曰：“甚矣吾衰也！久矣吾不复梦见周公。”子曰：“凤鸟不至，河不出图，吾已矣夫！”于是假年学《易》，韦编三绝，而后赞《易》，成《文言》《系辞》《彖传》《象传》《序卦》《说卦》《杂卦》，以翼三圣。至于作《春秋》，笔则笔，削则削，游、夏之徒不能赞一词。子曰：“吾十有五而志于学，三十而立，四十而不惑，五十而知天命，六十而耳顺，七十而从心所欲，不逾矩。”
鲁哀公十四年，西狩获麟。	《公羊》以为孔子作《春秋》，文成致麟。而孔子则以麟出当于王者之世，今出非其时而伤于野人之手，与圣人不遇于时无以异，故曰：“吾道穷矣！”
哀公十六年，孔子卒，年七十三。	子疾病，子路请祷，子曰：“丘之祷久矣。”子疾病，子路使门人为臣，子闻之曰：“久矣夫由之行诈也，无臣而为有臣。” 孔子蚤作，负手曳杖，逍遥

	于门,曰:“泰山其颓乎!梁木其坏乎!哲人其萎乎!”既歌而入。子贡闻之曰:“夫子殆将病也?”子曰:“赐,尔来何迟也?夏后氏殡于东阶之上,则犹在阼也;殷人殡于两楹之间,则犹宾主夹之也;周人殡于西阶之上,则犹宾之也。而丘也殷人也,予畴昔之夜,梦〔坐〕奠于两楹之间。夫明王不兴,天下其孰能宗予?予殆将死也!”盖寝疾七日而殁。鲁哀公诔孔子曰:“天不〔憖〕遗一老,(使予)〔俾屏余〕一人以在位,(㷀㷀)〔茕茕〕予在疚!乌乎哀哉!尼父!”子贡曰:“生不能用,死则诔之,非礼也;称予一人,非名也。” 　　孔子殁,三年心丧毕,门人治任将归,入揖于子贡,相向而哭,皆失声,然后归。子贡反,筑室于场,独居三年,然后归。自后鲁人及群弟子徙居墓侧者百馀家,名其里曰孔里焉。案:颜子三十二岁卒,时孔子年六十,

	而伯鱼已先颜子而卒。伯鱼,孔子二十岁所生,卒时孔子年方五十,计伯鱼之寿不过三十。即使晚岁生子,而至夫子卒时,子思年亦有二十馀岁,已冠有室,且学问已成立矣。祖孙之间,无一问对告语。且孔子之丧,皆门人治之,无一言及于子思,此记《论语》者之疏也。离案:此所考伯鱼年与《史记》年五十不合,与后文《孟子年表考》中所言亦违午。

孟子年表

周安王十七年，孟子生。《史记索隐》谓孟子卒于周赧王二十六年壬申，与郑康成谓孟子当赧王之际及七篇事迹皆合。《阙里志》从之，而谓寿九十有七岁。逆推之，当生于安王十七年，则至梁之年已六十六岁，宜称叟矣。惟近日《索隐》本误作生于周定王三十一年，则定王崩后三十馀年，孔子始生。若以为贞定王，则在位止二十一年，且去孟子卒时亦百有四十岁，皆必无之事，其为“安”“定”字形近而讹无疑。故以《阙里志》所据《索隐》原本校正之如此。其馀《山堂肆考》等书所载年岁，凿空无稽，不复及之。	一岁。 距孔子卒九十二年。时子思年九十馀岁。离案：子思年当有百馀。 赵岐《注》言“孟子，鲁孟孙氏后”。案：孟孙氏自僖子病不能相礼，使其子说与何忌学于孔子，世能尊师。故孟子言孟献子百乘之家，友德不挟，比于费惠公之事子思，而七篇中无一言及于三桓，皆其证也。孟仲子、孟季子，则孟子兄弟之见于七篇者。若父名激，字公宜，母仉氏，妻田氏，仲子名泽，杂见他书，姑存备考。
十八年。	二岁。
十九年。	三岁。《列女传》：“三岁丧父。”则前丧皆孟母所治也。（校者案：《列女传》无三岁丧父之文，此为魏氏误记。）

二十年。	四岁。
二十一年。	五岁。
二十二年。	六岁。
二十三年。	七岁。
二十四年。	八岁。
二十五年。	九岁。
二十六年，王崩。	十岁。《礼·内则》："十年出就外傅。"则受业子思之门人，当在此后。
周烈王元年。	十一岁。
二年。	十二岁。
三年。	十三岁。
四年。	十四岁。
五年。	十五岁。
六年。梁惠王罃元年。《史记》书子罃生于文侯二十五年，必不可信，已见后考。盖惠王称孟子为叟，其年必不长于孟子，则其与公子缓争立时谅不过十馀岁。然孟子此时正十六岁，亦仅长于惠王一二岁耳。	十六岁。
七年。梁惠王二年。	十七岁。
周显王元年。梁惠王三年。	十八岁。
二年。梁惠王四年。	十九岁。
三年。梁惠王五年。	二十岁。
四年。梁惠王六年。	二十一岁。

五年。梁惠王七年。	二十二岁。
六年。梁惠王八年。	二十三岁。
七年。梁惠王九年四月甲寅，魏徙都大梁。阎氏若璩谓:“《史记》惠王去安邑，徙都大梁，在三十一年秦虏公子卬时，而《纪年》书惠成王九年徙都大梁，彼时秦未逼，公子未虏，何遽徙都以避之?”源案:《史记·魏世家》惠王九年，有与秦战少梁，虏我将公孙痤之事。而《年表》则又曰“惠王九年，与秦战少梁，虏我太子”。盖误以是年虏公孙痤之事为《世家》三十一年秦虏公子卬之事，因又误以是年徙都大梁之事移于三十一年。考《史记》惠王二十八年，(校者案:《史记·魏世家》作“三十年”。)马陵之役，齐使田忌将而直走大梁，庞涓闻之，去韩而归，此非国都已在大梁之明证耶?故知魏之徙都，实在九年秦虏公孙痤之时，与《世家》三十一年虏公子卬各为一事。《史记·年表》误彼为此，而《世家》又误此为彼，互相矛盾。若谓此时未受秦逼，则战国秦及韩、赵皆尝迁都，岂必有所逼乎?且《史记·秦本纪》《六国表》皆于秦孝公十年书卫鞅将兵围魏安邑，降之，	二十四岁。

正当惠王十九年都安邑之时,安邑既降,则是国都破,惠王虏矣,何至惠王三十一年又书始去安邑耶?《纪年》书九年徙都大梁,于三十一年但书为大沟于(扎)〔北〕郛以行圃田之水,斯真魏史实录欤!	
八年。梁惠王十年。	二十五岁。
九年。梁惠庄十一年。	二十六岁。
十年。梁惠王十二年。	二十七岁。
十一年。梁惠王十三年。	二十八岁。
十二年。梁惠王十四年,齐田桓公十八年卒,子威王婴齐立。此据《史记·田敬仲世家》《魏世家》索隐引《纪年》文,(校者案:《史记·田敬仲世家》索隐引《纪年》作"梁惠王十二年当齐桓公十八年,后威王始见,则桓公十九年而卒"。)《史记》作桓公六年卒,误。又《魏世家》索隐作齐幽公,即桓公别谥也。	二十九岁。
十三年。梁惠王十五年。齐威王婴齐元年。	三十岁。
十四年。梁惠王十六年。齐威王二年。	三十一岁。
十五年,秦败魏师于元里,取少梁。《史记》梁惠王十七年。齐威王三年。	三十二岁。

十六年，齐败魏师于桂陵。《史记》梁惠王十八年，邯郸降，齐败我于桂陵，《纪年》同。齐威王四年。	三十三岁。
十七年。梁惠王十九年。齐威王五年。	三十四岁。
十八年。梁惠王二十年。齐威王六年。	三十五岁。
十九年。梁惠王二十一年。齐威王七年。	三十六岁。
二十年。梁惠王二十二年。齐威王八年。	三十有七岁。
二十一年。梁惠王二十三年。齐威王九年。	三十有八岁。
二十二年。梁惠王二十四年。齐威王十年。	三十有九岁。
二十三年。梁惠王二十五年。齐威王十一年。	四十岁。孟子曰："我四十不动心。"
二十四年。梁惠王二十六年。齐威王十二年。	四十有一岁。
二十五年。梁惠王二十七年。齐威王十三年。	四十有二岁。
二十六年。梁惠王二十八年。齐威王十四年。孙膑、田忌败魏师于马陵，虏太子申，杀庞涓。"东败于齐，长子死焉。"《史记·	四十有三岁。

六国年表》，是年齐威王三十六年卒，与《纪年》《国策》不合，辨见后考。	
二十七年。梁惠王二十九年。齐威王十五年。	四十有四岁。
二十八年。梁惠王三十年。齐威王十六年。	四十有五岁。
二十九年。梁惠王三十一年。齐威王十七年。商鞅虏魏公子卬，魏去安邑，徙都大梁。《史记·商君传》谓惠王恐，使使献河西之地于秦。按《世家》《年表》皆不书是年献河西，盖但使使请献之，而后元六年始入其地也。又谓是年始去安邑，徙都大梁，辨见惠王九年下。	四十有六岁。
三十年。梁惠王三十二年。齐威王十八年。	四十有七岁。
三十一年。梁惠王三十三年。齐威王十九年。	四十有八岁。
三十二年。梁惠王三十四年。齐威王二十年。	四十有九岁。
三十三年。梁惠王三十五年。齐威王二十一年。案：《史记·魏世家》，是年，惠王卑礼厚币以招贤者，于是孟子至梁。《六国年表》亦于是年书孟子来。然即以《史记》论，惠王是年既未称王，何孟子对词无不曰	五十岁。

王？其不可信一也。"西丧地于秦七百里，南辱于楚"，事皆在后。其明年，尚改元称王，乌遽有卑礼厚币之事？其不可信二也。人疑《纪年》后元十五年者，皆以孟子在梁之年过久，不知正由误信《史记》至梁之年过蚤，使知孟子至梁必在称王之后，其称叟必在六十之年，则豁然矣，其不可信三也。且是年为齐威王二十一年，而谓孟子先事齐宣，后见梁惠，其不可信四也。	
三十四年。梁惠王三十六年，改元称一年。齐威王二十二年。案：《魏世家》索隐引《纪年》云"改称一年"者，谓即改本年为一年，与秦惠王以十四年为元年同，非若新君逾年改元也。《史记》是年惠王卒，而以后元十五年为襄王之年，大误。《通鉴大事记》及近日顾炎武、江永等，并谓《纪年》以魏史纪魏事与《孟子》合，其有惠王、襄王而无《史记》之哀王又与《世本》合，故以下并从《纪年》。	五十有一岁。
三十五年。梁惠王后二年，会诸侯于徐，始称王。齐威王二十三年。案：《史记》作"魏襄王元年，与诸侯会于徐州以相王。追尊其父为惠王"	五十有二岁。

云云。与《孟子》剌缪，故《魏世家》《年表》两述孟子对梁惠语皆曰"君不可言利"，改"王"为"君"，其诬灼矣。此从《纪年》。	
三十六年。梁惠王后三年。齐威王二十四年。	五十有三岁。
三十七年。梁惠王后四年。齐威王二十五年。	五十有四岁。
三十八年。梁惠王后五年。齐威王二十六年。	五十有五岁。
三十九年。梁惠王后六年。齐威王二十七年。秦围魏焦、曲沃，魏入河西、少梁地于秦。《通鉴》胡三省《注》云："显王二十九年，已使使献河西于秦以和，今乃入其地。"《史记正义》云："自华州北至同州并魏河北之地，尽入秦也。"源案：《史记》显王十五年，"秦败魏师于元里，取少梁。"此方云入少梁地者，或中间曾复归魏，或此时方尽入之与？	五十有六岁。
四十年。梁惠王后七年。齐威王二十八年。秦伐魏，渡河，取汾阴、皮氏。《史记》《纪年》皆有此事。	五十有七岁。
四十一年。梁惠王后八年。齐	五十有八岁。

威王二十九年。秦取魏蒲阳，复以与魏，魏尽入上郡十五县于秦以谢。“西丧地于秦七百里。”至此方足七百里之数，《集注》所谓“后又数献地于秦”者也。如使惠王三十一年即已丧地七百里，则后此河西、少梁之入，上郡十五县之入，又倍于前，魏其尚能以国乎？且魏安得有两河西也？	
四十二年。梁惠王后九年。齐威王三十年。	五十有九岁。
四十三年。梁惠王后十年。齐威王三十一年。	六十岁。
四十四年。梁惠王后十一年。齐威王三十二年。《史记·六国年表》：是年，“齐宣王十九年卒，子湣王立”，大误。（校者案：《年表》，齐宣王十九年为周显王之四十五年，次年为齐湣王元年。）辨见后考。	六十有一岁。
四十五年。梁惠王后十二年。齐威王三十三年。楚将昭阳破魏于襄陵，得七邑。“南辱于楚”。（校者案：《史记·六国年表》作周显王四十六年。）《楚世家》索隐云：古本作七邑，今亦作八城，《集注》盖用古本。惠王叙“南辱于楚”在“丧	六十有二岁。

〔地〕于秦"之后,即此无疑。若三十五年以前,(方)〔尚〕无丧地之数,安有辱楚之事?	
四十六年。梁惠王后十三年。齐威王三十四年。	六十有三岁。
四十七年。梁惠王后十四年。齐威王三十五年。	六十有四岁。
四十八年。王崩。燕易王薨,子哙立。齐威王三十六年薨,子辟疆立。梁惠王后十五年,孟子至梁。案:《史记》以是年为齐湣王(四)〔三〕年,固与《孟子》舛戾。《通鉴》增威损湣而以此为宣王十三年,以求合《孟子》,亦出臆度。盖由不见《孟尝君传》索隐引《纪年》此条故也。至近日洪氏辑《纪年》本,既据《索隐》补"惠成王后十三年会齐威王于甄"、"十五年齐威王薨"两条矣,而乃先于十一年书会齐宣王于平阿,反谓后此两威皆当作宣。无论其臆改无稽,且与《纪年》终今王二十年,宣王尚未卒,故但称齐王者显相刺缪,真买椟还珠已。	六十有五岁。孟子见梁惠王,王曰:"叟!不远千里而来。"案:《史记》谓"孟子以惠王三十五年至梁",知其不然者,以不应在称王丧地辱楚之先也。且逾年而惠王即薨,故一切不合。今以后十五年至梁,亦逾年而惠王即薨,则称王称叟与齐、秦诸败无往不合矣。
周慎靓王元年。梁惠王卒,惠王在位五十有一年,寿六十馀岁。子嗣立,是为襄王。案:《纪年》此	六十六岁。孟子在梁,值惠王之丧。

后皆作今王,终于二十年。盖襄王尚未谥。《竹书》本出襄王冢,《束皙传》作魏安釐王者误。考《世本》,安釐王乃昭王子,襄王孙也。《史记》以是年襄王卒,子哀王立。盖既误以惠王后十六年为襄王事,而襄、哀形近,遂复增一哀王,与《世本》之有惠、襄无哀者已大相剌缪,无论《孟子》矣。是时,齐宣王元年,燕王哙二年,宋君偃十一年称王。	
二年。梁襄王元年,齐宣王二年,孟子去梁之齐。或谓惠王去年卒,安知孟子不以去年去梁?案:《战国策》"惠王薨,天大雨雪,至于牛目,且为栈道而葬,群臣多谏太子"云云。则惠王实卒于冬,而《孟子见梁襄王章》又明为逾年即位,始见新君之时,知孟子断以是年去梁。	六十有七岁。孟子见梁襄王,出,语人曰:"望之不似人君,就之而不见所畏焉。"孟子自范之齐,处于平陆。储子为相,以币交。既而由平陆之齐,于崇见宣王,退而有去志。案:范,今曹州范县,赵《注》谓齐王庶子所封食邑也,距临淄七百馀里。平陆今汶上县,距临淄五百馀里。而孟子谓"储子得之平陆"者,《史记》,秦相穰侯东行县邑至湖关,湖,今阌乡县,去咸阳亦几六百里,是当日国相得周行其境内也。孟子终守不见之义,万章、陈代并疑之,故二章皆答以景公事,以在齐故也。既而由平陆之齐,此必王求

	见甚诚,而卒不往见储子,耻结其臣为先容也。《荀子》云:"孟子见齐王而不言事,门人疑之,孟子曰:'我先攻其邪心。'"此亦初见齐宣王事。
三年。齐宣王三年。燕王哙四年。	六十有八岁。孟子为卿于齐,仕而不受禄,奉母就养于齐。见《列女传》。与王驩出吊于滕,滕世子始闻其贤。
四年。齐宣王四年。燕王哙五年。	六十有九岁。孟母卒,归葬于鲁。
五年。齐宣王五年。燕王哙六年。	七十岁。孟子在鲁居丧。
六年。王崩。齐宣王六年,燕王哙七年。燕王哙让国于其相子之。《史记》在王哙六年,此从《纪年》。	七十有一岁。孟子丧毕反齐,止于嬴,答充虞之问。沈同问伐燕。
周赧王元年。《纪年》作隐王。是年,齐宣王七年,鲁平公旅元年。燕子之专国二年,国内大乱,齐宣使章子将五都之兵伐燕,杀王哙,醢子之。此《国策》文也,《纪年》是年,"(之)〔燕〕子之杀公子平不克。齐师杀子之,醢其身。"与《国策》合。《史记》是年作湣王十年,然《年表》及《齐世家》又无一字书湣王	七十有二岁。齐人伐燕,胜之。孟子劝齐王勿取燕。齐人伐燕,取之。案:孟子言:"继而有师命,不可以请。"盖承丧毕初至齐(至齐)〔而言〕。

伐燕,则亦自知其舛矣。	
二年。齐宣王八年,鲁平公二年。燕人立太子平,是为昭王。据《史记》及《纪年》,是年上距武王伐纣之岁辛卯,凡七百三十有九年。故郑康成谓"孟子当赧王之际",与去齐之语正合。阎氏乃据刘歆三统历增衍之年数,谓"孟子此时已卒",何其缪与!辨详后考。	七十有三岁。燕人畔,王曰:"吾甚惭于孟子。"孟子致为臣而归,王就见孟子曰:"前日愿见而不可得,得侍同朝甚喜,今又弃寡人而归。"答公孙丑曰:"由周而来,七百有馀岁矣。"案:孟子初见齐王而有去志,及母丧归鲁,丧毕反齐,即欲致仕,值有师命,不可以请。及燕畔,王惭之。后君臣隙启,陈贾、王驩居中离间,故有"王如改之"之言。"前日"指在鲁居丧言。若阎氏以"前日"指孟子在梁时,以"得侍"指初至齐时,则孟子居丧究在何时?且于致仕之后而尚追原未识面之始,词既不切,且甫言得侍,即言弃归,与七载聚处之情事尤为不伦。七篇中纪齐事者四十六章,称宣王者十四章,可见居齐之久。
三年。齐宣王九年。鲁平公二年。宋王偃十八年。宋牼将之楚,孟子遇于石丘。曰:"吾闻秦、楚构兵。"案:是年为秦惠王十三年,楚怀王十七年,所谓"构兵"者,即《韩世家(正义)〔集解〕》引《纪年》	七十有四岁。孟子在宋,有答宋牼、万章、戴不胜、戴盈之诸问。于宋馈七十镒而受,于薛五十镒而受。陈臻问曰:"前日于齐,王馈兼金一百而不受,何也?"孟子曰:"当在宋

“楚景翠围雍氏，秦助韩败楚将屈匄”，又《楚世家》及《秦本纪》云“秦以商於诳楚，楚战败”之事也。故知孟子以是年遇宋牼。万章曰：“宋，小国也，今将行王政，齐、楚恶而伐之。”案：是年齐、楚伐宋事无闻，或有是谋而不果也。至王偃四十七年为齐湣王所灭，则孟子不及见，或据《国策》“齐攻宋，宋使臧子索救于荆，荆王许救而卒不至，齐因拔宋五城”，则在剔成之世。鲍彪《注》谓孟子所称皆剔成，吴师道已讥其傅会矣。	也，予将有远行。”“当在薛也，予有戒心。”案：以“前日于齐”证之，知在去齐之后也。“将有远行”，盖自宋将归邹之事。“有戒心”者，《风俗通》所谓“绝粮于邹、薛之间，困殆甚”，盖归邹过薛之事。《国策》鲁仲连云：“齐湣王将之薛，假途于邹。”知薛地近邹、鲁也。时薛为孟尝君田文，好客，故有闻戒馈(兵)〔金〕之事。滕文公为世子，将之楚，过宋而见孟子，自楚反，复见孟子。
四年。齐宣王十年。鲁平公四年。宋王偃十九年。邹与鲁閧。案：此事不见史传，以在孟子自宋反邹之年，故系诸此。滕定公薨，子文公立，行三年之丧。五月居庐，使然友再之邹问孟子。案：滕无世家，年不可考。以滕世子过宋见孟子推之，其遭丧当在其后，以然友之邹推之，当在孟子去宋反邹之时。	七十有五岁。孟子自宋反邹，有答邹穆公之问。曹交曰：“交得见于邹君，可以假馆，愿留而受业于门。”滕定公薨，世子使然友之邹问孟子。孟子之滕，馆于上宫，滕文公问为国。《公羊传》：“君存称世子，既葬称子，逾年称公。”《孟子》书曰：“至于子之身而反之。”又答为国曰：“子力行之。”是“君薨称子”之证也。至逾年改元，而后称之为君，曰“君如彼何哉”，曰“君请择于斯二者”是也。故知孟子至滕，在文公

	未即位之前。盖文公既葬父，即礼聘孟子而问国事。故此数章皆不列于《梁惠王篇》，以彼所列皆对君之词，此篇所列则皆为世子及未即位时事也。
五年。齐宣王十一年。鲁平公五年。宋王偃二十年。滕文公元年，齐人将筑薛。案：《孟尝君列传》索隐引《纪年》云："梁惠王后元十三年，齐威王封田婴于薛。十月，齐城薛。十四年，薛子婴来朝。十五年，齐威王薨。"此《国策》所谓"靖郭君将城薛，客以海大鱼谏"者也。及宣王立，靖郭君辞而之薛，又有"受薛于先王"之语，是宣王时亦属田婴，其重欲筑之，则必系孟尝君立先王宗庙于薛而增城之也。以孟子答滕文公问称之为君，知在逾年即位之后，故系诸此。	七十有六岁。孟子在滕，答滕文公问筑薛，问事齐、楚。以孟子答此两问皆称之为君，知为逾年即位之后。故此二章独列于《梁惠王下篇》，与对梁、齐、邹诸君之词并列，而不与《滕文公篇》对世子、对毕战、对未即位称子诸章并列也。答陈相并耕之问。许行自楚之滕曰"闻君行仁政，愿受一廛"云云，知为元年行井地以后事。滕更受业于门。
六年。齐宣王十二年。鲁平公六年。宋王偃二十一年。鲁使乐正子为政，鲁平公将见孟子，不果。鲁欲使慎子为将军，孟子曰："一战胜齐，遂有南阳，然且不可。"此事不见史传，以在孟子反鲁之年，姑(采)〔系〕于此。	七十有七岁。孟子自滕反鲁，鲁平公将见，臧仓沮之。此为《梁惠王篇》之末章，列于邹、滕诸章之后，是最晚年事，盖至是而知道决不行，遂以终篇，有"克告于君，君为来见"之言，知是鲁使乐正子为政时事。刘节《广文选》谓："鲁平公与齐宣王会于凫绎山下，乐正

	子备道孟子于平公曰:‘君何不见乎?’”
七年。以后诸国事皆不见于七篇,不复纪之。	七十有八岁。
八年。	七十有九岁。
九年。	八十岁。
十年。	八十有一岁。
十一年。	八十有二岁。
十二年。	八十有三岁。
十三年。	八十有四岁。
十四年。	八十有五岁。
十五年。	八十有六岁。
十六年。梁襄王二十年,卒。《纪年》终于今王二十年,“今王”即襄王也,时尚未谥,故史臣止称今王。齐宣王不知何年卒。《纪年》于是年尚称齐王,则宣尚未卒也。以后卒于何年,则《竹书》已终,《史记》不可据,而孟子称宣谥,则湣王已嗣立,总卒此数年间矣。盖《史记》既上移威、宣之年,于是以宣王在位年数并归湣王,遂使暴君享国四十年之久。岂知是年宣尚未卒,则湣之在位仅十馀年而灭亡耳。	八十有七岁。
十七年。	八十有八岁。
十八年。	八十有九岁。

十九年。	九十岁。
二十年。鲁平公二十年,卒。《史记·六国年表》,鲁平公立于周赧王元年,卒于赧王十九年。《鲁世家》则云"平公四年,秦惠王卒。二十年,平公卒",较《年表》多一年,故《索隐》引皇甫谧云"鲁平公元己巳,终甲子",是二十年也。今本《世家》"四年"误作"十二年"。又云"三十二年平公卒",与皇甫谧及《索隐》所见本不合,其误无疑。滕文公不知何年卒。《史记·年表序》云:"滕、薛、邹小,不足齿列,弗论。"故其年无考。杜氏《释例》谓"齐灭滕",《春秋正义》"楚灭滕"。至《索隐》及《路史》引《纪年》"越王朱句二年灭滕"。今本《纪年》"晋烈公五年,於越灭滕",此皆指黄帝后之滕也。文公有谥,非亡国之君。惟《地理志》"沛郡公丘,故滕国,周懿王子错叔绣所封,三十一世,为齐所灭"。王应麟《通鉴答问》谓"滕以赧王二十九年为宋灭",庶近之。赵《注》引《世本》"滕有考公麇,值定公世,元公弘,值文公世",而谥不合,姑阙疑焉。	九十有一岁。道不行,退而与万章之徒,叙《诗》《书》,述仲尼之意,作《孟子》七篇。案:赧王十六年,齐宣王尚存,赧王二十年,鲁平公始卒,而孟子著书,并称其谥,则必皆在其卒后。故知《索隐》谓"孟子卒于周赧王二十六年壬申",必非无本。以是后诸君之年不复可纪,故以著书系诸是年之下。
二十一年。	九十有二岁。
二十二年。	九十有三岁。

二十三年。	九十有四岁。
二十四年。	九十有五岁。
二十五年。	九十有六岁。
周赧王二十六年，壬申，孟子卒。	九十有七岁，卒于邹。本《索隐》及《阙里志》。

孟子年表考第一适梁

孟子有言:“诵其诗,读其书,不知其人可乎?是以论其世也。”而尚论孟子之世,则莫舛于《史记》所纪齐、梁之年,莫明于《梁惠王》上、下篇历见诸侯之次第。先得之莫辨,取舍之莫信,宜乎襀襀䙟䙟,千载莫是正也。

《史记》所述齐、梁战伐次第,类本《国策》,若无可疑,乃其所载年号、世系,则不尽废之即经不明。废之将何征?曰:在梁也,七篇以为主,而《纪年》同,《世本》同;在齐也,亦七篇以为主,而《纪年》同,《国策》同;《史记》则无一不缪。

其述梁事之缪三:《史记·列传》曰:“游事齐宣王,宣王不能用,适梁。”显共本书公相傎背,而赵岐《注》及应劭《风俗通》皆承其误,苏辙《古史》又文以“先游齐、次至梁、终复至齐”之说,但求合史,不惜诬经。果尔,《史记·年表》、《世家》,何但于梁惠之年书“孟子来”,而于齐宣之年则不措一词乎?《史记·列传》述驺衍游说诸国,亦自齐而适梁。及魏、齐二《世家》,则又谓衍至齐在至梁之后,亦何说解之乎?金履祥《四书考异》引《列女传·母仪篇》曰:“孟子道既通,值梁招贤,乃至梁。既而去梁,适齐,齐王以为上卿。”此非刘向据《孟子外书》所述先梁后齐之证,而今本无之乎?是以《竹书纪年》,惠王三十五年,为齐威王之二十六年,又十五年,惠王卒,襄王立,始为齐宣王元年,无由先见齐宣也。惟梁襄嗣位之后,值齐宣新政之初,孟子闻其足用为善,故自范之齐,又云"由平陆之齐"。范,今曹州范县,平陆,今汶上县,皆自梁至齐要道。由大梁至临淄千有馀里,故孟子曰"千里而见王"。若由邹至齐,仅数百里耳。七篇中更无自齐适梁之迹,缪一也。

《史记·魏世家》:"惠王三十五年,孟子至梁。三十六年,卒,子襄王(嗣)〔立〕,元年,与诸侯会(于)徐州,相王也,追尊(其)父〔惠王〕为(梁惠)王。"而《纪年》则谓"魏惠成王三十六年改元称一年",至后十六年而薨,相戾若此。以《国策》证之,苏子说齐闵王曰:"昔者,魏王拥土千里,带甲三十六万,恃其强,拔邯郸,西围定阳,又从十二诸侯朝天子,以西谋秦。卫鞅为秦说魏,使先行王服以图齐、楚。魏王说其言,广公宫,(置)〔制〕丹衣,柱建九(游)〔斿〕之旗。于是齐、楚怒,伐魏,杀其太子,覆其十万之师。当是时,秦王垂拱而得西河之外。"此惠王僭号于秦孝公时之证。故孟子对梁惠无不称王,其非死后追王明甚;且孟子始见即称王,则其至于称王以后而非至于三十五年为侯之时亦明甚。《史记》既以梁惠为卒于三十六年,不得不以孟子为至于三十五年;既以孟子至梁时未称王,不得不改孟子对词曰"君不可言利"。然王可改为君,而"丧地七百里"之在后此五年、七年,南辱于楚之在后此十年者,遂皆成襄王之事,不能改属惠王,故但云"太子虏,上将死,国以空虚"。缪二也。

《史记》"惠王三十六年卒,子襄王立","襄王十六年卒,子哀王立","哀王二十三年卒,子昭王立"。按《孟子》止及襄王,而《纪年》终于今王二十年,即襄王未谥也。《世本》惟有惠王、襄王、昭王而并无哀王;高诱注《淮南》,亦云"昭王,襄王之子"。则知《史记》

分惠王后元之十六年以为襄王，即分襄王之二十年增哀王。“襄”“哀”形近而乱，正犹《十二诸侯表》以秦哀公、陈哀公为“襄”者同一舛误。是以《史记》魏诸君名皆可考，哀王名独无闻，其年岁既乖于《孟子》《纪年》《国策》，其世次又乖于《世本》，三占从二，将何从焉？缪三也。徐君有壬曰：“《纪年》后元十三年，齐封田婴于薛，十五年，齐威王薨，可证《史记》湣王封田婴之非。《国策》‘威王薨，宣王立’。‘靖郭君曰：受薛于先王，虽恶于后王，吾其谓先王何？’‘齐宣王曰：寡人不佞，不敢以先王之臣为臣。孟尝君就国于薛，冯谖往见梁惠王’云云，此皆宣王初年梁惠王尚在之证。”

然人之执《史(纪)〔记〕》以疑《纪年》者，则亦有三：有谓“依《纪年》后元十六年，则孟子在梁不应若是之久”者。是不察孟子至梁既在惠王卒之前一岁，则不当为三十五年而当在后十五年，是在梁亦止一年耳。

有谓“秦、汉前未必有改元之事”者。不知春秋改元者三；郑厉公、卫献公、卫出公也。战国改元者二，其一即梁惠王，其一则秦惠文君改十四年为元年称王，与梁惠王同时同事也。

又有谓“‘丧地于秦七百里’，即《商鞅传》谓‘惠王三十一年，秦虏公子卬，使使献河西之地以和’”者。不知魏献河西之事，《魏世家》惠王时不书，而于襄王五年书予秦河西之地；《秦本纪》孝公时不书，而于秦惠王八年书魏纳河西地；《六国年表》于周显王二十九年不书，而于三十九年书魏入少梁、河西地于秦；是皆《史记》书在魏惠王、秦孝公、商鞅三人死后之明文，乌得谓三十一年遂丧河西乎？故胡三省谓“显王二十九年已使使献河西于秦以和，今乃入其地”，然则《商鞅传》特自后追叙其功，而《魏世家》所书襄王十六年之事，则皆惠王事明矣。

至若“南辱于楚”，惠王三十五年以前更无可附会，故赵《注》、孙《疏》、阎氏《释地》并不能指实。而或据《战国策》"魏围邯郸，楚使景舍救赵取睢、濊之间"，与齐败马陵同时，为"南辱于楚"之证者。无论楚、赵、魏诸《世家》《年表》，皆无其事，是必微之微者，何足并齐、秦二败？且既与马陵之败同时，何反叙诸丧地于秦之后，其为后元十二年，楚将昭阳破魏七邑事无疑。然则败齐、辱楚、丧秦之事，莫备于《国策》苏子说齐闵王之言，而后人强以惠王后元十馀年事属之襄王者，虽雕龙之辨不能申也。

而阎氏若璩《孟子生卒考》，欲操《集注》之戈而恶《纪年》之害己，则曲排之曰："《六国表》《魏世家》并云：'子罃生于文侯二十五年辛巳。'惠王立时已三十岁矣。若如《纪年》'文侯五十年卒，武侯二十六年卒'，则惠王元年已五十三，立三十六年，又加以后元十六年卒，不百有四岁乎？《纪年》之不可信如此。"夫书子罃之生者《史记》，而以之推《纪年》之年，是甲代乙受责也；且年岁不符，正可证《史记》生年之谬，而反据以诘《纪年》，是以不狂为狂也。

惠王称孟子以"叟"，必不年长于孟子；以《索隐》孟子卒于赧王壬申推之，则惠王立时，孟子尚甫十馀岁，惠王与孟子年数相当，其称"叟"者，不过长于惠王一二岁也，乌有惠王已三十、五十之理乎？且《史记》苟可信，则凡其所述孟子事，一则曰"由齐适梁"，二则曰"梁惠王谋欲攻赵，孟轲称太王居邠"，三则曰"燕乱，孟轲谓齐王(云)〔曰〕：'今伐燕，此文、武之时不可失也。'"《燕世家》。皆将舍《孟子》书而信之乎？弃经徇传，削趾适屦，违同轨之衢而入必穷之辙，可谓智乎？杜预、和峤已谓"《史记》误分惠王之世为二王之年"，是西晋已有定论；惟杜预谓《纪年》今王为哀王，亦传刻之讹。司马温公亦谓"魏史所书必得其实"，敢引之以断孟子游梁之年。

孟子年表考第二适齐

孟子在齐之年，莫详于孟子之自述。一则曰“宣王问取燕”，再则曰“宣王问诸侯多谋救燕”，三则曰“燕人叛，王〔曰：吾〕甚惭于孟子”。又莫明于《索隐》所引《纪年》之文。其于周慎靓王元年书“齐威王薨，子宣王立”，其明年，“魏惠成王薨”，其明年，为“今王元年”；又二年，而燕哙让国于其相子之；又二年为赧王元年，“齐师杀子之，醢其身”。且莫确凿于《战国策》之所载曰“储子谓齐宣王，因而仆之，破燕必矣”，又曰“孟轲谓齐宣王伐燕，王因令章子将五都之兵以伐之”，皆与《孟子》若合符节。是则《史记》湣王伐燕之缪，尚何待辨？

而至今聚讼者约有三家：一则知所信而未尽善，如司马氏《通鉴》、吕氏《大事记》是也。亦知《纪年》之惠王后元年与《孟子》合，亦知《国策》之伐燕为宣王与《孟子》合，而疑《史记》宣、湣时代之缪，于是上增威之十年下减湣之十年，为宣王年数，以合于《孟子》。既与《国策》威王三十六年之语不合，且宣王伐燕而遂卒，亦与后二年“燕人畔，王〔曰：吾〕甚惭于孟子”之文不合。盖惟不知《索隐》引《纪年》齐威王薨在梁惠王后十五年，书齐伐燕正在宣王之七年，可正《史记》威、宣即位移前二纪之误，而顾承讹袭旧，以意增除，无征不信，故曰“是而未尽”也。

二则舍经而信史，如鲍彪《国策注》、苏氏《古史》是也。以孟子先游齐，所见者宣王；去之梁，乃再至齐，则所见者湣王。于是黄氏《日钞》谓两次伐燕，以《梁惠王篇》宣王问伐燕者，为燕易王初立齐取其十城之事；《公孙丑篇》称宣王所载沈同问伐燕但称王者，为湣王伐燕哙、子之之事。然宣王伐燕，明言伐“万乘之国，五旬而举之”。孟子又劝其“谋于燕众，置君而后去之”，岂取十城之事耶？“齐人伐燕，取之，毁其宗庙，迁其重器”，故乐毅述燕报齐之役云“故鼎反乎历室，齐器设于(灵)〔宁〕台”，正与孟子所言相应，孰谓非灭燕之事耶？

王氏懋竑《白田杂著》则直以《梁惠王篇》之宣王皆后人讳孟子事湣王者所追改，惟《公孙丑篇》但称齐王者为原本，而《国策》又因《孟子》而改。是姑无论其信史疑经，且《史记》既以湣王分宣王之年而以伐燕属之矣，而《齐世家》湣王四十馀年中，有一字及伐燕者乎？即《六国年表》湣十年正值伐燕之年，亦曾有一字乎？甚至《燕世家》全录《国策》，其所云“燕哙立、苏秦死、齐宣王复用苏代”者，亦仍其旧，既与《年表》《苏秦列传》显相抵牾，而下文又突入“诸将谓齐湣王伐燕”云云，一篇之中，忽宣忽湣，或仍或改，竟不知燕哙果值何王之世？而诸家尚欲执之以改《孟子》，吾不知其先何以通《史记》也？

推其所由，盖《纪年》载齐田成子、襄子、庄子、悼子、太公和、侯剡、桓公、威王、宣王，合之湣王、襄王、王建凡十二代，与《庄子·胠箧篇》称“田恒弑其君十二世而有齐国”之说正合。《史记》失载悼子、侯剡二代，是以威、宣之立，皆移前二十二年，而湣王增至四十年，遂使燕、齐之事，盭不可理，正与减梁惠增襄、哀同一舛误。后人不知是正，反改《孟子》以就之，故曰舍经徇史也。

若夫一误再误，不可穷诘，则阎氏《孟子生卒考》是也。其言曰："《通鉴》移伐燕事于宣王十九年，值赧王元年，此时孟子去齐已久，安见其取之复畔？且上增下减，迁凑无稽，与其屈齐之年数以从燕，曷若屈燕之年数以从齐？《六国表》燕王哙五年，让国子之，七年，哙及子之死。后二年，燕立太子平为昭王，当湣王八年至十二年。若移此五年之事置于宣王八年，则种种皆合。"阎氏之说如此。夫《通鉴》移宣王之十年，诚未尽善，然尚与《孟子》《纪年》《国策》大致不牾，今欲胜之，则言必有稽，绝无迁凑而后可。乃自湣王十二年上至宣王八年，凡二十四年，视《通鉴》之仅十年者，孰迁凑，孰无稽？且《通鉴》所移者，不过湣、宣年数，阎氏则既屈其年，并尽移其事，不但《世家》《本纪》简帙任臆偾乱，而且《史记》《国策》《纪年》何不谋同误若是？且齐之年世不可屈，而燕独可屈，鹤短凫长，妄分厚薄，又何理也？谓伐燕之在赧王元年为《通鉴》所系，则《史记》《竹书》何独不系之赧王元年耶？赧王元年齐灭燕，又二年而燕叛，既叛而孟子去，故郑康成谓"孟子当赧王之际"。《礼记·疏·王制》引。阎氏独谓"赧王元年孟子去齐已久"，甚谓"孟子已卒"，可谓果于凭臆者耶！

或曰"孟子去齐时，谓'由周而来七百有馀岁'，而《汉书·律历志》谓'鲁隐公元年上距伐纣岁在己卯凡四百岁'"，则至赧王元年已八百有九岁，故阎氏谓"孟子去齐当在显王未满八百岁以前，其移伐燕之事，盖是之由"。曰：是尤误之误者。且经史之疑案，长历之岁差不可不正。太史公作《十二诸侯年表》，起自共和，而共和以前无闻，惟《鲁世家》自考公以下有其年，考公四年，炀公六年，幽公十四年，魏公（十五）〔五十〕年，《世本》及《律历志》作微公。厉公三十七年，献公三十二年，慎公三十年。慎公之十四年己未，厉王奔彘，其明年为共和元年庚申。自考公至慎公十四年,凡百五十七年。考公,伯禽之子也。《汉书·律历志》谓“成王元年为命鲁公之岁,鲁公四十六年至康王六年而薨”,然则成王元年至共和庚申,二百单四年耳。《周本纪》集解引《纪年》云:“武王灭殷至幽王凡二百五十七年。”《新唐书·历志》引《纪年》云“武王十一年庚寅,周始伐商”,然则成王至共和亦止二百四年,正据《鲁世家》之文,合计武王辛卯至赧王元年己酉,共七百三十九年,与《孟子》七百有馀岁合。惟班固据刘歆《三统历》而作《律历志》,误数鲁炀公在位六年为六十年,校者案:《汉书·律历志》作十六年。献公在位三十二年为五十年,较《鲁世家》两公共衍七十二年。故以武王伐纣为己卯,而至共和庚申已二百八十二年,与《世家》《纪年》俱不合。又百二十年而为鲁隐元年入春秋,又二百四十二年而春秋终。又百六十七年而为赧王元年己酉,则八百十有一年,而与《孟子》不合矣。试除其所衍《鲁世家》之七十二年,则实得七百三十九年,即与《纪年》《世家》《孟子》如一。故《三统》增年,后汉尚书令忠早议之,赵岐亦知《历志》有误衍之年而减之太过,故谓“七百馀岁,当溯之太王始兴王迹乃有其数”,是亦不据《历志》也。

阎氏反尽改孟子事实以就《历志》,谓孟子致仕去齐,不独不在赧王时,并不在慎靓王时,当在显王未满八百岁以前。遂并《纪年》《国策》《史(纪)〔记〕》所载燕、齐交兵,哙死昭立,凡在赧王初年者一切奋臆移而上之,首尾横决,几无完策。孔子顺之语公孙龙曰:“说将从其甚易而实是者乎?将从其甚难而实非者乎?”今《世家》《世本》《纪年》《国策》《孟子》之无往不合如此,阎氏所说之无往不舛如彼,稽古求是之君子,将何适从焉?

孟子年表考第三齐宋薛邹滕鲁

孔子出处，有《春秋三传》及《论语》之明文，史迁根柢以作《世家》，故大端不甚纰谬。孟子出处，则《战国短长》，既不如《春秋经传》之详信，故自《史记》以来，迄无定论。然齐、梁大事与史传表里，惟别史传之得失而事自明。去齐以后，与史无关，惟据七篇之文，争相射覆，无证之案，人得一喙，故不难于辨众说之非，而难于求本书之是，一是明而群疑息矣。

盖尝愤悱三复，以经求经，而豁然于《梁惠王》上、下篇之条理。此二篇皆廷说诸侯之词，故以冒全书，而其先对梁惠王三章，梁襄一章，次齐宣十一章，次邹穆一章，次滕文一章，次鲁平一章，如其一生见诸侯之始终次第也。宋、薛仅游历其国而未见其君，故不见于篇；鲁君将见，故附载篇末，盖归老于鲁，自是无诸侯之事矣。至《公孙丑》上、下篇，则补记在齐事，皆与及门诸臣私议，无与宣王言者；惟致仕就见数语，虽述王言，乃因时子、陈子之问而连及者。《滕文公》上、下篇，则补记在滕及梁、宋事，亦大略与诸臣及门问答，暨滕世子居忧未成为君之时，故止称之为子，非若《梁惠王篇》与滕文公言之两称为君也。详上文及《年表》。盖孟子首游于梁，而齐则孟子所臣者，滕则所欲有为者，故三篇分纪之，而鲁、宋、薛附见焉；至以后四篇，则杂叙平生议论，非复以时事次第矣。惟与宣王论“旧君”见《离娄篇》，与宣王论“卿”见《万章篇》，此则廷对之词偶尔散见者。本是以推，则知孟子盖以齐宣王二年为卿于齐，明年迎母就养，又明年孟子丧母葬于鲁，明年在邹居母丧，又明年丧毕反齐，又明年即赧王元年伐燕之岁，以上与《孟氏谱》《三迁志》并同，知《孟谱》确有所本。又明年燕畔后孟子致仕，在齐宣王八年。由是至宋，过薛，归邹，而复自邹之滕，卒反乎鲁也。

何以明之？《列女传》：“孟子处齐有忧色，抚楹而叹，孟母见而问之。”此奉母就养之证。而其自述曰：“于崇吾得见王，退而有去志，不欲变，故不受也。继而有师命，不可以请。”考孟子于齐，自始见至伐燕，阅岁以五。宣王二年至七年。若非中有居丧反葬之三年，则迁延卿位不为不久，与退即有去志之本心何其不符？所云“不欲变”、“不可以请”者固如是乎？故曰孟子为卿不久，即丧母归葬于鲁也。继此反于齐，止于嬴，而充虞有问，此三年丧毕反齐之事，时为宣王七年，正值伐燕，故有“继而有师命”之语；孟子致为臣而归，而有“王如改之”之言，此必燕畔、王惭之后，君臣疏离之事。王就见孟子曰：“前日愿见而不可得，得侍同朝甚喜，今又弃寡人而归。”所云“前日”，正与充虞所问之“前日”皆指在鲁居丧时言也；“得侍同朝甚喜”，指丧毕至齐言；“今又弃寡人而归”，承前日因丧去齐今又致仕言也。以上皆《梁惠王篇》次以齐宣王事之证。其明年，齐宣王九年当宋王偃十八年，楚怀王与秦战败，亡其将屈匄，正秦、楚构兵之事，孟子遇宋牼必在是时，故邢《疏》以石丘为宋地；万章问宋行王政，亦在是时；而陈臻于孟子受宋、薛之馈，以“前日于齐，王馈兼金百镒而不受”为问，其为去齐之后明矣，故曰自齐反鲁，而遂之宋也。宋未见其君，故不列于《梁惠王篇》。

孟子在宋，“滕世子将之楚，过宋而见孟子”；及滕定公薨，而

“世子使然友之邹问孟子”，有答邹穆公问与鲁鬨之事，则时已不在宋矣。答陈臻言“在宋将有远行”者，盖自宋将归邹之事；言“在薛有戒心”者，即《风俗通》所谓“绝粮邹、薛之间，困殆甚”，盖归邹过薛之事。《国策》言齐湣王将之薛，假途于邹，则知归邹亦必由薛，故曰自宋过薛而归邹也。此《梁惠王下篇》载邹穆事于第三之证。嗣是孟子至滕，馆于上宫，滕文公问为国，则知文公葬父毕，即礼聘孟子至国。故孟子初称之为“世子”，继称之为“子”，至逾年改元而始称之为“君”，详见年表。正与《公羊传》“君存称世子，君薨既葬称子，逾年称公”之义合，故曰复以滕文公初年自邹之滕也。此《梁惠王下篇》载滕文公事于第四之证。

刘节《广文选》谓鲁平公与齐宣会于凫绎山下，乐正子备道孟子于平公，曰“君何不见乎”云云，此不知其所本。或出《孟子外篇》。至或据“后丧逾前丧”之言，谓“鲁平将见即在孟子居丧在鲁之时”者，则无论孟子居丧在伐燕之前三年，鲁平公尚未立，鲁平公立于赧王元年，今《鲁世家》本误，与《六国年表》及《索隐》皇甫谧所见本皆不合，辨见后。而且臣有大丧，君三年不呼其门，岂有与诸侯相见之礼？乐正子从孟子在齐，岂有此时鲁即使为政，且孟子居忧闻之“喜而不寐”之理？《惠王》二篇，述孟子廷说诸国，先梁，次邹，次滕，先后井然，则知鲁君将见一事叙于篇末者，其必在历说诸国之后明矣，故曰“自滕归老于鲁也”。此《梁惠王下篇》载鲁平事于末之证。

七篇之书，孟子口授，先后位置，夫岂漫然？惟知《梁惠王篇》之统纪全书，则易简而天下之理得。凡元人程复心之《孟子年表》、明季本之《孔孟事迹图谱》，以及卫氏嵩谓“孟子自宋归邹，由邹之任，之薛，之滕而后之梁，之齐”，见《日知录》。阎氏谓“孟子去齐归邹，又如宋，如鲁，终之滕”，皆乡壁虚造，无烦迎刃矣。又甚者，毛奇龄氏至谓"孟子葬鲁即反齐为卿,未尝终丧",阎氏又笃信马端临说,谓"滕文公未尝行三年丧,但守五月居庐之礼",诬古害教,迷岐益远。不经孰甚焉!

至齐、梁之年,顾氏炎武颇得其实,但不知据《索隐》引《纪年》齐威王薨在惠成后元十五年,故难之者以《纪年》但著魏惠、襄之年,而不著齐宣、湣之年,正与《通鉴》同失。且以葬鲁为改葬,尤与"敦匠事严不敢请"及"棺椁衣衾"之云不合,而去齐以后之年又无闻,皆由不悟首二篇之条理也。立乎今日以考往昔,其得要不得要,盖难易有如斯者。

孟子年表考第四《纪年》《孟子》《长历》

或曰:孟子齐、梁时事,尽舍《史记》从《纪年》,为其魏史,且与《孟子》合也。外此尚有可征者乎?若《史记》与《汉书·律历志》,孰优劣乎?曰:奚但齐、梁事而已!凡《孟子》书所述古人年岁,以《史记》《汉志》核之不合者,以《纪年》核之无不合。盖《史记》惟《十二诸侯年表》有《春秋》经、传为之经纬,至共和已前之年已无依据,仅作《世表》而已,而《六国年表》则惟周王之年本于古历《周谱》,其馀悉取诸《世本》《国策》。而二书已糅乱于暴秦之馀,见刘向《战国策叙》,又《尚书正义》《颜氏家训》。是以傎倒失次,矛盾互出,故谯周作《古史考》二十五篇以纠之,司马彪又据《纪年》之文,条《古史考》中百二十事为未当,则《纪年》之胜《史记》明矣。至若刘歆《历谱》,增减岁年,诖误后世,为历学之罪人。而《纪年》则初出汲冢时,束皙即谓其"与《春秋》相应",杜预谓其"与《长历》皆合",而且以建寅为岁首,符左氏"晋用夏正"之遗文。东迁后特纪晋事,起殇叔,至晋灭独纪魏事至今王,得国史编年之正体。是以荀勖、杜预之博通古历,皆遵信推阐,无有异议,其高出刘歆之《历志》又明矣。请征《孟子》《纪年》之合,兼以《长历》疏通而证明之:

孟子曰:"舜相尧二十有八载,尧崩,三年之丧毕,舜避尧之子于南河之南,朝觐讼狱者不之尧之子而之舜,讴歌者不讴歌尧之子而讴歌舜,然后之中国践天子之位焉。”“舜荐禹于天十有七年,舜崩,三年之丧毕,禹避舜之子于阳城。”“由尧、舜至于汤五百有馀岁。”考《纪年》,夏以前,惟《隋·律历志》《路史》引“帝尧元年丙子”一条,馀皆明人伪撰,不足征信。而自夏以后之年,则《夏本纪》集解引《纪年》云:“自禹至桀十七世,有王与无王,用岁四百七十二年。”上距尧禅位舜受终之岁凡五百二十有二年,故孟子曰“由尧、舜至于汤,五百有馀岁”也。若依《律历志》夏后氏十七王,四百三十二岁,则舜至汤元年仅四百八十有二载,而与《孟子》不合矣。

《殷本纪》集解引《纪年》云“汤灭夏以至于受,二十九王,用岁四百九十(七)〔六〕年”,盖自成汤十八年即位,数至帝辛四十一年文王薨,其年如此。其明年为武王元年,纣尚未亡,再十一年伐纣,共五百有八年,殷亡。今自成汤元年数之,则共五百十有四年而文王兴,故孟子曰“由汤至于文王五百有馀岁”也。依《汉志》谓汤伐桀至纣六百二十有九岁,文王卒于伐纣之前二年,而与《孟子》及《尚书·无逸》、《无逸》自殷三宗外,嗣后之王,或十年,或七、八年,或五、六年,或四、三年,如《汉志》则必皆增长其年数。《书序》《书·大誓序》“惟十有一年,武王伐殷”,《史记》并文王受命七年数之十一年,刘歆改为文王受命之十三年,《伪古文·泰誓》袭之,皆不足信。皆不合矣。

《周本纪》集解引《纪年》云:“武王灭殷至幽王凡二百五十七年”,《新唐书·历志》引《纪年》云:“武王十一年庚寅,周始伐商。”以此计之,则至幽王十一年辛未灭于犬戎,共二百八十一年,疑裴所引年数字有讹误。明年为平王元年,以后与《史记》皆同。至公、穀《传》“鲁襄二十一年孔子生”,当周灵王之二十年,上距商纣四十一年文王薨,共五百一十年,故孟子曰“由文王至于孔子五百有馀岁”也。孔子卒于敬王四十一年,下至赧王元、二年孟子去齐,共百六十有八年，故孟子曰“由孔子而来至于今百有馀岁”，又曰“由周而来七百有馀岁”。若依《汉志》，则伐殷至赧王元年已八百一十六年，何止七百？皆不合矣。详前篇考。

又《左传》：“成王定鼎于郏鄏，卜年七百。”考自定鼎至鼎亡于泗水之年，《史记·封禅书》曰“宋太丘社亡，而鼎没于泗水彭城下，其后百一十五年而秦并天下”。依《纪年》则七百馀年，与所卜合；依《汉志》则八百馀年，又不合矣。

观刘歆及伪孔《传》之无往不舛，则《纪年》之无往不合者，其为魏史遗历，夫何疑？

孟子年表考第五生卒著书

已定出处之梗概，请更决疑义之数端：一则《史记·列传》言"孟子邹人"，而《索隐》谓"邹，鲁地名。本邾人，徙邹"。元程复心据之，遂谓"孟子之邹即孔子郰邑，故自齐葬鲁，其称孟子邹人者，犹称子路卞人也"。二则《史记》言"受业子思之门人"，而《列女传·孟母篇》则云"孟子惧，旦夕勤学，师事子思，遂成天下之名儒"。《汉书·艺文志》："孟轲，子思弟子。"应劭《风俗通》亦谓"受业子思"。于是王劭据之，而以《史记》"人"字为衍也。三则《史》谓"退而与万章之徒，叙《诗》《书》，述仲尼之意，作《孟子》七篇"。赵岐谓"退而论集所与高弟子难疑答问，又自撰其法度之言，著书七篇"。而唐林慎思《续孟子》则谓"七篇非孟子所自著，乃其弟子万章、公孙丑所述也"。四则《孟子》宋时始立学官，而赵岐《叙》则谓"孝文皇帝时，《论语》《孝经》《孟子》《尔雅》皆置博士，其后罢传记博士，独立五经"云云，其说不见于《汉书》也。五则《孟子》有《外书》四篇，而赵岐删之也。小岐不杜，大道易惑，更钩釽而攘剔之。

曹交欲受业孟子，而云"交得见于邹君，可以假馆"，则非鲁郰邑明矣。阎氏辨程复心说虽是，但止据孟子言"吾不遇鲁侯"及"近圣人之居"二语，以为非本国臣民之词，则"穆穆鲁侯"亦出《鲁颂》，而《史记正义》言

“夫子生陬，长徙曲阜”。则即使孟子陬人，亦何害为“近圣人之居”？至引“太公五世反葬于周”以证反葬于鲁，尤为不伦，乌足以折程式？盖邹虽子国，而附庸于鲁，本在邦域之中，而陬邑则又鲁与邹接壤之地。故《史记》之陬，《左传》作郰，而《春秋》之邾，《公羊》亦作邾娄。邹、陬、郰、娄，地近音转，其后国邑遂同为邹。故今孟母墓在邹县北二十五里，距昌平防封仅三十馀里。而《正义》言“今尼丘山在兖州邹城”，是孟子所谓葬鲁，与《史记》所谓昌平乡者本接壤相邻。故陆玑《毛诗疏》云：“李克授鲁人孟仲子。”《韩诗外传》载淳于髡曰“夫子苟贤，居鲁而鲁削”，此仍以鲁为父母之邦。且《孟子》七篇无一言讥三桓，又屡引季孙、费惠公、孟献子之言，然则赵岐谓“孟子本鲁公族孟孙之后，分适他国”者，实未远离疆域之外矣。何必以邹为陬邑而后为“近圣人之居”乎？此其可知者一。

至孟子之不能亲受业子思，则考年而得之：《索隐》谓“孟子卒于周赧王二十六年壬申”，考《纪年》终于赧王十六年，齐宣王尚未卒，而《孟子》书称宣王之谥，则知又在其后。孟子以梁惠王后元十五年至梁，时惠王已立五十年，而称孟子为叟，其年必在六十以外。然则《阙里志》据《索隐》赧王壬申之说，谓九十有七者，殆为可信。以九十有七逆推之，当生于周安王十七年，今《索隐》本“安王”误作“定王”，此据《阙里志》所见《索隐》本，辨详年表。则至梁在惠王后元十五年，已六十有五岁，其称叟宜矣。安王十七年，距孔子卒九十有二年。《左传正义》引《家语》“孔子年十九，娶于宋亓官氏，一岁而生伯鱼”。《史记·世家》谓“伯鱼年五十”。颜渊之丧，夫子曰“鲤也死，有棺而无椁”，则尚在颜子之前。然则伯鱼卒时，夫子七十，在哀公十二年，逾四年而夫子卒。即使中年得子，此时亦应二十馀岁。以子思之高明，亲承祖训，何以孔子之丧皆门人所治，子贡筑场，门人哭别，不及子思一字？则是伯鱼得子甚晚，或四十方生子，如商瞿之类，亦人事之常。夫子没时，子思年十馀岁耳。由穆公元年逆数至鲁平公元年，又阅九十载。然则《史记》谓受业子思之门人，良非无本，岂必亲承辟咡，方为美谭？此其可知者二。

至七篇中无述孟子容貌言动，与《论语》为弟子记其师者不类，当为手著无疑。又公都子、屋庐子、乐正子、徐子皆不书名，而万章、公孙丑独名，《史记》谓“退而与万章之徒作七篇者”，其为二人亲承口授而笔之书甚明。咸丘蒙、浩生不害、陈臻等偶见，或亦得预记述之列。与《论语》成于有子、曾子门人故独称子者，殆同一间，此其可知者三。

至赵岐述“文帝立《孝经》《论语》《孟子》《尔雅》博士，后罢传记，独立五经”之说，则刘歆《让太常博士书》谓“孝文皇帝之世，《尚书》初出屋壁，《诗》始萌芽，天下众书往往颇出，皆诸子传说，犹广立学官，为置博士”；又《王制》孝文令博士诸生作，多采《孟子》之文；此汉初《孟子》《尔雅》曾置博士之证。其后罢废，则由武帝以仲舒对策，“凡不在六艺之科、孔子之术者，皆绝其道，勿使并进”，故止立五经博士，并《论语》《孝经》等皆不在六艺之列，罢之。然两汉《论语》虽不立学官，萧望之、张禹、包咸等犹以授皇太子，博士弟子亦以射策，和帝末，徐防始奏“《论语》勿以射策，冀令学者专经”云云。而《孟子》亦得引以明事，谓之博文。赵岐《序》。此其可知者四。

赵岐称《孟子》又有《外书》四篇，一《性善》，二《辨文》，三《说孝经》，四《为政》。其文不能宏深，似依托，非本真，故删而不录。考荀子称“孟子三见齐王而不言事，门人疑之，孟子曰‘我先攻其邪心’”，《法言》述孟子曰“夫有意而不至者矣，未有无意而至者也”。荀、扬知道而近古，故较《意林》所引为典要，其与《韩诗外传》《列女传》所述孟母三迁之训，在齐倚楹之叹，皆出《孟子外书》无疑，岂非七篇孟子所口授，而外书四篇，则弟子自述见闻？故应劭《风俗通》谓“孟子退与弟子作书，中外十一篇”，与《艺文志》正合。洙、泗微言，多出《论语》之外，外篇苟在，何至生卒如棼丝，出处如聚讼与？故曰：“与其过废，毋宁过存。”此又不可不知者五。近日《艺海珠尘》中刻有《孟子外书》四篇，刘贡父注，乃明人姚士粦等所托。

若夫尚论而心知其意，由博而反求诸约，则以俟深造自得君子焉。

论语三畏三戒九思箴

无三畏，则无忌惮之心；无三戒，则无羞恶之心；无九思之思聪、思明、思问，则无是非之心；无九思之思温、思恭、思忠、思敬，则无戒惧之心；无九思之思义、思难，则无恻隐之心。此君子之所自治，而小人之所大戒而小惩。惟平日冰渊之永惕，庶得免乎临时之战兢。墨卿司训，戒尔生灵！

孔孟赞

孟子四十不动心，已臻孔子之三十而立，虽未及孔子之七十不逾矩与六十耳顺，而晚年亦已不惑、知天命。至于知言、养气、勿助忘，即《大学》之格、致、诚、正。始知圣贤之学一贯同揆，如月落千潭而一印。

曾子赞

《诗》“思无邪”,《礼》“毋不敬”,《典》《谟》言钦者七,夫子益之以七战战,二勿勿,三惮惮,与尧舜之兢兢业业而相继。宜乎曳履而歌《商颂》,若出金石,声满天地。始知沂水春风之乐,尤在严视指于尔室。以言大节,则托孤寄命而有馀;以言大勇,则任重道远而可必。惟手足之启予,皆毕生冰渊之永惕。少诵十篇,老而流涕,欲全归受而无从,欲追悔而无地,徒存章句,虚文何益!

颜冉赞

匹禹、稷者颜子，匹仲尼者子弓。一则严视、听、言、动于四勿，一则出门使民如宾祭之敬恭。宜乎可为邦，可南面，而用行忧世之相同。至于若无若虚，不施不伐，则又得之竭才卓立，尤瞠乎其莫从。读安溪《喟然章赞》，洵百世而感通！

孟子补赞

夫子存养，在牛山以下数章；夫子扩充，在熊鱼取舍一章。惟本心之不失，斯放心之可收。宜乎泰山岩岩之象，江、汉浩浩之流，配神禹，称鲁、邹而百世无休！

周程二子赞

“人生而静以上不容说，才说性时便已非性”，“善固性也，恶固不可不谓性”，此天台圆教彻底之言，而明道初年泛滥佛老时所兼印。宜乎“动而无动，静而无静”，上同于孔子之毋意、必、固、我，下同于孔子之无欲而静。要之，惟颜子能尽发圣人之蕴，惟明道能尽得周子之蕴。至于周子之《太极图》，乃朱、陆意见各殊，而未知孰为定论。

程朱二子赞

世称程、朱，伊川、考亭，而非谓明道先生。虽均未光风霁月，而均守规矩准绳。程子功在《易传》，朱子功在《仪礼经传》与《集注》《或问》，至于《诗》《书》二《传》，与《大学》《孝经》两改本，均未敢谓美善之尽。至苏子奏疏疾伊川为奸，而欲打破一敬，程子始终置之不问。如何后学钱詹事尚慎其议论？惟朱子《阴符》《参同》《楚辞》《韩文》，皆中年所游艺，而无与于性命，宜乎为吴草庐、王文成所同诤。

朱 子 赞

泰山乔岳之重,孔融、李膺之气;捐百世起九原之思,倾长河赴东海之泪。此多同时异公者之言,而没世服公者如此其至!宜求其德感之所以然,始知公之见尊信于世者不尽在乎著述。

陆子赞

先生所学，在与侄濬及赵然道二书；所经世者，在轮对五劄与《洪范》皇极。所得力在先立其大，而不废改过自新、格致读书之细。宜乎教人能使旦异而晡不同，与程、朱、文成并立。此皆百世之师，如伊尹、惠、夷、颜、孟之不妨小异。

朱陆异同赞

青田无陆子静，建安无朱元晦，南渡以来，足踏实地，惟二公皆严关乎义利，宜其兴起百世，顽廉懦立。至于陆子祭伯恭之文，悔鹅湖之偶有妄发，徒参辰而未能酬，则更尝多而观省细，尤晚岁所造几至从容中道之地。此朱陆二子之始小异，终大同，谁言萧寺哭奠，为告子而流涕！知两家门人记录，各有是非虚实。

杨子慈湖赞

慈湖宗无意,《大学》宗诚意。以无意为先天之学,诚意为后天之学,此陆、王两弟子所同,而龙溪持守不如敬仲真,希元、悟修皆非敬仲之匹,即上蔡、横浦于浮图皆涉藩而未入室。“清明在躬,志气如神”,与陆子之“斋戒如对上帝”,皆洗心之藏密。与周、程之主静、主敬,是一是二,惟“心之精神谓圣”出伪《孔丛子》,如何可契“无思无为”之《易》,宜乎为知人之所议。至于以《大学》《系辞》多非夫子之言,此则公自成家,非后学所敢轻议。要之陆子之学,至先生《寂默楼记》而尽发其微,较傅子渊之阔大、黄文范之细密,皆无传于后者,其成就有偏全虚实。

王文成公赞

道学传孟、陆之统，事功如伊尹之任；与程、朱皆百世之师，如夷、惠各得其所近之性。惟吉水罗文恭“涵养未发”能得其传，何龙溪四无漫传天泉道证。宜乎《大学》格物专正念头，为湛甘泉所诤。朱子格物何曾教人格竹，此亦《语录》之一病。总之，紫阳、阳明二子，均有晚年定论。

明儒高刘二子赞

高子以未发之中为圣门见性之秘，与刘子之慎独有独体，皆同于孔子不逾矩，与杨慈湖之无意，皆能先立其大，乃本然之良知，不待于致。其于修道有顺有逆，逆者中人所难，顺者圣人所易。宜乎临大节时，一则心如止水，一则心火不炽。观其考终时一易一难，皆可知平日学养之顺逆。古人念念在定，临终安得乱！今人念念在乱，临终安得定！此乃死生大事，为存养之证。

苗疆敕建傅巡抚祠碑铭

维古大司马有事征伐，则乡大夫将之，闾胥各长其伍，伍即主伯亚旅，故《传》曰："长子帅师。"又曰："父子之兵，生则臂指捍头目，没则报功而烝于社焉。"兵农裂，文武掣，仓卒肩事，瞠目徒手，民乃罔托命。畴则若阱厥躯，右拿左扶，必縋而苏，卒拯大灾，捍大患，衡诸祀典，事倍功百，于古有光，曰赠巡抚湖南按察使司按察使傅公。公讳鼐，浙江绍兴府山阴县人。乾隆六十年乙卯，以云南宁洱知县从云贵总督大学士福康安征苗，俘其酋吴半生献诸朝。

嘉庆元年冬，擢湖南凤凰厅同知。厅户闼三苗，蹂躏二载，郊无垒，野无秆，室无甑，又乱民起四川、湖北。任事者轸貔貅之暴露，闵螳臂之贪顽，权痏疥膏肓之缓急，解网以生之，多方以饵之，王师则班而西，苗谓利可屡邀，蜮出豨突，弗变。

公新视事，喟然曰："武既不可再兴，苗既不可文令，民又靡可即戎，则曷以救我父老子弟？"遂陟厥原，相厥隘而堡坞之，衣哺其流离而屯守之，训练之。苗有盗边者，东驰西援，南拯北围，当事弗善也，将中以文法，万户嗷嗷，无所号愬。会苗大出，无阑阻者，急而相求，始得不动。机牙四应，龃龉辄砉，义形于色，声雄万夫，一成一旅，屹然若城。久之而碉者碉，垣者垣，堡者堡，土石外坚，金火中伏，森森林立，一响百应，苗无罅以乘，始不得出而扰我。公曰:“我今且入创苗,应敌之兵,敌终不惩。不入其穴,虎且负嵎,飞将噬人,其若之何?”维时我卒有勇知方,怒气阗然,粤以五年七月,有晒金塘四寨之捣。兽亡其巢,如鱼脱渊,进网退罟,苗始戢戢,不敢出原。

明年,戡石岘十馀寨之叛,有炮自天,有伏自渊,巉寨若无,坚垒若虚,乃勒其兵械以绝其芽枿,孰梗我令,孰膺我殛,则电掣幽,霆集木。而十年于永绥万山中逋逃薮,则皆悬鏖深缒,戴雪宵攻,神逋鬼驱,山奢谷岌,遂狝大丑,燹狡窟。峒弩蛮枪,铜鼓毒矢,出其所积,如坻如陵。乃遍檄苗酋,与饮血盟三侯庙,额血涔涔,矢不复反。边民释戈寝,公之秉塞渊、之遂愤悱有如斯者。

其为政善深长思,方数千丁守碉堡时,非能请县官斗粟一钱,人咸虞一旦解严,必弃前功,贻后患。公乃规古屯田法变通之,均亩养丁,自穑自卫,始于所属,次暨于乾州、麻阳、泸溪、保靖、古丈坪,旋出永绥厅苗巢中,而城诸花园,而均其原田。又屯苗叛产五千,俾自为镇压,永助我捍卫,先后合屯十有二万馀亩。口语心筹,智极神告,始艰终遂,天定民诚。

噫!匪捍其祸灾,又庀其家室;匪鸠其及身,又扈其子孙;匪奠其域封,又帡其邻圉;自非真诚郁聿孤往,安诣聱牙纠互中,奋踔出大慊积懘若此?宜我士我人,生户而祝,殁庙而假。魂魄之所陟降,明命之所景铄,不有瑰珉以扬大休,嗣抚我者,孰睹艰劬,孰心公心,以焘我人?岁月遒忽,不其慆而!铭曰:

黄钟九渊,雉雊勾萌,敛兹噩阳,奋为由庚。旷旷南甸,亦有荩臣,心照绝徼,梦通帝阍。其荩如何?匡我王服,纾难毁家,救民匍匐。

匪土斯流,匪夷斯夏,胡蠢忽虩,猖狂四野!维其始猖,亦匪汝故,急而铤险,兽穷斯怒。一狼千羊,枪急矢纷,溢边四出,榛狉如云。帝命相臣,来绥来征,尔宅尔田,尔诅尔盟。狃赦怙终,则不可又,人实绝天,害生于宥。

我公斯赫,同仇六千,生聚匪载,训练匪年。无田一成,有众一旅,予躯弗捐,予众失所,岂无牵肘,肘其可掣?曾农卫谷,而许从膝,岂不履尾,尾其胡咥?曾子待救,而忍勿恤!

鸷兽额额,公则刘之,其既帖耳,公亦柔之。脱其牙距,定其犹惊,犯也仇寇,驯也孩婴。苗崩厥角,昔迷今愧,始也孰杀,终也谁嗣?

公曰:“女苗,女士女氓,自兹以往,其若弟兄,毋怨以变,外我太平!”公曰:“尔苗,各耒尔戟,各塾尔宇,毋犊之佩,而兵之阻。毋鬼之信,人伦之侮!”

于是南楚、西黔、北蜀,咸归孔乐,有盐有布,有驒有骆,铜鼓不鸣,宵户不籥。帝曰:“予嘉,汝臬于南,岁往视之,以慰以监。”

秋再至边,倾我孺髦,胡为翼翼,遽瞻庙貌!碉堡有严,疆埸畇畇,灵旗来往,公神所存。汝罔作慝,公其殛汝;汝顺汝勤,公则吉汝。风习雨时,以黍以稷,公来载歆,甘我饮食。天子万年,四夷来同,永镇南服,我公之功。

陕西按察使赠布政使严公神道碑铭代萧山汤相国

维南山起西羌，逾陇阪，走秦分野，络关中、汉中以东讫商、洛，旁薄数千里，与汉江以北之巴山相连。巴山则自秦阶折而东，经川北、川东，与陕之兴安、湖之郧阳、宜昌犬牙错，皆千峪万箐，悬栈复嶂，据两戒之中，自汉讫明，为群盗逋逃薮，天下有事，常先叛后服。故自古梁州自为一道，明季专设郧阳巡抚以辖之。国朝割其地分隶陕西、四川、湖北，距省会远者或二千里，鞭长驾远，稂莠丰茂。

嘉庆初，襄、达教匪蔓延五省，大兵乘之，云扰波溃。四年，诏举直省孝廉方正之士策方略，于是湖南溆浦严公如熤对几万言。略谓："贼倚山谷为窟穴，以劫掠为糇粮，湖攻急则溃入陕，陕攻急则溃入川，川、湖、陕合攻则溃入陇、入洛。今师老财匮，无息薪止沸之计，是以抚者旋乱，良者胁乱，甚至募戍者养寇以延乱，乱何由弭？窃计数载以来，三省叛产、流亡各产不下亿万亩，宜乘此时举流兵降贼之无归、乡勇戍卒之无业者，悉编入屯，立堡寨，给器械，俾自为耕战守御，专设总理大员，割三省山内诸郡县隶之；承平团练教养，有事朝发夕至，庶心力专而事权一。不独目前化盗为民，因败为功，实百世长久策。"

奏上，仁庙亲擢第一。次日传旨军机，询屯政事宜，复上十二事。召见圆明园，以知县发往陕西，其疏交大帅督抚采择，虽未尽行，而坚壁清野之议始此。不三载，贼次第平，君亦屡以军功由洵阳令、定远厅同知擢汉中府知府，至陕安兵备道。

君仕南山十有馀年，亭障要隘，村寨径路曲折，罔不口讲指画而心萦缭之，穷乡邃谷，老兵妇孺，咸识君姓氏。教养既诚，官民丕变。道光四载，上以君宣力南山久，诏加按察使衔留任，旋实授陕西按察使，"旋"字抄本作"又二年"。将大其用，而旋卒于位。汉中兴安民愿迎其柩入南山，比朱邑葬桐乡事，不得。旋以名宦祠请，优诏褒嘉，特加布政使衔入祠，君之功名遂与南山终始。

方君未遇为诸生也，慕范希文先忧后乐，号乐园。当湖、贵苗变时，上计总督毕沅、巡抚姜晟，招大、小章土蛮阳投乾州为官兵内应，约一举破贼。旋为云、贵主兵者所阻，然卒得其力以救两总兵于河溪，复为隆圃、花园诸军先锋。

其令洵阳也，县宅万山，与湖北之郧西、竹山、竹溪，陕西之白河、镇安、安康、平利相斗入，官兵追贼急，往来折窜皆道洵。公倡民筑堡练勇，戒勿迎击，专截其尾，扰其顿，预贮粮冲寨以待官兵，俾追贼无留阻。遂与官兵夹击张天修等七股贼于太平，复破湖匪二千于蜀河口，加知州衔，赏戴花翎。

其知定远厅也，创建新城，扼川、陕门户，又分筑二石城于黎坝、渔渡坝，与厅城犄角，屡馘贼首陈心元、冯世周等，加知府衔俸。

其知汉中府也，承兵燹后，民困军骄，散勇逸匪，伏戎于莽。于是举工赈，修渠堰，完仓廪，以足民食；联营伍，治堡砦，严保甲，以固民卫；慎讼狱，禁邪说，以正民俗。以其间缚悍回于华、渭，禽馀匪于宁羌、城固，皆治渠魁，宽胁从，曰："吾但治从逆，不治从教。"夫人手缫车以教纺棉，二子杂诸生以课艺。困苏犷化，欢然如家人。

然勤字下，拙事上。始，大吏咸度外待君，尝岁暮卜筑宁、陕新旧二城，归而南山晚收大歉，已逾请赈期，遂元旦趋抚辕，顿首请以一官易百姓命，巡抚董公教增卒破例为奏请，乃已。及董公去而君始龃龉支诎，惟悬悬敕吏事自备，于是十馀年不迁。

及为陕甘兵备道也，适有诏三省会筹南山情形，四川总督今大学士蒋公奏委君总勘。君自川入湖反陕，相度数千里，设官置治，增营改汛，悉凑窾会，然如君对策前议，亦未遑及也。

会巡抚朱勋去位，君治益上闻。新任督抚皆推诚委任，以君言奏益厅治于盩厔、洋县界，益营兵于商州、略阳。复以君修复汉中渠百馀堰，溉沃万顷，将溥厥利于全秦。檄视澧、泾、灞、浐、渭、汭诸川，郑、白、龙首诸废渠，百坠垂兴，万夫睽仰。乙酉十一月，诏授贵州按察使，未行，仍留陕西按察使。明春入觐，连日三接，询及十载不调之由，咨叹动色，而君年六十有八矣！莅任七日遂卒。呜呼惜哉！

《秦誓》思断断休休大臣，用能容彼有技之人，咸及其膂力之未愆，良有以也。云弗郁，雨弗厚；泉弗堰，泽弗大。天欲大苏南山民，故不惜敛大惠于一方，俾尸祝万室，矜式百世，而尼之者何与焉！君长子芝从余游，尝再晤君京师，摆边幅，洞城府，视之颓然野老人也。及其驰骋上下，奋髯哆颐，沙聚数千里，龟灼数百世，菽区麦别，形格势禁，悃愊所至，盘错洞开。

尝佐两广总督那彦成公筹海寇，有《洋防备览》；佐姜公晟、傅公鼐筹苗，有《苗防屯防备览》；其筹南山，有《三省山内边防备览》《汉江南北二地图》《三省山内总图》及《乐园诗文集》若干卷。冰寒火热，粟饱帛暖，恣所取携，罔有爽忒。呜呼！可谓肫且盛已！

君生乾隆二十四年八月二十四日，卒道光六年三月初二日。

祖应鼎，父君极，皆赠如君官；嫡母李，生母何，皆赠夫人。为定远同知时，丁生母忧，力辞金革，夺情以归。配张夫人。子二：芝，癸酉副贡生，河南候补知县；次正坊，候选府经历。侧室胡。女二，孙男女各一。葬邑会仙亭右之青竹陇。予道光八年冬奉使入蜀，逾秦栈，过汉中旧治，益倘佯于君畴昔所言。乃为铭曰：

奕奕南山，包川络原，分陕所专。东迁荐处，灌翳榛楚，薮奸之所。起啸败逋，胜国所吁，维牧之无。繄昔匡难，实维良翰，盗贼咻豢。以覆以呴，以起秦庶，于沟于路。以弦以唫，以化秦民，于狉于獉。彼亦何取，十载迟女，适久厥抚。俾竟厥施，以达天知，以永民思。既知既思，循吏胡亏，而人弗为。南山千里，君陟降止，作庙并峙。君庙在山，君坟在南，百尔式监。本篇抄本题目作"皇清诰授通议大夫陕西按察使司按察使赠布政使溆浦严公神道碑铭"。

太子太保两江总督陶文毅公神道碑铭

维道光十有九年夏六月二日，太子少保、两江总督陶公薨于位。天子震悼，诏以公任事勇敢，不避嫌怨，堪式百辟。加太子太保，入祀贤良祠，予谥文毅，并允淮北士民之请，建专祠海州。明年，又特允入江苏名宦祠，不交部议。呜呼！朝廷所以劝臣工、风中外者，博矣哉！

国家承明制，挢明弊，以内政归六部，外政归十七省总督、巡抚，而天子亲览万几，一切取裁于上，百执事拱手受成。上无权臣方镇之擅命，下无刺史守令之专制，虽嵬琐中材，皆得容身养拙于其间。渐摩既久，以推诿为明哲，以因袭为老成，以奉行虚文故事为得体。恶肩荷，恶更张，恶综核名实。若靳文襄之创中河，鄂文端之改土归流，皆力战群议，屡踬屡奋而后胜之；以怡贤亲王之畿辅水利，犹不旋踵而泯荡。故便文畏事窭陋之臣，遇大利大害则动色相戒，却步徐视而不肯身预。自仁庙末年，屡以因循泄沓申戒中外，而优游成习，卒莫之反也。

东南大计，无如漕、盐，二百载来，文法委曲烦重，致利不归下，不归上，而尽归中饱，官民交困。间有讲求刷剔，芟剃更革者，则中饱蠹蚀之人轰起而交持之。道光五年夏，漕河大梗，万樯林束，诏江南大吏筹海运。维时上海关侩挠于南，通仓胥吏挠于北，屯船丁役挠于中，不曰风涛，则曰盗贼，不曰霉变，则曰繁费。天子移公自安徽抚江苏，公倜然一疏任之。明年春，海艘数千，米百六十万石，倏抵天津，不损一人一舟。每百石费仅数十金，视河运省费固倍，视前抚臣章煦所奏海运每百石价三百两之数且省数倍。明年，公遂拟改苏、松、太仓三属之漕永归海运，以大苏官民之困，先后陈章程六条、八条。虽事格未竟行，而人知海漕利国、利民、利官，为东南拯敝第一策者自此始。

道光十年冬，公督两江，兼管盐政，承蛊坏之后，如淮南之窝价，淮北之坝杠，两淮之岸费，皆浮糜数百万，仰食其间者千亿计，当事熟视其弊不敢动。公谓非减价不能敌私，非轻本不能减价，非裁冗费不能轻本，遂奏裁淮南窝价百馀万，江西、湖广、扬州各官费百馀万，又三疏奏驳粮艘夹带，岁少芦私十数万引。而淮北则创改道不改捆、归局不归商之制，每岁畅行，倍额溢课数十万，尽偿淮北之积逋，且剂淮南之悬引。末年，并欲推淮北之法于淮南，条举规画甫定而公已病，然天下皆知刘晏旧法为澄源上计，不为纲法所缚持者自此始。

方公初议海运，则南漕、北仓挠之；议裁鹾费，则窝商、蠹吏挠之；议截粮私，则长芦、总漕挠之；议改票盐，则坝夫、岸吏挠之；群议沸腾，奏牍盈尺。使公之仔肩稍不力，天子之倚任稍不坚，必不能善其后。故敬揭公之力犯群忌，而事未尝不举、恩礼未尝不卒者于碑，以为封疆大吏劝。又以谓今日东南民计国计，莫困如漕盐，公所排决疏导可垂久大者，亦莫如海运与票盐。后有来者，欲大苏东南之困，为国家筹百世利，非赓其绪而恢之不可也。

公讳澍，字子霖，云汀其自号也，湖南安化人。嘉庆七年进士，由翰林院编修改御史，历户科、吏科给事中，巡中城、巡南漕，出为川东兵备道。道光元年，擢山西按察使、安徽布政使。三年，巡抚安徽。五年，移抚江苏。十年，加太子少保，总督两江，兼管盐政。卒年六十有二。

生平所至兴革，务挈大纲，导大窾，若治安徽之荒政、之水利、之清厘库帑，治江苏之松江、娄江、白茆河、孟渎河，他人得其一皆足名世，而于公则为绪馀，故不悉书。

系出晋大司马侃。曾祖崇雅，祖孝信，皆赠如公官。考必铨，邑诸生，祀乡贤祠。曾祖妣彭、祖妣李、妣黄，皆赠一品太夫人。妻黄夫人，侧室贺、张、刘、卢、杨、张。抄本有“子葆贤殇”四字。子桄，方八岁，恩赏主事。女七。所著奏议诗文集、《蜀辅日记》《陶靖节集注》各如千卷。以二十年某月日，葬安化某原。

源自弱冠识公京师，中岁栖迟江左，受知至恳以笃，曾预托以身后乐石之文，用敢删举其大者，揭诸丽牲以饷来世。铭曰：

万生芸芸，以利相群，如虱萃身。有奋其除，必爬与梳，万众噩呼。郑有国侨，唐有文饶，始谤终谣。我洞其原，必挢其偏，以对乎天。我导其始，人竟其委，以俟君子。万夫之特，兼人之力，孰干王国？勋在三江，魂反九江，孰干王邦？如旸如月，如霜如雪，维臣心是泐。如雪如霜，如月如旸，维帝心是傍。

两淮都转盐运使婺源王君墓表

士用世于三代以后难于三代以前者有二:兵刑、农赋不名一方,不专一职,猝然取之而必应,更试为之而不恒;又南朔东西惟朝廷所命,俗不暇渐习,任不及久远;视三代以上之各仕其国、终身一官者难易相百。而国家以此驭天下士,未尝不间收其效,则恃士有诚求亹斐之心力,以贯于纲纪节目之间,随其大小,各有以自见,纵专精不及古人,而心力则视古犹倍之。

今天子御极以来,江、浙知名吏,以平罗俞君、婺源王君称最。二君皆任两淮盐运使,大吏方藉其力以自翼,而相先后卒,上下重有怆焉,故既为俞君铭其幽,而王君之子复求表其墓。

按状:君讳凤生,号竹屿,徽州婺源籍。父友亮,始侨寓江宁。君少治举子业,屡试不第。嘉庆十年,援例以通判试用浙江。二十有五年,补嘉兴府通判。君在浙江日久,屡署知县事,所在有声。所著《保甲事宜册》,浙闽总督汪公志伊刊为程式。其令兰溪仅数月,清积案七百馀事。其令平湖,民有数百户诵经茹素传授邪教者。时江南奸民方荣升,以传教兴大狱,在事者咸受上赏,故浙吏亦思以为功。君闵其愚惑,株连无辜,为开谕利害,饮以羊酒,感泣自悔,止拘为首数人,科以军流罪,以白巡抚清安泰公,公揖谢之,大失同官望。

适道光元年，天子用刑部侍郎帅公来抚浙，兼辖鹾政，又有清查通省仓库之议，方难其人，与君语，大说，遂奏君总司其事，奏署知嘉兴府。明年，又拟奏署知杭州府，君力辞不就。是冬，升玉环厅同知。会杭、嘉、湖三府苦雨告潦，议大浚浙西水利。以浙西之水尾闾于吴淞，实在江苏境，乃会奏两省合办，而调君乍浦同知，专治浙水，与江苏道员勘议。君由天目、湖州、嘉兴沿太湖以达松江，所至绘图具说。帅公故负重望，知人善任，能尽君所长，故君政声亦自帅公至始大著。四年，方计费兴工，而帅公以忧去。

是冬，淮南大风，高堰溃决，两江总督魏公元煜、河督严公烺合奏调君南河同知，而浙闽总督赵公慎畛亦密保君才堪大用。于是五年抵工，三月即擢知河南归德府。时永城旱蝗，君斋宿祷庙，果雨；率属捕蝗尤力，民以不灾。又请于巡抚，浚虞城、夏邑、永城之惠民沟、减水沟、巴清河、沈公堤等处以资蓄泄。九月，复擢河北彰卫怀道。

河北属有五厅，岁修险工，糜费巨万。道员多深居简出，不时驻工，春秋防汛，虚应故事。君事必躬亲，细而放淤、抽沟、戽水，大而抢险、下埽、箱垫、走溜，皆亲率厅营监莅。又以岁修有定例，而另案无定例，在任三年，力删另案，计所请挑之工，惟原武、阳武、延津之文砦、天然二渠，封丘之四渠，其议挑未兴者，安阳之广润渠，并原河故道而已。

旋以疾乞归，家居二载，用两江总督大学士蒋公荐起复原官。入都，蒙召见，即命升署两淮盐运使，时道光九年三月也。以淮鹾极敝，锐意整饬，条陈十八事，如收灶盐，节浮费，浚河道，增屯船，缉场私邻私之出入，禁江船漕船之夹带，以及清查库款，督运淮北，事皆可行；惟求免帑利，而反借藩库、道库银三百万，则事所必不可行者，故蒋公半允半不允。方疏入待施行，而黄玉林之事起。黄玉林者，仪征私枭也，以遣犯私逃回籍。君计招其出首，请于蒋公，奏许随营缉私赎罪。而无识妄议者，或谓两淮从此永无私枭，或又谓将酿东南大患。顾玉林实无能为，皆州县吏张大其势。蒋公虑其叵测，提至江宁狱，科以军流罪。旋得玉林所寄其党私书，意存反复。复密奏请处以重法。上以前后歧议，严谴蒋公，而君及盐政福森亦均降调以去。而陶公澍适奉总督两江之命，朝廷又特遣户部尚书王公鼎、侍郎宝兴公来江查办，合奏留君襄鹾事，逾月而议定，始裁盐政归总督兼辖，大裁浮费，略与君前策相出入。旋又奏以君往查湖广销引情形，及勘议淮北改票事宜，故君卸任而仍与鹾事终始。

道光十二年，湖北大潦，湖督卢公坤奏调赴楚总办堤工，君归自淮北即赴楚。时江堤则有武昌之江夏、蒲圻、咸宁、嘉鱼，荆州之江陵、公安、松滋、监利，黄州之广济、黄梅，汉堤则有汉阳之汉川、沔阳，安陆之钟祥、天门、京山、潜江，袤亘千里，同时告灾。君策缓急，陈利害，往返跋涉，半载告竣。会是秋蛟水复骤至，新堤完溃各半，卢公以天灾非人力所及，仍请以道员留楚补用，奉旨送部引见，君终引咎不安，力乞疾归。

明年，浙江海塘役兴，侍郎赵公盛奎及原任河督严公烺皆驰书促往，君辞不赴。而淮北票盐大畅，陶公以君首议功奏闻，且促君出山，咨部报痊，行有日矣，而病复作。十四年夏四月，君疾寖剧，乃复请假，而竟不起，年五十有九。

君生平以仕为学，尤笃好图志。其在浙江奉勘灾潦，则成《浙西水利图说备考》；在河工，则檄取所属府、州、县地图，各系以利病，成《河北采风录》及《江淮河运各图》；其在湖北，则有《汉江纪程》及《江汉宣防备考》;其在两淮,亦有《淮南北场河运盐走私道路之图》。每吏一方,必能指画其方之形势与所宜兴革,若将寝馈,而旋去之。所至倥偬讲求,日不暇给,左手画圆,右手画方,故士见用于三代后盖难矣。四方大吏,以才难之故,争相奏调,倚君若左右手,刑名、漕赋、水利、鹾政若风雨总至。君朝南暮北,席不暇暖,所试或效或不效,无一竟其用,故无专长特绩可颂当时、传后世,而近日海内谈实用之学必首推重君,则其诚求之心,亹斐之力,足以孚下而信上。士所遇大遂不大遂,固自有命焉,岂以是加损哉!

所著书,未刊者尚有诗集若干卷、《学治体行录》若干卷。其未成书有《读史汇说》若干卷,孜孜矻矻,导原植根,推而放之,充如也。

妻前叶,后丘,皆封淑人。子二:世翰,世□。女四。以某年月日葬某原。

梅郎中曾亮已为志铭,林中丞则徐书丹,故予表其墓,特揭君学行志事之大者于阡。《礼·儒行》有曰:"虽危,起居竟信其志,犹将不忘百姓之病也。"君之谓哉!君之谓哉!

户部左侍郎提督江苏学政周公神道碑铭

上之是非不明，则其公在下；下之是非不明，上之是非明，则其公在上。公在下，则是非与黜陟出于二；公在上，则匪直出于一，且以黜陟正是非，尤克昭苏万物，平概群品。

国家承明之敝，决塞去壅。而今上六七载，各直省若泾县之狱、渭南之狱、太原之狱、德清之狱，匹夫匹妇犹有不获其情者，辄烦朝廷重臣亲跋涉万里，或内付廷尉，而后平反之，重蔽牢蒙，咸卒破坏，故幽隐毕达，而吏不敢以民命草芥。

其尤甚者，湖南湘潭之狱，侍郎周公以手书为抚臣讦奏，身谴职削，吏乘势益无忌，党并雷同，铲根灭迹，巨奸逸法网，良牧絓劾议，万夫吞气，放臣息影，惴惴蜗居，灰心绝望矣。而雷霆忽发于新政之初，起废之诏，旧抚之谴，与一二嗣治狱之督抚按察，抄本"治"下有"是"字。相继尽投闲散，而复公旧职，扬历中外，复为天子重臣，使狱事虚实曲直出覆盆而照日月者，皆出天明天聪特照独断。呜呼，岂非公在上而是非出一者与？

方狱事之起，始以江西客民之犷横，继以湖民之报复，大吏不善镇抚，以致闭城罢市，械斗兼旬，人心汹惶，几激大变。时值仁庙六旬万寿之年，抚臣虑干不测，初奏至即讳匿不以实闻，而首罗织在籍石给事中为钳塞言路计，识者蚤知其无意狱事矣。公询其赍奏材官尽得状，知虚实大悬，虑酿湖南巨患，既而奏本末，有敕驰询，犹不以抚臣为不可与言，手书忠告。抚臣方仓皇于廷敕，不德反仇，遂一意护前，反噬构陷，公以是获严谴。然天下亦遂晓其一朴诚，一倾险，一忠直，一罔上。《诗》曰："云不可使，得罪于天子；亦云可使，怨及朋友。"古今君臣寮友之际，讵不甚难哉！以公至诚无逆亿若是，设遇军国事重且大于此者，必不肯隐忍却顾嗫嚅明矣；遇友有贤于旧抚者，其必竭诚无不尽明矣。被放南归，先后尚蒙朴实之褒，鲠直之谕，仁庙知公不谓不深，乃守制起复，未几而被议；今上再起，骎向用而遂不禄。士功业显不显于世，固自有命焉，于人又何尤！

公文学在士林，典刑在乡邦，政绩在海内，有李君兆洛《行状》及江苏《请祠名宦公状》在。惟湘潭一狱本末，则迄今海内传闻，尚有不尽其情者，故敬揭国家所以重民隐，决壅蔽，使孤立朴诚之士百挤不倾，有以作百世臣子之气者于前，而后以公生平他行铭诸后。

公讳系英，字孟才，号石芳，湖南长沙府湘潭县人。乾隆戊申乡试举人，庚戌进士，授翰林院编修，历官詹事府右春坊、右赞善，司经局洗马，翰林院侍读、侍讲学士、侍读学士，光禄寺卿，内阁学士，吏、户、兵、工四部侍郎兼署礼部右侍郎，抄本"部"下有"左右"二字。充《高宗实录》馆纂修官、《仁宗实录》总纂官副总裁、咸安宫总裁、《治河方略》馆副总裁、文渊阁直阁、抄本"阁"下有"事"字。日讲起居注官，南书房、尚书房行走，嘉庆戊午、庚申顺天乡试、壬戌会试同考官，福建、江南、顺天乡试副考官，四川、山西、江西、江苏学政。卒道光四年七月三十日，生乾隆三十年二月二十五日，年六十岁。奉旨祀江苏名宦祠。曾祖某，祖某，父某，皆赠如公官。妣某以上皆赠太夫人。配谢夫人。子铭恩,副贡生,江华县教谕;贻棫,监生;贻朴,广东盐库大使。孙二。抄本有"孙女三"三字。葬某原。铭曰:

帝选宿学,入侍讲幄,公矢其壼。匪夕伊朝,受知两朝,若云在霄。曰汝教督,于汾于蜀,士宵其读。曰汝司衡,于南于京,士春其英。曰汝贰部,司空司马,朕肱且股。天鉴其衷,民吁其恫,公蹇其躬。虽则蹇难,仁庙斯眷,温纶载涣。卒俟其定,以贻嗣圣,大正厥命。臣受于君,子受于亲,惟命之循。实录手辍,中夜感涕,曰思先帝。弗惩厥前,益矢厥肩,救民恐遭。手拮口瘏,大灾克苏,士气克桴。庶公其宰,以润四海,曷云不待!公重如山,公粹如璠,万夫之宪。公位日崇,公产不充,一亩之宫。显显令哲,皤皤黄发,曷云其忽。(穷)〔穹〕碑湘渍,公配恪勤,以教事君。抄本本篇题目作"诰授荣禄大夫户部左侍郎提督江苏学政湘潭周公神道碑铭"。

湖北崇阳县知县师君墓志铭

道光二十有一年十二月十二日，湖北武昌府崇阳县生员钟人杰聚党逼城劫官，知县师长治死事。贼遂陷崇阳、通城，大战官兵。明年正月，贼平，湖广总督奏师君遇害始末，诏赐恤如例，部议予世袭云骑尉。

君故与源同乡试，官内阁，又获交于君之伯父前海州知州亮采，故其归葬也，海州命源志其事，且铭其幽。

呜呼！崇阳之事，仅为君叹悼哉！崇阳圜万山中，胥役故虎而冠，凡下乡催征钱粮漕米，久鱼肉其民。生员钟人杰、金太和者，亦虎而冠，与其党陈宝铭、汪敦起而包揽输纳，不数年皆骤富，与县胥分党角立。前知县折锦元，愦不治事，一惟胥役所为，致两次閧漕。据巡抚伍长华所批漕石加收一斗之数，造扁送县，毁差房；武昌知府明竣，惟以调停姑息，于是奸民日肆。湖广督抚劾罢折锦元，以金云门往署县事，禽金太和〔置〕武昌狱，势少戢。是年九月而师君至。

钟人杰闻上游檄捕甚急，疑其仇生员蔡绍勋所主使也，约党渡河篡取之。至则绍勋已遁入城，即贼其家，焚其庐，并率数百人蹑逐入城。城门已闭，内外鼎沸，知县师君登城谕之，不退，城内兵役矢石相持竟夜。质明，城外人益众，逾缺入，大索蔡绍勋不得，则执知县迫令申状，言蔡绍勋作乱，钟人杰倡义助捕反者，并请上司释金太和归县。时武昌知府明竣以事在蒲圻，距崇阳一日程，师君先令其长子怀印潜出城，请明竣来县弹压，而明竣急回武昌。于是众益张，师君遂骂贼死，妾吴氏及侄女皆殉之。师君莅任甫百日，收漕无耗羡。钟人杰无可归罪，乃槥敛而哭祭之，言己以报仇仓卒，误害良吏，事不获已。遂劫库狱，散仓粟，造帜械，勒境内四十八堡堡出人若干，不从者杀。

然乌合乡民，无枪械，距省仅二百馀里，使省城以兵数百星夜驰赴，立可散党禽渠。而武昌督标兵因夷寇调赴江、浙，存城无几，总督裕公以兵二百驻咸宁，距崇阳百里，以俟提督之至。贼得日夜胁从，众数千，陷通城，又攻蒲圻，攻通山，众至万馀。幸官兵挫之蒲圻城外，杀贼千馀，湖南兵亦分守要隘，胁从半散。明年正月十八日，提督刘允孝至，先张疑兵大路，而正兵由蒲圻进剿。党羽瓦解，钟人杰穷蹙就缚。前后调湖南、北兵五千馀，请帑二十馀万，所获首从各犯文武生员至十馀人。

呜呼！国家转漕七省，二百载来，帮费日重，银价日昂，本色折色日浮以困。于是把持之生监与侵渔之书役，交相为难，各执一词，弱肉强食，如圜无端。及其痈溃，俱伤两败，虽有善者亦末如何，而或代受其祸。近年若浙之归安、仁和，苏之丹阳、震泽，江西之新喻，屡以漕事兴大狱，皆小用兵，而崇阳则大用兵。不宁惟是，距崇阳事未二载，而湖南耒阳复以钱漕浮勒激众围城，大吏至调两省兵攻捕于瓦子山、曾波洲，弥月始解散，俘生员欧阳大鹏等于京师，论功行赏，与湖北崇阳一辙。呜呼！仅为师君悼叹哉！

君道光己卯科顺天乡试举人，前任浙江上虞县。死时年四十有五。妻□氏，以奉母留扬州，不与其难。子世杰，以某年月日归葬陕西韩城之某原。铭曰：

国家大政食与戎，漕穷肇兵相激舂。豪民豪胥维蠹同，蚌鹬相持乃相攻。吁君之难民之恫！维贼犹存三代公。崇阳未已耒阳从，大刑屡修谁剂穷！《易》爻《讼》《师》继《需》《蒙》，胶庠狱亦承平功。法穷匪变云胡通，呜呼漕赋安所终！

廖含虚先生墓志铭

郴州含虚先生之殁也，弟子在武昌者丧服走二千里，踵门而哭之，郴之人巷不歌、舂不相者逾月。或曰："先生力学独行于孤贫之中，为国人矜式，故能然，盖隐君子也。"或曰："不然，先生不由师傅，自灵枢、遁甲、形家言，放而至于丹青、琴、弈、诗、古文词，靡不通。课子若孙以忠孝，奚其隐？"或曰："先生晚而逃禅，兼习导引，其生殁皆有异，其游方之外者欤？"或曰："诗人欤？"邵阳魏源获交于先生之孙宗湘，湘为言先生行事至章以备，卒亦莫能专名也。

呜呼！古则有士，不耀其光；世而我遗，放彼穷乡；行无辙迹，学无故常；未尝自宾于万物，物亦莫之能伤。无他，其天全也，源何足以知之！

无已，请志之，曰：先生廖其姓，奇珍其名，庸之其字，含虚晚自号也。郴州人。卒嘉庆二十有五年九月日，年七十有五。葬州之西凤乡寻母岩下。配曹。子二：绍衡、绍莲。孙五：宗湘、宗南、宗玫、宗海、宗岱。所著书若干卷，藏于家，又槼其行系诸铭。铭曰：

有古君子頎而闾，少贱多蓺惊其群，负薪挂书汲养亲，翦发营敛负土坟，国人皆曰孝子珍。不夷不惠行中伦，神完气夷无色声，闻其謦欬皆逡巡。五凿六欲分丧真，抄本"分"作"纷"。独楗其户堙其原，赤光出户夜惊邻，抄本"夜"作"宵"。嗒然坐逝遗吾身。羌孰测兮天耶人？素车束刍来踵门，弟子千里走以踆。曷以瘗幽填怪獖？有孙有孙能斯文。

张铁甫墓志铭

君子之学，太上明诸心，次尊见，下徇习。以本为渊，以用为权，匪胶乎一，惟是之全；浑浑以圜，卒符人所群然，此明诸心之事也。以己为樊，以性所近为沿，虽不轨乎大同，自信甚专，能使物靡然从焉，此尊见之事也。以众为鹄，以耳为目，以时地所迩为属，易以自足，此徇习者之事也。立今指古，递救屡迁，本与支相维，狂与狷相劘，虚与实相犄，其能以道易天下，必明诸心者也；过此则意见参焉矣，见则成习，非弘毅莫之返。

明之季，梁溪、蕺山以躬行返天下虚习敦于实际，体明用光，厥施未昌。而国初诸子裂之，守朱者曰户庭之儒，考经者曰途辙之儒，皆将以挢虚就实，而叩其自得则瞠然，以所见诸用则瞠然，抄本“以”字上有“程”字。户庭途辙之儒充天下。

吴江张君，志返世习而未能者也。始治经于途辙者有年，既而曰：“是迹也，何以有诸躬？”继研道于户庭者数年，既而曰：“是域也，何以会其通？”久而以宋贯汉，朱融陆浑，其中廓有容，则又慨然曰：“如有用我，尚未之能信也，则如之何？”衡王道，测民隐，程日用，必返诸原，毋阂毋壅，扩充大半，未见其止而遽以死。

死之旬日，江南乡试榜发，举第一。于是弟子张生洲奉遗书及状谒于主考萧山汤侍郎；又明年，求铭于侍郎之门人魏源。源观君之学，始以其虚受众是，入而融之；继以其实辞众非，故出而公之；体用本原既汇于一，以培以去，事半功倍。原既复矣，见与习乌蚀诸？

君名海珊，字铁甫。生于吴，吴人莫之知，知生者张，知死者汤也。其死，以父印江游滇不返，致心疾也，在道光元年八月，年四十。妻丘。子三。所著文集如干卷，日记一卷，言礼、言兵、言农之书各如干卷。铭曰：

好游而戒外兮，好友而戒兑兮。礼以丧亲，终不内兮。其农田水利，小试诸乡浍兮。其知兵处变，讹言不戒兮。抑其学之缩端耳，匪云艾兮。我铭喟君，未光大兮。

李希廉墓志铭

嘉庆十有八年，提督湖南学政萧山汤侍讲贡士八十馀人于朝。明年，桂东李君克田试毕出都，抄本"田"作"钿"。侍讲三谂之曰："损酒益食，损文益质，损名益实。"君拜受以行，时年二十有九矣。岂弟温良，吉祥而芳，负斐然之狂，迈嘐嘐之志，卒归反求，能自得师。一年而损口，二年而损交，五年而损饰，其未能然也。于家家多闵者，于乡乡多啧者，久益克谌，家邦归仁，于于以兴，未见其止也。逾年，郴州陈起诗以书来，则君死矣。悲夫，悲夫！于是同门魏源卒哭而为之志曰：

君之始中可知也，幼慧自熹，抄本"熹"作"憙"。长敏于为。从教谕严先生某而折节知自克，及见汤先生而始刳心于道。士之赴道者以名，君独以其诚。亲庭叱咤，不及犬马；交处十年，未尝忿颜。觏侮不知，遇谖不亿，侮愧谖服，不大声色。抑天性过人，非矫以然。至其引绳墨，切过失，闲小大，枉寻尺，则自君之殁，吾党士咸若无所依者。《诗》曰："仲氏任只，其心塞渊。"君其有焉。而遽以死，天其祝予！悲夫，悲夫！

君卒以道光元年七月，年三十有九。妻前黄，后胡。子二。葬某原。希廉字也。诗文发于天机，油油可咏，有晋人之风。铭曰：

望其墟，皋如嶓如。大哉死乎！君子以息其躯。

云台山神庙碑铭代

稽之礼：山林、川谷、丘陵，能出云、为风雨、见怪物者，皆曰神；及民所取财用者，则祀之；其荒远复奥，人迹阻绝者，不在祀典。故职方氏表九州之山镇，而徐并于青，其山镇曰沂山，其川淮、泗，其浸沂、沭，凡中条之尾没于碣、渤，东逾海为诸岛屿者，皆望祀不及焉。

海州云台山者，古在大海中，袤峙三百馀里，盖岱宗支脉，度海而来，即《山海经》之郁洲，为十洲之一也。昔秦皇帝东游，由成山放琅邪，并海而南，刻石朐阳界中，以为秦东门；而朐阳对海之郁洲，曾不得陟其巅而铭其代，更何论上古后世哉？

皇清奄有四表，东极海隅日出，鲸波未靖，则尝封禁是山，徙民内地，以明王公设险之义。其后开禁利民，仁皇帝亲洒宸翰，以遥镇洪流。于是川渎效灵，鲛鳄遐遁，潮汐逆上，涛去壤留。吴松大江诸尾闾既皆涨千里长沙，黄河云梯关亦东徙数百里，故河臣靳辅遂有不百年将策马上云台之议，至今而皆验焉。陆海桑田，西连朐岸，环错万家，耕山煮卤，炊烟起如海云。远方祈禋，梯航四至。而南北二城，营伍驻防，控扼保障；封疆大吏以时讲武登陟，阅水师，览河、淮之形势。向之十洲、三岛可望不可即者，今且隐然为东海长城。

云台山神庙碑铭

道光五年，予督海运于松江，并檄崇明镇总兵与山东水师会哨于兹山之鹰游门。阅数载，总制两江，筹淮北鹾务，亲莅海滨，熬波万灶，积素千里，蒿然轸商民之困。爰陟峻极，盱瞩溟涬，帝阊忾僾其若接，风涛撼庙其欲隤。惧非所以严天翰，祈民福，祗神明，镇边徼，将命吏鼎新之。而庙踞颠顶，庀材千仞，挽输费重；适淮北票盐大甽，岁课五六十万，商贩云增，经营恐后，绪馀鸠工，不日告成。堂庑严巩，像设巍峨，祈报孔殷，几埒东岱；又建日观之楼，表丈人之松，山崇海深，气势雄称。

是岁，海不扬波，天无烈风淫雨，濒海数千里，粳稻大熟，鱼盐日王，府海官山，地不爱宝，民咸曰神之庥。不有瑰砥，孰扬景贶？铭曰：

物大则昌，气灵则彭。不有峻岳，孰奠海王？昔焉蓬岛，今则保障；昔谢秦石，今贲天章。畴功盐策，畴司雨旸；畴奠天吴，畴走梯航；成山日主，鸿蒙、云将。夕弭蒙汜，朝发扶桑。必有肸蚃，以答烝尝。燕、齐迂怪，秦、汉荒唐；不敢渎神，神监孔章。海日煜煜，天风琅琅；庶垂祯祐，永奠淮、黄！此道光十五年代陶文毅作也。文毅未及手书勒石，而谢君元淮修《云台山志》载此文，自署己名，窜易不复成语，故存其原本于此。

——据《古微堂文稿》

太子太保两江总督祀贤良祠陶文毅公墓志铭

道光十有九年夏六月，□□朔，哉生明，太子少保两江总督陶公薨于位，敕加太子太保，祀京师贤良祠，予谥文毅。公之孤桄，方八岁，奉公遗榇归葬湖南。源辱公知，既代状公行事，上之史馆，明年冬葬有日，桄幼，未能乞铭于钜公，乃寄铭其幽。

维公系出晋大司马长沙桓公。唐同光中，讳升者始家安化。十三传至公曾祖崇雅，崇雅生孝信，孝信生必铨，是为公考乡贤公，三代皆赠如公官。曾祖妣彭，祖妣李，妣黄，皆赠一品太夫人。乡贤公子二，公其长也。嘉庆五年，举乡试。七年，成进士，改翰林院庶吉士。十年，散馆授编修。寻丁父忧，服阕补官。十五年，充四川乡试副考官。十九年，改江西道监察御史，巡视中城。二十年，授户科给事中，巡视南漕。二十一年，转吏科掌印给事中。二十四年，授四川川东兵备道。二十五年，今上登极，擢山西按察使。道光元年，兼署布政使，九月，移福建，至京，旋擢安徽布政使。三年正月，擢巡抚。五年夏，移抚江苏。十年秋，加太子少保，署两江总督，十月，实授总督。十一年春，兼管两淮盐政。十九年二月，以病乞假，开缺调理。六月，薨于两江节署。

公为翰林能诗，为御史能言，及备兵川东，摘伏发奸，又为能吏。值今上新政，首受知遇；二载，历两司至巡抚。其抚安徽，厘库项亏空，以豁三十年之吏敝；举义仓、水利，以拯三十州、县之灾黎。其抚江苏，创行海运，以苏苏、松、常、镇、太仓之漕困；大疏吴淞、浏河、白茆、孟渎，以釃三吴之积潦。其督两江，兼司鹾政，汰浮费二百馀万，以剂淮南；去坝费、岸费各数十万，改行票盐，以苏淮北。凡所施设，不任独、不任同，朋是勿壅，朋挠勿从，群疑朋丧，窾郤砉开，驱庸走智，康衢王路，天定民诚。吁！可谓智不惑、勇不惧者也。悬河之辩，不可复闻；骋古今之学，剸繁剧之才，不可复见。漕鹾边防，日棘一日，朝廷拊髀之思，无可复慰。乌乎！匪公之功，维斯民之恫！

公讳澍，字子霖，号云汀，生乾隆四十三年十一月三十日，年六十有二。配黄夫人，侧室贺、张、刘、卢、杨、张。子二：长葆贤，殇，以孙文熊嗣。次桄，恩赏主事。曾孙应峣。女七。所著有奏疏七十六卷，诗文集五十六卷，《蜀辅日记》《陶靖节集注》各如干卷。桄奉遗榇归湖南，以某年月日葬安化资江某原，即御书“印心石屋”摩崖之所也。铭曰：

沅、湘、资、澧楚四望，并注洞庭资弗章。山回水复郁乃昌，公奋神斧劚大荒。力振群靡创非常，如彼砥石江中央。石不裂兮名不僵，矢为臣极为民纲。天铭所勒公所藏，千秋万岁依帝旁。

——据《古微堂文稿》

湖南按察使赠巡抚傅鼐传

傅鼐，字重庵，浙江山阴人。祖体仁，江西万安县知县；父兆东，四川南部县典史。始，鼐以府经历仕云南也，猓夷扰边，威远厅屡戕同知，大吏以鼐往图之。乾隆五十九年，以馘猓二百馀功擢知宁洱县。明年，从云贵总督大学士嘉勇贝子福康安讨贵州、湖南红苗，复以计擒酋吴半生功赐花翎，以同知直隶州用。旋丁母忧，以金革夺情。

嘉庆元年冬，授凤凰厅同知。厅治镇筸，当苗冲，户窜亡。而明年春，大兵已移征湖北教匪，月给降苗盐粮银羁縻之，而氛愈恶，藉口前宜勇伯和琳"苗地归苗"之约，遂蔓延三厅地，司事者至倡以苗为民之议，议尽应其求。鼐知愈抚且愈骄，而兵罢难再动，且方民弱苗强也，乃日招流亡，附郭栖之。团其丁壮而碉其要害，十馀碉则堡之。年馀，犄角渐密，苗妨出没，遂死力攻阻。鼐以乡勇东西援救，战且修，其修之之法曰："近其防闲，遥其声势。边墙以限疆界，哨台以守望，炮台以堵敌，堡以聚家室，碉卡以守、以战、以遏出、以截归。边墙亘山涧，哨台中边墙，炮台横其冲，碉堡相其宜。凡制数者，近石以石，远石以土，外石中土，留孔以枪，掘濠以防。"又日申戒其民曰："勉为之，是有三利：矢不入，火不焚，盗不逾。有三便：族聚故心固，扼要故数敷，犄角故势强。"民竞以劝，百堵皆作。

而三年，苗大出，焚掠下五峒，大吏将中鼐开边衅罪；又兵备道某者，阿意吝出纳以旁掣之，事且败。会四年，镇箪黑苗吴陈受众数千犯边，于是有“苗疆何尝底定”之诏，责巡抚姜晟严首贼，鼐为禽之，始奏加知府衔俸。是年，碉堡成。明年，边墙百馀里亦竣，苗并不能乘晦雾潜出没。每哨台举铳角，则知有警，妇女牲畜立归堡，环数十里戒严，于是守固矣，可以战。

时镇箪左右营黑苗最患边，适谍哂金塘骁苗悉出掠泸溪，即夜三路捣焚其巢，复回要伏苟拜岩，大歼之，苗气始夺。六年而贵州变起。

盖湖南环苗东南北三面七百馀里，其西面二百馀里之贵州边尚未修备，故石岘苗复思狡逞，煽十四寨并附近湖南苗以叛。鼐以乡勇千五百驰赴铜仁，而贵州巡抚伊桑阿至，叱其越境要功，遂以招抚戡定奏，回贵阳。时首逆枪械皆未(徼)〔缴〕，各寨方沸然，边民赴愬云贵总督琅玕。琅玕至，急檄鼐会剿，三日，尽破诸寨。其破崖屯沟也，前两路贼皆垒石守，鼐使贵州兵攻其前，而自领乡勇夜探山后径猿引上，黎明始达，炮天降，火寨起，贵州兵望之，亦奋呼夺隘，遂连破五巢。其破上、下潮也，万山一峡，苗以死守，乃夜分贵州兵左右裹山围之，而亲督乡勇黎明攻峡，至晡，炮破之，追逼其寨。骁苗方迎死战，即分兵火寨，上潮溃而下潮亦望风溃，又为守隘贵州兵禽斩，前后歼苗二千馀。三日，扫穴平，仿湖南法建碉堡守之。而伊桑阿冒功误边罪，为新巡抚初彭龄劾伏法，鼐遂奉旨总理边务。

始，鼐议迁永绥城于花园，副将营于茶洞，而贵州亦藉永绥声援重其移，鼐屡陈督抚益力，至是诏琅玕查奏。鼐再赴铜仁，面陈永绥孤悬苗巢，形釜底，自元年尽撤营汛后，城以外即苗地，有三难、二可虑，并请于贵州边设螺蛳堡，移湖南守备戍之助弹压。琅玕乃奏移驻是，七年九月，遂移之。

既而其城群苗争占弥月，枪炮(间)〔闻〕黔境。鼒以乡勇(敌)〔数〕百深入，忽远近苗大集，急上据吉多寨，苗数重环之，铳相继。鼒以奇计穿围去，苗疑不敢逼，然自此遂议缴枪械以绝其牙距，其抗命者，则复有永绥生苗、凤凰黑苗之剿矣。

初，永绥以厅城掣肘，从未深入其巢，果抗缴枪械；而积恶石宗四等，并阻丈田土，复纠数千苗大猖獗。而是时厅已移出，且分驻形势地，又得贵州螺蛳堡可驻兵，遂立以乡勇千馀、苗兵二千败之夯都河，使永绥镇营兵扼后路，而自分兵进攻，连烧六寨。乘胜穷追至阳孟冈，严寒，山路凌竞，方少息，忽五鼓万苗突至，跳起挥兵御之。时火药馀数十斤，而后路既绝，苗四面急攻，铳发如雷，势岌岌。会雨霰杂下，苗绳硝湿枪冻，比晓，我兵乃刀槊并前，人自为战，鏖至山后，斩堕溺死二千馀，生擒石宗四。明春正月，移兵螺蛳堡，连剿破口、漏鱼、补抽等寨，焚巢破卵。是役也，贼起事即戕良苗，故鼒得以驱策苗兵深入，转战月馀，破寨十六，获枪炮刀矛三千有奇，馀寨乞命降，永绥苗一举平。

此后惟高都、两头羊役，遂不复用兵。二寨皆凤凰深巢天险，各寨缴兵后犹负固，至是皆乘雨夜晦蒙袭之，悬径出奇而后破。其贵州苗未缴枪械者，亦发印谕五十道，遍檄黔寨，咸震叠无敢抗，时嘉庆十一年也。

初，乾隆乙卯，嘉勇贝子征苗时，川、湖、贵、广重兵环境，有进康熙五路平苗策者，不用，故苗得并力拒大军。鼒则侦谍阒然，声东击西倏然，其去忽然。苗各自守则党日离，不测则情益绌。从来备西北边莫善于李牧一大创之之法，御流寇莫如坚壁清野法，而惩苗则莫如沈希仪雕剿法。鼐专用之，大小百战，歼苗万计，追出良民五千口，良苗千馀口，而所用不过乡兵数千，则惟训练有过人者。

大都苗疆用兵异他地，重山深壑，奥复巇峭，而苗猱腾兽蓦如平地，此一长也。地不可容大众，其进无部伍行列，退则鸟兽窜，冈回箐邃，贼忽中发，内暗外明，猝不及防，此二长也。铳锐以长，随山起伏，命中莫当，惟腰绳药，无重衣装，此三长也。鼐因苗地，用苗技，先囊沙轻走以习步；仿造苗枪，立上中下三的以习仰击俯攻；临敌则亦不方阵进，呼聚啸散，无异以苗攻苗。又苗兼挟利刀，乘我火器甫发来戕，因兼习藤牌闪跃法，狭路则短兵制之，彼横蛮则趫捷胜之，每战还必严汰。数年始得精兵千，号"飞队"，优养勤练而严节制之。行山涧，风雨而行列不乱，遗赀货载道，无反顾者。共甘苦若妻子，哭阵亡若子弟，报公愤如私仇。而乡兵明地利，习苗情，又多被祸同仇之人，是以致死如一。十年，剿永绥苗事闻，诏各省督抚提镇，以公练乡勇法练官兵。《宋史》称辰州土官秦再雄练土兵三千，皆披甲渡水，历山飞堑，遂一方无边患，故详著之，俾司苗疆者有考焉。

至其屯田一事，与修边御苗错举，皆于十年蒇事。其始不无广占民田，以权利害轻重，及事定，民争复业，屡有讼言，于是议者人异词。余独载鼐《上巡抚高杞书》曰："防边之道，兵民相辅，兵卫民，民实屯，有村堡以资生聚，必有碉卡以固防维。迩者贵州巡抚初公奏商均田一事，请陈利害情形而效其说：湖南苗疆，环以凤凰、永绥、乾州、古丈坪、保靖五厅、县，犬牙相错，其营汛相距，或三四里，或五六七八里，故元年班师后，苗云扰波溃如故。维时鼐竭心筹之，无出碉堡为上，遂募丁壮子弟数千，以与匪苗从事。来痛击，去修边,前戈矛,后邪许,得险即守,寸步而前,而后苗锐挫望绝,薪烬焰熄,堤塞水止。然湖南乙卯二载用兵来,已耗帑金七百馀万,国家经费有常,而顽苗叛服无定。募勇不得不散,则碉堡不得不虚;后患不得不虞,则自图不得不亟。通力合作,且耕且战,所以招亡拯患于始也;均田屯丁,自养自卫,所以一劳永逸于终也。相其距苗远近,碉堡疏密,为田亩多少:凤凰厅碉堡八百,需丁四千轮守,并留千人备战,共需田三万馀亩;乾州厅碉堡九十馀,守丁八百,屯田三千馀亩;保靖县碉堡四十馀,守丁三百,屯田千五百馀亩;古丈坪厅苗驯,止设碉堡十馀,守丁百,屯田五百馀亩;永绥厅新建碉堡百馀,留勇丁二千,亦屯田万馀亩;而后边无馀隙,各环苗以成圈围之势,峻国防,省国计也。异族逼处,非碉堡无以固,碉堡非勇丁无以守,勇丁非田亩无以赡。在边民濒近锋镝,固愿割世业而保身家;即后路同资屏蔽,亦乐损有馀以补不足。况所募土丁,匪其子弟,则其亲族,而距边稍远者,则仍佃本户输租,视古来屯戍以客卒土民杂处者,势燕、越矣。与一旦散数千骁健无业子弟,流为盗贼,为无赖,何如收驾轻就熟之用而不费大帑一钱!稽之古效则如彼,筹之今势则如此,惟执事裁之。”其坚持定议者,大指盖如此也。

积久制益密,田益辟,则又有出前议外者。于是垦沿边隙地二万亩,曰官垦田,又赎苗质民田万馀亩,曰官赎田,以备补助,济折耗。以廪屯官,授屯长,以给老幼丁,赏练勇,暨岁修城堡暨神祠、学校、养济院、育婴堂费,百务并举。而苗占田三万五千馀亩,亦以兵勒出屯。效力苗兵五千,其苗弁复自呈七千馀亩为经费,以苗养苗,即以苗制苗。于五年陈屯政三十四事,十年陈经久八事,十二年复陈未尽七事。大抵其经费田,皆佃租变价者;其屯丁田,则附碉躬耕者；其训练与农隙讲武，则屯守备掌之以辖于兵备道者；使兵农为一以相卫，使民苗为二以相安。故约官与兵民曰："毋擅入苗寨，毋擅役苗夫。"约苗曰："毋巫鬼椎牛群饮以靡财，毋挟枪矛寻睚眦酿衅，则永永不穷且变。遂同学校，同考试。"呜呼，其善深长思矣！

雍正间，张尚书广泗，改黔、粤苗归流，设九卫军屯法，盖以经略督抚之权行之，故帖帖无异议。鼐区区守土臣，未领县官斗粮尺兵，所事大吏不掣其肘即已幸，徒自奋于龃龉拮据中，盖独为其难。即其始欲不借屯以养丁，继不长屯以安乌合数千众，其可得乎！后之君子设身以处之，综其始末，揆其利害，而知用心苦矣。

十三年，屯务竣，入觐。诏曰："国家治民以官，任官以人。辰沅永靖兵备道傅鼐，专司苗疆，十有馀载，锄莠安良，除弊兴利，置碉堡千有馀所，屯田十有二万馀亩，收恤流民十万馀户，屯兵练勇八千人，追缴苗寨兵器四万馀件；复勤恳化导，设书院六，义学百，迩苗骎骎向学，吁求考试，遂已革面革心。朕久闻其任劳任怨，不顾身家，悉心筹画，臻斯完善，特因未识其人，尚未特沛恩施。今日召见，果安详谙练，明白诚实，洵杰出之才，堪为封疆保障，若天下吏咸若是，何患政治不日有起色！其即加按察使衔，用风有位。"明年，授湖南按察使司按察使。以苗弁兵民吁留，命每秋一赴苗疆，慰边人思。

鼐之在苗疆也，日不暇给，门一木匭，诉者投满其中，夜归，倒出阅之，黎明升堂剖决尽。兵民以事至，直至榻前。及为按察使，一如同知时，下无壅情，故事无不举。十五年，兼权湖南布政使司布政使。十六年，复入觐，天子方将擢鼐巡抚以大福湖南民，而六月卒于官。事闻，震悼，赠巡抚，赐祭葬，敕祀名宦祠，并许苗疆专祠。呜呼，捍大灾，御大患，有功德于民者矣！

鼐年五十有四。嗣子端弼幼，故未有碑状。嗣兵备道者桐城姚兴洁，礼予纂《屯防志》《凤凰厅志》，志例当有传，乃传。

论曰：方鼐之基于大吏以掎龁也，则镇筸镇总兵富志那实保全之云，又举岁给降苗十馀万金以委之，故鼐得以豢苗者蹙苗。富志那从征大、小金川，习知山碉设险之利，鼐实从受之，卒以成功。仁人利溥哉！二妾寡居，饘粥不给，而议鼐者汔今訚訚焉。吁，《北山》劳大夫所为太息者也！

归安姚先生传

姚先生，名学塽，学者称镜塘先生，世居湖州归安双林村。父意峰先生，以乾隆丙戌十月丙午生公。性介厚重，在孩不戏，见物不取。父兄坐庭上，久侍立足不动。既长，读书颖悟，又毅然力行之。

嘉庆己酉，举浙江乡试第一，父丧骨毁。丙辰，成进士，官内阁中书，辄归侍母，母不许，复之官。戊辰，主贵州乡试，归，道闻母忧，痛父母不得躬侍禄养，遂终身不以妻子自随，既服阕，独行至京。有一子世嘉，早世，以其弟之子世名为己子，留于家。秩再满，转兵部主事，累迁至职方司郎中。

居京师三十年，粗粝仅给，未尝受人一物。故事：部员于其乡人之有事到部者，许同乡官具保结，各有例规，谓之印结费；又，外任官至京，于其同乡同年世好之官京师者，各留金为别。此二者，京官赖以自存，习为常，公独一无所受。其门下士伍长华，官湖北布政使，至京，以五百金贽献，亦不受。或固辞不得，强留而去，则翼日呼会馆长班持簿至，书而捐之，前后捐馆中者三千馀金。居丧时，有毡帽一，布羔裘一，终身服之，蓝缕不改，盖所谓终身之丧。至署供职，衣敝衣冠厕狐貉中，晏如也。

持身严而遇物谦下诚恳，惟恐伤其意。自奉极清苦，而春秋祭祀必丰,祭毕辄邀同人饮馂。善饮无量,虽爵至无算,而酒令精明,未尝误。谈论娓娓,而终席未尝一言逾矩。其酒皆与客传壶自酌,不令僮仆侍立也。平日未尝轻议时事,臧否人物,而偶一及之,辄确当不易,虽练事之精,观人之细者,无不服也。平生未尝著书,而经义湛深。源尝以《大学古本》质之,先生曰:"古本出自《石经》,天造地设,惟后儒不得其脉络,是以致讼。吾子能见及此,幸甚。惟在致力于知本,勿事空言而已。"

其文章尤工制义,规矩先民,高古渊粹,而语皆心得,使人感发兴起。有先生而制义始有功于经,当与宋五子书并垂百世,远出守溪、安溪之上,盖自制义以来,一人而已。

初,尚书彭龄掌兵部,请先生至堂上,躬起肃揖之,先生亦不往谢。大学士伯龄兼管兵部,屡询司员"姚某何在",欲先生诣其宅一见之,终不往也。先生六十岁生日,同里姚总宪文田贻酒二罂为寿,固辞。姚公曰:"他日以此相报可乎?"乃受之。

先生之学,由狷入中行,以敬存诚,从严毅清苦中发为光风霁月。暗然不求人知,未尝向人讲学,仁熟义精。晚年德望日益隆,自公卿远近无不敬之。虽文人豪士傲睨自负者,语及先生无不心服,无闲言。盖诚能动物,不知其所以然也。

官京师数十年,未尝有宅,皆僦僧寺中,纸窗布幕,破屋风号,霜华盈席,危坐不动,暇则向邻寺寻花看竹,僧言虽彼教中持戒律苦行僧不是过也。

道光七年冬十月,廷试武士,执事殿廷,敝裘单薄,晨感寒疾,即呈告开缺,上官不许,给假一月,然先生归志已决矣。其在部也,必慎必忠,遇事必求无憾,感吏以情,吏不欺。既病,不寝,日正衣冠而坐,有问者必起谢揖。十一月戊戌,病笃,神明湛然,拱坐而殁,年六十有一。大人先生及士夫至负担闻之,皆哭。姚都宪秋农、张阁部小轩、朱阁部虹舫、陈学士硕士、龚观察闇斋、戚洗马蓉台与其门人治其丧如其志。著有《竹素轩制义》若干卷、《姚兵部诗文集》如干卷。

魏源曰:道光壬午年,拜公于京师水月庵,以所注《大学古本》就正。先生指其得失,憬然有悟,遂请执弟子礼,先生固辞,而心中固终身仰止矣。国朝醇儒推汤、陆,先生取与之严,持守之敬,不亚汤、陆,而深造自得过之。发为文章,形于语默,左右逢源,可与胡敬斋先生并,其当崇祀瞽宗以矜式百世,盖有待于来者焉。

武进李申耆先生传

自乾隆中叶后，海内士大夫兴汉学，而大江南北尤盛。苏州惠氏、江氏，常州臧氏、孙氏，嘉定钱氏，金坛段氏，高邮王氏，徽州戴氏、程氏，争治诂训音声，爪剖鈲析，视国初昆山、常熟二顾及四明黄南雷、万季野、全谢山诸公，即皆摈为史学非经学，或谓宋学非汉学，锢天下聪明知慧使尽出于无用之一途。武进李申耆先生生于其乡，独治《通鉴》《通典》《通考》之学，疏通知远，不囿小近，不趋声气，年甫三十而学大成，兼有同辈所长，而先生自视嗛然如弗及。

嘉庆甲子，以第一人举于乡。明年，成进士，授翰林院庶吉士，散馆改知县，掣选四川某县，以亲老告近，改安徽凤台县。

县治与寿州同城，为古南北用武地。濒淮、汝，时患水。西北界蒙城、阜阳，远者百八十里，土旷而民悍惰，喜剽夺，党羽至千人，各有头目，杀伤人日或数起，号难治。前令或不越岁辄谢事去，故治率苟简。君下车即周历县境，审地形，察水道，并出教与绅士商兴修事宜，首从事于田赋、保甲。前代淮南、北屯垦甲天下，陂渠久废，君先治丰湖、焦冈湖，建闸、筑堤、浚沟十馀所，民有蓄泄，屡岁告收。遂以其馀力葺学宫、廨舍、祠庙、津梁，百废备举，积年，钜盗悉就禽。

有周清者，盗魁也，一日忽自投阶下，愿效驱使，且尽散其党归农;君劳以酒食,使充捕首。于是境不闭户。

寿春镇总兵标兵多挠治,独惮君威望。城西湖洼下,旧免租赋,为兵民樵牧之所。相传兵四民六,而无畛界,营马纵践民田,民争屡不胜,且分隶寿州、凤台,事权不一。至是民复共愬,君念此非可口舌争,命尽驱其马,兵噪汹汹,不为动。总兵多隆武愤,白于总督巡抚,乃檄庐凤道、凤阳府会勘丈量,以十四里归兵,十七里归民,掘沟界之,兵民争永息。

君晨夜治事,数年,县大治。以其暇辑志乘,访名胜,登八公山置酒赋诗。先后在县七年,中署寿州事三年,丁父忧归。服阕,当赴选四川,而恬退不复出山。巡抚康绍镛固请往广东教其子,偕回扬州,先后为君刊书数十馀种,时道光元、二年也。

君既倦游,适当事聘主江阴暨阳书院,遂不出矣。家有藏书,弟子日众,择其尤者分治天文、舆地二业。

康熙、乾隆《皇舆一统图》,板存内府,海内无从购求。阳湖董君祐诚有橅本,惟分四十一图,大小瓜离,不便披览,且无历代沿革。乃改为总图,每方百里,而以虚线存天度之经纬。先用朱印数十部,墨注古地名其上,起三代、两汉、魏、晋、南北朝、唐、宋、元、明,略依《皇舆表》及《一统志》,每代各注一图,号曰《历代沿革图》,皆以朱图为本而墨图纬之。但朱图可印,而墨图则在人自加,故未能广布也。

元和李君锐有《三统四分乾象三术注》,君欲推广之,取历代史中《律历志》,尽通其法,因事体重大,未能究业,乃先成天地球及天文图。地球以铜与木为之,各一,惧学者不能明,乃为文以释之。星图则依《大清会典·天文图》,以视法变赤道为直线,分十二宫为十二图,而别绘近南北极星为圆图,列于前后,较之赤道南北分图尤便览，且较原图补入增星推准度分，以便占天者之考览焉。

君家居不预官事，惟兴水利、表忠节则陈诸当事。孟渎河久塞，君言于巡抚陶公重浚之；芙蓉诸圩田被潦，则倡率修复之。

所自著书率未就，而刊布前人遗书、遗集、金石翰墨至数十种。见人一技一善，欣然若己有。其论学无汉、宋，惟以心得为主，而恶夫以饾饤为汉，空腐为宋也，故以《通鉴》《通考》二书为学之门户。弟子蒋彤录其平生绪论为《暨阳答问》，又记其言动为《先师小德录》，可兴可观，与陆桴亭《思辨录》可相表里。近代通儒，一人而已。

魏源曰：乾隆间经师有武进庄方耕侍郎，其学能通于经之大谊，西汉董、伏诸老先生之微森，而不落东汉以下。至嘉庆、道光间而李先生出，学无不窥，而不以一艺自名，醰然粹然，莫测其际也。并世两通儒皆出武进，盛矣哉！余于庄先生不及见，见李先生，故论其大旨于篇。

荆溪周君保绪传

君讳济，字保绪，一字介存，荆溪人。荆溪周氏，皆晋孝侯周处之裔也。君自祖父以上无达者，及君生而敏悟绝人，嘉庆十年举于乡，明年成进士。廷对纵言天下事，字数逾格，以三甲归班，铨选知县，改就淮安府学教授。

岁馀，淮安府知府王谷丁祭至学宫，礼毕，将就殿门外升舆，君力拒之，谷不怿去，君即日移病去。是秋，淮安府山阳县知县王伸汉冒赈事发，王谷大辟，所属吏及委员皆诖误，惟君先几得免。

君少与同郡李君兆洛、张君琦、泾县包君世臣以经世学相切劘，兼习兵家言，习击刺骑射；至是益交江、淮豪士，互较所长，尽通其术，并详训练营阵之制。

时海贼蔡牵出没江、浙，宝山知县田□延君往商海防，因客宝山数载。癸酉春，田君丁母忧，而河南、山东教匪叛，田君钜野人，以母丧在家未葬，邻曹县贼境，身牵官累弗克归，日夜忧泣。君慨然请代行，约四川武举任子田同往。七昼夜驰二千里至钜野，知田君家无恙，乃往来曹、济间行视郡邑战守之术。途遇曹州贼数百人突至，君与任子田下车，各持一枪，仆其前二人，创其党数十人，众悉遁去。山东盐运使刘清，剿贼有名，与君语甚契，欲留君幕下，君以事平谢归，作《山东新乐府》数十章，以代诗史。

回至吴门,则田君尚亏官帑四千馀两,檄追甚急。君乃请以己庐十馀间及田五十亩禀官代抵,事始释。

尝过京口,丹徒令屠君倬,患居民讼洲田莫得其实,久不决。君曰:"明日可具鞍马夫役,为君行视之。"晨起至洲,先丈量一处,计其步数,乃令役前行,凡若干步即止,马至止所,又令一役前行。自晨至日晡,纵横环绕皆如之,凡八十馀里。还至署,令吏取所记,用开方法各乘除之,谓屠君曰:"此特以测远法用之方田耳。"诸幕友如言覆核之,尽得其实,遂申报定案。其学有实用如是。

自山左归,寓扬州,两江总督、大学士孙公闻其名,过扬州,邀见舟中,纵谈兵事,曰:"君,将才也,承平无所试,可姑试诸两淮私枭乎?"君笑曰:"诺。"孙公令淮北各营伍及州县听君号令。时淮北枭徒千百为群,器械精锐。君则招诸豪士数十辈,兼募巡卒,教以击刺。月馀,皆可用。侦击其大队于安东,屡败禽之,淮北敛迹。然君遂谢事,曰:"鹾务不治其本而徒缉私,私不可胜缉也。"

淮南诸商争延重君,遂措赀数万金托君办鹾淮北。君则以其赀购妖姬,养豪客剑士,过酒楼酣歌恒舞,裙屐杂沓。间填小乐府,倚声度曲,悲歌慷慨。醉持丈八矛,挥霍如飞,满堂风雨;醒则磨墨数斗,狂草淋漓,或放笔为数丈山水,云垂海立。见者毛发竖,人皆莫测君何许人。尝言"愿得十万金,当置义仓、义学,赡诸族姻,并置书数万卷,招东南士友之不得志者,分治经史,各尽所长,不令旅食干谒废学"。所志皆恢阔难就。

一日,翻然悔曰:"吾数年一念所误乃至此!"尽散其赀,谢其党,因自号止安,作五言诗自讼,讼其兵农杂进负初心,遂去扬州,寓金陵之春水园。时道光八年也,年四十七。尽屏豪荡技艺,复理故业。先成《说文字系》四卷、《韵原》四卷,辑平日古今体诗二卷、词二卷、杂文二卷。最后乃成《晋略》十册,则以寓平生经世之学,借史事发挥之。遐识渺虑,非徒考订,笔力过人。深坐斗室,前此豪士过门,概谢不见,前后如两人。

然食贫日甚,遂复就淮安府学教授。适漕运总督周公天爵驻节淮安,亦好讲武,相得欢甚。及擢两湖总督,强同往,许为尽刊所著书。遂以七月三日卒武昌,年五十有九。周制府使人归其丧,葬于荆溪。

君无子,嗣其兄弟子二人,皆不能读书。晚年,妾苏氏有遗腹子云。

魏源曰:予晚晤君金陵、淮安,冲夷如也,无复少壮时态。然以君所禀受,苟见诸用,庶几周孝侯、卢忠烈之风。即使中年专力学问,不耗于诡奇,所就亦不当止是。君没次年,海氛讧炽,朝廷诏求奇才之士欲如君者,海内不可复得。天之生材不易,生之而得尽其用又十不一二,亦独何哉!

筹河篇上道光二十二年

我生以来，河十数决。岂河难治？抑治河之拙？抑食河之饕？作《筹河篇》。

但言防河，不言治河，故河成今日之患；但筹河用，不筹国用，故财成今日之匮。以今日之财额，应今日之河患，虽管、桑不能为计；由今之河，无变今之道，虽神禹不能为功。故今日筹河，而但问决口塞不塞与塞口之开不开，此其人均不足与言治河者也。无论塞于南难保不溃于北，塞于下难保不溃于上，塞于今岁难保不溃于来岁；即使一塞之后，十岁、数十岁不溃决，而岁费五六百万，竭天下之财赋以事河，古今有此漏卮填壑之政乎？吾今将言改河，请先言今日病河病财之由，而后效其说。

人知国朝以来，无一岁不治河，抑知乾隆四十七年以后之河费，既数倍于国初；而嘉庆十一年之河费，又大倍于乾隆；至今日而底高淤厚，日险一日，其费又浮于嘉庆，远在宗禄、名粮、民欠之上。其事有由于上者，有由于下者。

何谓由上？国初靳文襄承明季溃败决裂之河，八载修复，用帑不过数百万；康熙中，堵合中牟杨桥大工，不过三十六万。其时全河岁修不过数十万金，盖由河槽深通，而又力役之征，沿河协贴物料方价皆贱，工员实用实销，故工大而费省。乾隆元年，虽诏豁各省海塘河堤派民之工十馀万，而例价不敷者，尚摊征归款。至四十七年，兰阳青龙冈大工，三载堵闭，除动帑千馀万外，尚有夫料加价银千有一百万，应分年摊征。其时帑藏充溢，破格豁免，而自后遂沿为例，摊征仅属空名。每逢决口，则沿河商民，且预囤柴苇，倍昂钱值，乘官急以取利，是为河费一大窦。然乾隆末，大工虽不派夫，而岁修、抢修、另案，两河尚不过二百万。及嘉庆十一年，大庾戴公督南河，奏请工料照时价开销，其所藉口，不过一二端，而摊及全局。于是岁修、抢修顿倍，岁修增，而另案从之，名为从实开销，而司农之度支益匮，是为河费二大窦。计自嘉庆十一年至今，凡三十八载，姑以岁增三百万计之，已浮旧额万万，况意外大工之费，自乾隆四十五年至今，更不可数计耶？此之谓费浮自上。

其浮自下者，自靳文襄以后，河臣不治海口，而惟务泄涨，涨愈泄，溜愈缓，海口渐淤，河底亦渐高，则又惟事增堤。自下而上，自一二岁以至十岁、数十岁，河高而堤与俱高。起海口，至荥泽、武陟两堤，亘二千馀里，各增至五六丈。束水于堵，隆堤于天。试以每岁加堤丈尺，案册计之，必有二三十丈。其实今堤不及十分之二，不曰汛水淤垫，则曰风日削剥，以盖其偷减。其实汛水仅能淤堤中之河身，不能淤堤外之官地。试以堤外平地高低丈尺诘之，则词穷矣。即此加堤之费，已不下三万万。河身既淤，大溜偶湾，即成新险，于是又增另案之费；河堤既高，清水不出，高堰石堤，亦逐年加高，于是又增湖堰之费，亦不下三、五万万。是以每汛必涨，每涨必险，无岁不称异涨。每岁两河另案岁修，南河计四百万，东河二三百万。溃决堵合之费，人能知之，能患之，其不溃决而虚糜之费，则习以为常，且不知之，且不能患之也。堤日增，工日险，一河督不能兼顾，于是分设东、南两河，置两河督，增设各道、各厅。康熙初，东河止四厅，南河止六厅者，今则东河十五厅、南河二十二厅。凡南岸北岸，皆析一为两，厅设而营从之，文武数百员，河兵万数千，皆数倍其旧。其不肖者，甚至以有险工有另案为己幸。若黎襄勤之石工、栗恪勤之砖工，即已有“縻费罪小，节省罪大”之谤。此之谓费增自下。

是以国家全盛财赋，四千万之出入，无异乾隆中叶之前，巡幸土木普免之费，且倍省于乾隆之旧；而昔则浩浩出之而不穷，今则斤斤撙之而不足。是夷烟者，民财之大漏卮，而河工者，国帑之大漏卮也。然则今日舍防河而言治河可乎？惩縻费而言节用可乎？曰无及矣！南河十载前，淤垫尚不过安东上下百馀里，今则自徐州、归德以上无不淤。前此淤高于嘉庆以前之河丈有三四尺，故御黄坝不启，今则淤高二丈以外。前此议者尚拟改安东上下绕湾避淤，或拟接筑海口长堤，对坝逼溜，以期掣通上游之效；今则中满倒灌，愈坚愈厚愈长，两堤中间，高于堤外四五丈，即使尽力海口，亦不能掣通千里长河于期月之间，下游固守，则溃于上，上游固守，则溃于下。故曰：由今之河，无变今之道，虽神禹复生不能治，断非改道不为功。人力预改之者，上也，否则待天意自改之，虽非下士所敢议，而亦乌忍不议？

筹河篇中

河决南岸与决北岸孰胜？则必佥曰：南决祸轻，北决祸重。北决而在上游，其祸尤重。决北岸上游者，若乾隆青龙冈之决，历时三载，用帑二千万，又改仪封、考城而后塞。嘉庆封丘荆隆工之决，历时六载，后因暴风而后塞。武陟之决，用帑千数百万，亦幸坝口壅淤而后塞。南岸则虽在上游，亦不过数百万可塞。是地势北岸下而南岸高，河流北趋顺而南趋逆。故挽复故道，北难而南易。上游北决，则较下游其挽回尤不易。

问曰：然则河之北决，非就下之性乎？每上游豫省北决，必贯张秋运河，张秋即今寿张县。趋大清河入海，非天然河槽乎？挽回南道既逆而难，何不因其就下之性使顺而且易，奈何反难其易而易其难，祸其福而福其祸？则必曰：恐妨运道。乌乎！今之南运河，果能不灌塘而启坝通运乎？既可灌塘于南运河，独不可灌塘于北运河乎？明知顺逆难易，利害相百，乃必不肯舍逆而就顺，舍难而就易，岂地势水性使然乎？审地势水性如之何？曰：莫如南条行南，北条行北而已。近日黄河屡决，皆在南岸，诚为无益，即北决，而仅在下游徐、沛、归德之间亦无益，惟北决于开封以上则大益。何则？河、济北渎也，而泰山之伏脉介其中，故自封丘以东，地势中隆高起，而运河分水龙王庙，遏汶成湖，分流南北以济运。是河本在中干之北,自有天然归海之壑。强使冒干脊而南,其利北不利南者,势也。北条有二道:一为冀河故渎,《史记》所谓禹载之高地者,今不可用。上游即漳水,下游至天津静海县入海,皆禹河故道,其地亦高,故不可用。一为山东武定府之大清河即济水、小清河即漯水,皆绕泰山东北,起东阿,经济南,至武定府利津县入海,即禹厮河为二渠,一行冀州,一行漯川者也。

自周定王时,黄河失冀故道,即夺济入海,东行漯川,故后汉明帝永平中,王景治河,塞汴归济,筑堤修渠,自荥阳至千乘海口千馀里,汉千乘即今武定府利津县。行之千年。阅魏、晋、南北朝,迨唐、五代,犹无河患,是禹后一大治,盖不用禹冀州漳、卫之故道,而用禹兖州漯川之故道。以地势,则上游在怀庆界,有广武山障其南,大伾山障其北;既出,即奔放直向东北,下游有泰山支麓界之,起兖州东阿以东,至青州入海,其道皆亘古不变不坏,其善一。以水性,则借至清沉驶之济,涤至浊淤之河,药对证而力相敌,非淮、泗恒流不足刷黄者比,其善二。

北宋河益北徙,几复故道,宋人恐河入契丹境,则南朝失险,故兴六塔二股河,欲挽之使东,又不知讲求漯川故道,其弊在于以河界敌,志不在治河也。

及南宋绍熙、金明昌之际,河遂自阳武而东,至寿张,注梁山泺分二派,北派由北清河入海,南派由南清河入海,南清河即泗水入淮之道,今会通河起汶上县至淮安府清河县是也。北清河即济漯川。今大清河自运河滚水坝历东阿、平阴、济阳、齐东、武定、青城、滨州、蒲台至利津海口。其时,金人以邻为壑,故纵河南下,与北清河并行,其弊又在于以河病敌,亦无志治河也。

及元世祖至正中,开会通河,尽断北流,专以一淮受全河,而河患始亟。元末至正中又北决。贾鲁初献二策：一议修筑北堤以制横溃，其用功省；一议浚塞并举，挽河南行，复故道，其功费甚大。脱脱竟用后议，挽之使南。其时，余阙即言河在宋、卫之郊，地势南高于北，河之南徙难而北徙易。议者虑河之北，则碍会通之漕，不知河即北，而会通之漕不废。何则？漕以汶，不以黄也。贾鲁不能坚持初议，其识尚出余阙之下。明以来，如潘印川、靳文襄，但用力于清口，而不知徙清口于兖、豫，其所见又出贾鲁之下。诸臣修复之河，皆不数年、十馀年随决随塞，从无王景河千年无患之事。岂诸臣之才，皆不如景，何以所因之地势水性，皆不如景？其弊在于以河通漕，故不暇以河治河也。

今日视康熙时之河，又不可道里计。海口旧深七八丈者，今不二三丈；河堤内外滩地相平者，今淤高三四五丈，而堤外平地亦屡漫屡淤，如徐州、开封城外地，今皆与雉堞等，则河底较国初必淤至数丈以外。洪泽湖水，在康熙时止有中泓一河，宽十馀丈，深一丈外，即能畅出刷黄，今则汪洋数百里，蓄深至二丈馀，尚不出口，何怪湖岁淹，河岁决。然自来决北岸者，其挽复之难，皆事倍功半，是河势利北不利南，明如星日。河之北决，必冲张秋，贯运河，归大清河入海，是大清河足容纳全河，又明如星日。使当时河臣明古今，审地势，移开渠塞决之费，为因势利导之谋，真千载一时之机会。乃河再三欲东入济，人必再三强使南入淮，强之而河不受制，则曰："治河无善策，治河兼治运，尤无善策。"乌乎！运河之贯黄河，南北一也，黄河之贯运河，亦南北一也。汶水自南旺湖北行百三十馀里，至张秋入大清河，建瓴而下，是南岸通漕甚易，所宜筹。惟北岸但自寿张至临清二百馀里，尽塞减水坝倒塘济运，而筑石闸于寿张黄、运之交，是北岸通运，亦视南河御黄坝倍易，何虞乎运道？且今日之河，亦不患其不改而北也。使南河尚有一线之可治，十馀岁之不决，尚可迁延日月。今则无岁不溃，无药可治，人力纵不改，河亦必自改之。然改之不可于南岸，亦不可于下游徐、沛之北岸。何也？上游河身高于平地，仍可决而南也。惟一旦决上游北岸，夺溜入济，如兰阳、封丘之已事，则大善，若更上游而决于武陟，则尤善之善。河已挽之不南，费又筹之无出，自非因败为功，计将安出？

因败为功如之何？曰：乘冬水归壑之月，筑堤束河，导之东北，计张秋以西，上自阳武，中有沙河、赵王河，经长垣、东明二县，上承延津，下归运河，即汉、唐旧河故道。但创遥堤以节制之，即天然河槽。张秋以东，下至利津，则就大清河两岸展宽，或开创遥堤，即如王景用钱百亿，共一千万贯，合银五百万两。尚不及兰阳、武陟之半。河既由地中行，无高仰，自无冲决。即使盛涨偶溢，而堤内堤外相平，一堵即闭，不过如永定河塞决之费一二十万而止。新河北不驾太行之脉，南不驾泰山之脉，介两脉之间，所刷皆尘沙浮土，日益深通。且南岸有旧河淤身千馀里，高五六丈，宽数百丈，以北岸为南岸，新河断不能再侵轶而南。虽自考城以下，旧河迤逦益南，距新河渐远，难尽借北堤为南堤，而河如南决，则断不能冒截而过北岸。自卫辉以上，西薄大伾山，自卫辉以东，有平衍，无洼下，加用砖工护堤，以御大溜，河必不舍深就高，侵轶而北。禹河由冀州入海，史言载之高地，是冀北不洼下之证。即使数百年后，河流偶北，如北宋之复禹迹，亦无庸挽之使南矣。姑毋侈王景河千年之远效，而数百载间大工费必可省矣。

其平时岁修，则姑复国初之旧，以一河道驻张秋，督南岸、北岸、上游、下游数厅官，及河标武职数十员而止，可裁冗员大半矣。每厅辖境不能过百里，缘盛涨时鞭长莫及也。若水由地中行，则无险工可抢，故无用多官。岁修及倒塘济运，至多以数十万计，如国初旧额，岁可省五百万，十数年可渐复乾隆库藏之旧，大利一。河北自卫辉南境，凡沙河所经，如原武、阳武、延津、封丘、考城，直走山东，皆历年河决正溜所冲之地，非沙压，即斥卤，皆土旷人稀，无辐辏阛阓，而南自开封，下至淮海，旧河涸出淤地千馀里，以迁河北失业之民，舍硗瘠，得膏腴，不烦给价买地，大利二。洪泽湖畅出入海，高堰可不蓄水，涸出淮河上游民田数万顷，大利三。五坝不启，下河不灾，淮、扬化为乐国，大利四。河不常患，帑不虚縻，而后国家得以全力饬边防，兴水利，尽除一切苟简权宜之政，大利五。其新河岁修数十万金，但取诸旧河、旧湖涸出淤地升科之项而有馀，国家更不费一钱以治河，大利六。

此六利者，天造地设，自然之利，非非常之事也，亦不必需非常之人也。但须廷议决计于上，数晓事吏承宣于下，晓谕河北州县，当水冲数十里内之民，以兰阳、武陟之已事，令其徙危就安，徙害就利，舍硗瘠，就膏腴，天下无不知利害之人，断无甘心危地以待沦胥之事，岂非因势利导至易之策？然而事必不成者，何也？河员惧其裁缺裁费，必哗然阻；畏事规避之臣，惧以不效肩责，必持旧例，哗然阻。一人倡议，众人侧目，未兴天下之大利，而身先犯天下之大忌。盘庚迁殷，浮言聒聒，故塞洚洞之口易，塞道谋之口难。自非一旦河自北决于开封以上，国家无力以挽回淤高之故道，浮议亦无术以阻挠建瓴之新道，岂能因败为功，邀此不幸中之大幸哉！

吁！国家大利大害，当改者岂惟一河！当改而不改者，亦岂惟一河！

此山东济南府武定府之大清河，非直隶天津直沽口之大清河也。南北相距五六百里，一系济水，一系卫水，判然不同。虽二道皆禹河故道，而燕、蓟之水皆南流，此北道地高之明证；且密迩京师，断不可用。惟东道天然大壑深通，且为历年北决之正溜，天造地设，更无善于此者。胡氏渭尚责王景不知复禹河冀州故道，未能尽善，岂殷室五迁为患之河，反胜于汉、唐千年无患之河乎？但慕师古，无裨实用，斯则书生之通蔽已。

筹河篇下

或曰：史称王景治河，发卒数十万，修渠筑堤，自荥阳东至千乘海口千馀里，千乘，今利津县。商度地势，凿山阜，破砥绩，原注：砥绩，山名。案：绩当作碛，盖山麓石矶插入水中者，必破去方免碍水道。直截沟涧，逢湾取直。防遏冲要，即今扫坝、挑溜、御险。疏决壅积，旧无河槽处，别开引河。十里立一水门，令更相洄注，无溃漏之患。说详下文。简省役费，然犹以百亿计。十万曰亿。凡用钱千万贯。明年夏，渠成。兴工于先年霜降后，逾春毕工。诏滨河郡国置河堤员吏如西京旧制，原注引《十三州志》曰：成帝时，河堤大坏，泛滥青、徐、兖、豫四州，乃以校尉王延代领河堤谒者，秩千石。或名其官为护都水使者。中兴以三府掾属为之。其法皆与后世治河相仿。惟十里立一水门，得无分泄水力？溜缓沙停，蹈贾让多开渠门之失，违潘、靳束水攻沙之议！

曰：潘季驯治河，亦有闸坝涵洞以杀盛涨而淤洼地。景之水门，即潘氏之闸洞也。更相洄注，使无溃漏，则水门外必仍有遥堤以范围之，即汉人所谓金堤，又谓之石堤者。潘氏遥堤，相去千丈，内有缕堤，相去三百丈。河槽常行缕堤之中，日夜攻沙，若水门不在缕堤外遥堤内，则一泄不返，安能更相注而无溃漏耶？计王景新河，初年渠身尚浅，伏秋二汛，往往溢出内堤，漾至大堤，故立水门，使游波有所休息，不过三四日，即退归河槽，故言更相洄注。若数年后，新河涤深至五六丈，则大汛不复溢过内堤，而水门可等虚设，故能千年无患。然则十里一水门者，盖其开放新河时，使皆洄注于内堤左右，而非泄水于外堤乎？用钱千万贯，不及近世兰阳、武陟大工之半，而遂建千载之绩，何惮而不为？曰：王景筑堤千馀里，用钱千万贯，其时物力，视今贵贱悬绝。果能以今日银价合古时钱价耶？曰：王景之费，一由于初创新道，故有凿阜破砥，直截沟涧之劳；二由于十里立一水门更相洄注也。今则因其故道，无复凿阜破砥之功，是费可省于旧者一。水门石工，视缕堤土工费倍，盖其时荥阳以东，无高厚南岸为之节制，恐河南侵，故堤防用力若是，今则有高厚旧河身以为南岸，即不必立水门，不必用缕堤，而但筑遥堤；其北岸亦止须间抛砖工以护堤御涨，费可省于旧者二。是今日之事，师景而逸于景。考河堤土工，每方例给银一钱九分，或二钱一分。今欲改道，必筑新堤高丈五尺，顶厚三丈，底宽十丈五尺，计堤长每丈需土百方，为银二十两，每堤一里，需银二千六百两，除旧河上游，即以北堤作南堤，毋庸新筑，及下游大清河两岸遥堤，高广减半，其费较省外，统计新河千馀里，不过费帑金五六百万，止需目前今河例修一岁之费，即可一劳永逸；以今之银五百万，抵汉世之钱千万贯有馀矣。至东汉滨河员吏，秩不过千石，且隶于郡国，等于掾属，视今日两总督、八道员、数十厅营，相去悬绝，则其岁修工程之无多又可知。不独险工减于后世什九，其浮费亦必不及后世什一。险工减，故官可大裁；浮费核，则工归实用。故古河员之多寡，恒视河务为盛衰。员愈多，费愈冗者，河必愈坏；员愈少，费愈节者，其河必愈深。如曰不然，近请视国初，远请视前史。

或曰：国朝孙文定、裘文达，皆曾主北流之议。然孙公之议，则欲于漕舟抵临清后，即由大清河入海，转运天津，所经海道仅四百馀里，皆平恬内海，而非大洋，并以乾隆三年运登、莱米三十万石，由利津至天津，一日即至为证；裘公则谓汉明帝时，德、棣之间，河播为八，王景因以成功。今八河湮塞难浚，不若改由六塘河之省力。然耶，否耶？

曰：自元、明以来，知北流之利者，如余阙、胡世宁，及近日胡渭、孙星衍不一其人，皆无如漕舟直达之无策。若言盘堤、言海运，终不能不两易其舟，即无以杜阻挠之口。由其时尚未有灌塘济运之法，故言改河北流，必至道光间行之，始万全无失。亦事穷则变，千载一时。至《后汉·王景传》，但言修渠筑堤千馀里至海口，并无播河为八之说。《明帝纪》言汴渠决坏六十馀岁，王景治之，河、汴分流，是其时河决为二，一由汴，一由济，王景塞汴归济，并不北经德州，亦无德、棣间先决为八之事，不知裘文达何自得此无稽之语。盖误认德州之老黄河九河故渎者，以为王景之河，且欲广其尾闾宽五六十里，恣河泛溢，与潘、靳之长堤束水议正相反。地理方向之未辨，更何暇与议方略！德州之老黄河，乃所谓王莽河也。

问曰：兖州大清河为王景故道，既可千年无患，何以禹河不专行漯川，而必兼行故渎，致殷都五迁之患，岂禹之智不及景耶？

曰：史言禹以河所从来者高，行平地，数为败，乃自冀州引河北行，载之高地。则是洚水方割之时，兖州一望汪洋，水中无可施功，故从大陆开凿北行，载之高地。既称高地，明非天然之壑。及兖州水退，降丘宅土之后，河槽涸出，始知济渎地势胜于冀州，故别厮二渠，兼行漯川，实则以漯川为正流，而姑留冀州故道为分派。其后冀州高地之九河日淤，正溜日趋卑地，故殷室有五迁之患。及周定王后，九河故道全塞，遂专趋济渎，后汉王景始因禹迹以成功，非景之智过于禹，所值之时，所因之时，过于禹也。是大禹初引河北载诸高地者,洪水时未竟之功,继又厮渠引河东趋漯川者,洪水后讲求尽善,而王景始成禹之志。师景即所以师禹,非一时之功,实百世之功也。

问:明人有沁水通运之议,以沁水由河南武陟入黄河,北与卫河相近,其水冬春清而夏秋浊,欲于木栾店修分水闸坝,冬春引清水入运河,夏秋放浊水入黄河,是沁水可兼通南北。今议改河北岸,曷不令漕舟溯黄而上,由沁入卫,通黄、运南北之枢,可免灌塘济运之功乎?

曰:沁水浊悍冲决,使北行入运,则卫辉必有昏垫之虞。无论七分入黄、三分济运之闸坝未必可成,即使可成,而漕艘既至张秋以后,乃不直赴临清,而令逆溯黄河数百里而上,迂道千馀里,以觊不可必之功,视临清灌塘济运,劳逸迂直相百也。智恶其凿,非利导之所尚也。

问:两汉、晋、唐,河行东北;其时长安、洛阳,帝都皆在河南;金、元、明、本朝,河行东南,则燕都在河北。或谓冀北建都之形势,其河宜南不宜北,然乎,否乎?

曰:治莫盛于唐、虞,其时河北由冀州入海,而平阳、蒲坂、安邑之都,河南耶,河北耶?汴宋时,河北决而金源以兴,明昌间,河南徙而金室日蹙,河之宜南流者安在?元末,贾鲁复河南流,而明太祖兴凤阳,都金陵,其时元正都燕,其利于北都者安在?且以形势言之:河北流,则于燕都为环拱;南流,则于燕都为反弓;以符瑞言之:我朝国号大清,而河工奏疏,动以黄强清弱,清不敌黄为言,毫无忌讳。惟改归大清河,则黄流受大清之约束,以大清为会归朝宗之地,其祥不祥又孰胜?

总之,仰食河工之人,惧河北徙,由地中行,则南河东河数十百冗员，数百万冗费，数百年巢窟，一朝扫荡，故簧鼓箕张，恐喝挟制，使人口詟而不敢议。昔汉武时，河决瓠子，东南注钜野，通于淮、泗。丞相田蚡奉邑食鄃，在河北岸，河决而南，则鄃无水灾，邑收多，蚡乃言于上曰："河决皆天意，未易以人力强塞。"故决久不塞。乌乎！利国家之公，则妨臣下之私，固古今通患哉！

畿辅河渠议

国朝旧设三河道总督，治东河、南河、北河。北河者，直隶境内之河也，其工役虽不若黄河之钜，然近日河北之漳河、永定河，横溃岁告，亦几与治黄同无善策。考之成案，诹之故老，则知漳流宜北不宜南，永定河宜南不宜北。南北之间，是为大壑。其性总归就下，其行必由地中。而近日治水者皆反之，逆水性，逆地势，何怪愈治愈决裂。说者曰：西北一望平旷，孰高孰下？西北之水，一泄纵横，孰趋孰避？不知以水势测之，而地势之高下见矣，而水之㲿碍亦见矣。不然，漳河、永定，旧日无堤，何以不闻为患，为患皆在筑堤之后耶！故治北河者，以不筑堤为上策；顺其性，作遥堤者次之；强之就高，愈防愈溃，是为无策。请分究其得失：

宋、元以前，黄河北趋大名入海，漳水入河易泄，故从不为患。宋、元以后，黄河南徙，漳水不入河而入卫，下游已淤浅难容，然其时漳之故道犹深，亦不为患。近则溃决四出，尽失故道，魏县五城，皆在巨浸，于是始议堤塞。不知治水之法，各因其性。黄河湍悍，宜防而不宜泄；漳水淤渟，可资灌溉，宜泄而不宜防。史起、白圭，前车明鉴。今人多执漳河南徙以后之难治，抑知自明至雍正，由三台至馆陶东北之路，历数百年无恙者，即此漳也。乾隆五十九年，由三台南决，甫堵北行，次年仍南决，于是任其所之而后安。道光二年,由冯宿村北决,甫堵筑南行,次年仍北溃,于是任其所之而后安。岂其水性之拗执,欲北转南,欲南转北哉!

漳河两岸,沙土十之八九,胶泥十仅一二。以平旷沙松之土,当冲刷之锋,故安阳、内黄沿河数十村庄,灾潦岁告。而居民终不肯筑堤者,退淤之后,麦收必倍,报灾之岁,例免差徭,即史起引漳溉田之成效。若以沙土筑堤,不特旋成旋溃,即幸不溃决,亦愈淤愈高,遇盛涨必建瓴而下,其害十倍。故土人有漳河小治则小决,大治则大决之语。是知不治之治,斯为上策。

且漳河之地势水性,大抵东北行则安,东南行则病。不见滹沱河乎?挟泥冲悍,与障何异?特以其东北入海,故虽左右击荡,有吞噬而无淤高,无浸漫。漳之利东北,不利东南,何独不然?近人患漳流之南侵卫河,有妨运道,亦从事北排。北排而漳不受制,遂谓性不宜北。抑知挽救于末流,而未治其上游南趋之路耶?试由上游即端其趋,何患下游不循其辙?治上游如何?曰:修复故道,自三台以迄馆陶,小费而大省,一劳而永逸。故曰:与治黄河小异而大同。敢以质司水衡之君子。

自漳河以南,地势南高而北下,自永定河以北,则地势又北高而南下。永定河故道,经固安至霸州入会同河。今南岸以西之金门闸减水引河,即其故道也。旧本无堤,虽西涨东坍,迁徙无定,而膏淤所及,以夏麦倍偿秋禾,民反为利。自康熙三十九年,抚臣于成龙改河东北,注之东淀,而淀受病。及乾隆二十年,开北堤放水东行,于是河日淤,堤日高,视平地一二丈以外,动辄溃决。然溃于北岸者一堵即合,溃于南岸,则建瓴患巨,堵合费倍。欲审地势水性,非顺其南下之旧,由固安、霸州而入玉带河不可。

或曰:纵河南下,将设堤乎,不设堤乎?曰:治北方浊流之法,以不治而治为上策。漳河、滹沱河、子牙河、白河、赵河、沙河之无堤是也;此外惟让地次之,黄河之遥堤是也。永定河旧行固安、霸州时,其故道本无堤岸,故散漫于二邑二百里之间。旬日水退,土人谓之铺金地。泥沙停于二邑者多,会于清河而入淀河者少,故三百馀年无患。自筑堤束水以来,岸宽者一二里,近者半里,至十馀丈。夫以千里来源,而束之两堵之堤,适足激其怒而益其害,又况两岸有沙无泥,遇风则堤随沙去,遇水则堤与沙化,是筑堤不能束水。今纵不敢言无堤,而河如南决,则莫如顺其所向,以旧河为北岸,而于新决之河,别筑遥堤,约宽十里,其村落可避者,绕诸堤外,必不可避者,量拨地价。即有固安、霸州一二愚民不愿迁徙者,亦不能以十馀村愚民而妨十数州县之大利大害。如此则地广足以受水,地势足以畅水;力少则无冲决,水浅则无淹没;有淤地肥麦之功,无抢险岁修之费。从此永定河道员可改为地方巡道,此百年之利也。

总之,直隶界南之水,莫大于漳河,界中之水,莫大于永定、子牙二河。子牙河即滹沱河下游。旧皆无堤,是以田水得有所归,而河水不致淤淀。自永定河筑堤束水,而胜芳淀、三角淀皆淤;自子牙河筑堤束水,而台头等淀亦淤。淀口既淤,河身日高,于是田水入河之路阻,而涨水漫田之患生,此直隶水患之大要。去其水患,即为水利,此又直隶治水之大要。故曰:与治黄河小异而大同。敢以质司水衡之君子。

道光甲辰、乙巳之春,两从固安渡永定河,详审南堤外如釜底,北堤外地与堤平,又质诸土人之习河事者,爰成是议。

上陆制府论下河水利书

前奉宪檄，委查下河水利救急之策，饬令将上游、下游及中段情形逐一查访。源所署兴化系下游总汇，距各海口各一二百里。此次晋省，又由六合绕赴盱眙、天长，查勘上游禹王河故道，并汇查历年案卷图说，始知上游分泄淮水归江之策，下河筑堤束水归海之策，均属劳费难成，殆同画饼。至中段徙坝一策，以全局形势通筹，亦多窒碍，难以操券，请略陈其概：

上游泄淮入江之说，无过盱眙、天长、六合之禹王河，经康熙、乾隆、嘉庆、道光间，四次估勘，并无河形，须平地凿开新河二三百里。乾隆间，庐凤道张容运估银三百六十馀万；道光五年，琦制府复委刘县丞估工，亦复相仿；且毁废三县民田将十万亩，而山潦溃决诸患更在其外，此不可行者一。

下游筑堤束水归海之议，创自靳文襄，请帑三百馀万。当时中外皆以为不可行，无论且经由各湖荡纯系沙泥，无处取土，岂有可堤之理？即使可成，亦不过于运河之外，再增二三百里之运河，更难修守，其不可行者二。

至酌移邮南四坝于宝应之子婴沟，闸山阳之泾河闸，以求归海路近，免灾他邑之说，查宝应运河高于宝应湖面四、五、六、七尺不等，至高邮而湖、河始平，是即移坝于北，仍不能分高邮湖堤之险，况下游海口各闸金门皆窄,若上建滚坝,下无去路,仍将漾灾各邑;若拆开海口各闸,则伏汛时又恐有咸潮倒灌之患;即使海口亦建两滚坝,而中间所经射阳湖等处,皆需挑两引河。通计上下建坝,至省需八十万,挑引河至省亦需八十万,共费百六十万,仍不能分淮安、高邮、邵伯各湖之险,此不可行者三。

惟是本年六堡拆口,全黄入湖,淤垫益甚。明年盛涨,下游保坝益难,不可不预筹防患之策。必不得已,求其可以拯急而费省者,莫如先培运河西堤石工之一策。

查每年开坝急不能待者,皆由扬河厅之永安讯一带及江运厅之荷花塘一带,湖河一片东堤危险之故。但如近日高邮绅士呈请加高东堤五尺之说,则又书生肤末之说,不中要领。盖东堤前无外障,后无倚靠,愈高则愈险,何能御全湖风浪之冲?且已有河厅例领岁修银两,尽足完缮,何须另案?惟西堤实东堤之保障,且两面皆水,以水抵水,远胜东堤之一面空虚。故凡有西堤之处,其东堤则安若金城,即水已涨过西堤,而水中但有脊影草痕者,其东堤即不吃重。自道光十馀年,钦差朱、敬二公奏办西堤碎石工以来,麟、潘二河帅十载中止有二年灾潦,较之黎襄勤任内,年年夏汛开坝,以下河为壑者,已大有悬绝。至其工程之不固者,一在石工不全,一在捞取湖中沙泥,遇水即化;兼之岁修春工,每将西堤减估,甚至挖西堤之土以培东堤,是以日形残薄。今欲为一劳永逸之计,必须完补石工,改用田土。其紧要险工,不过永安汛四十里之内,次则召伯汛、荷花塘一带,除现有石工各段外,其应补者不过数十里,所费不过二十馀万金,即可保固东堤,不畏风浪,每年可守,至立秋以后,下河水永不成灾。本年节舟往来高、宝各湖,目击情形,面承指画,洞悉利害。

此外上下游各策,无论其不能办,即使同时并举,而此永安汛、荷花塘上下数十里之险堤,亦断无听其唇亡齿寒不需保障之理。是西堤石工,无论何策皆不能省。虽非釜底抽薪之谋,实急则治标之计。其西堤石工访询颇得要领,谨别开节略呈钧鉴。倘河工经费不敷,可否暂筹借款垫办,摊于下河七州县,分年带征归款?源为下河民生起见,冒昧上陈,伏乞钧示,谨状。

再上陆制府论下河水利书

运河西堤土石工，已蒙宪允奏办，下河民生，同深庆幸。惟是河工议论，有谓所估石方之价，止系碎石而非条石。永安汛居下五湖之腰，水宽浪巨，自必补砌条石，加桩灌汁，方期保固，需银将六十万。加以木桩灰浆工费不赀，断非汛前所能蒇事，且灰浆非经年不能老固者。

查运河之有西土堤，始于明代潘印川，而西堤之有石工，近日则始于道光十馀年间，钦差朱、敬二公奏办，全系碎石坦铺，从无里面条石灌浆施桩之事。现在水落堤出，数十百里中，一望森然，谁是砌石，不得以高堰石工之方价概诸西堤也。西堤石工，自道光十八年办竣后，将运河向日蓄水丈二尺开坝之例，改为蓄水丈四尺以上至丈六尺不等。麟、潘二帅十载中只有二年灾潦，较之从前年年未秋开坝，以下河为壑者，已大相悬绝，是石工之明效。但当日承办工员，或即取河泥筑堤，又未将土堤一律高宽，而即先铺碎石，是以间断高低不齐，一遇盛涨，其水从低处冒过，又历年风浪坍卸，并未捞摸补还，以致伏汛湖河一片，东堤仍受其冲。又下游扬运厅所辖露筋祠至邵伯数十里中，如荷花塘、昭关坝等处，亦系次险，不知当日何以独不估办？今当别为绸缪之计，不当仅虑及高邮汛之西堤也。

又有谓此但治标，非釜底抽薪之计，何如别改清口以筹出清刷黄之路，使湖水北出畅宣四五分，则上坝可不启，而下坝可同虚设者。查出清刷黄，果有此上计，固所祀祷而求。但即有此上计，亦止能泄湖水于清、黄高下略等之时，而不能泄于清、黄高下丈许之时。考清水畅出，宜莫若国初康熙之日，而靳文襄即以下河灾潦为忧，奏长堤束水归海之策，可见国初清口亦止能宣泄于伏汛未涨之时，若遇大汛，则上五坝仍不得不开，而下五坝不得不守。而谓清口一通，下游五坝即同虚设，谈何容易！况此次估办西堤石工，原请于票盐经费垫支，由下河州县摊征归款，不敢请帑以分河工之经费。是下游治标与上游之治源，自可并行不悖，非若河工另案请帑之事。下游多一项石工，即少上游一项经费。急则治标，请先准行以塞下河百姓之望，免致明夏保坝时，致百姓又以堤工不固藉口也。

再有请者，从来河工议论多而成功少，平日沿习开坝，则年年以下河为邻壑；及一旦讲求保坝，则又必欲使上游之水涓滴不入下河。如所谓开禹王河泄湖归江，所谓筑长堤束水归海，所谓仿高堰工程条石砌缝灌老灰浆，皆由求效太侈，欲秋成之后，下河田亦不受淹。殊不知西水之于下河，能为害亦能为利，如使终年西水不入下河，亦非民田之福也。不但东台、盐城、阜宁海卤地咸，全恃西水泡淡，始便种植，即高邮、泰州、兴化、宝应、甘泉等县，亦赖西水肥田，始得膏沃而省粪本。凡西水所过之地，次年必亩收加倍，如年年全不开坝，则下河田日瘠，收日歉。故开坝于立秋以前，则有害无利；开坝于立秋后处暑前，则利害参半；如开于处暑以后，则不惟无害而且有大利。缘立秋大节，天气更变，必有风暴以应之。历年小风暴皆在立秋前后，大风暴皆在处暑前后。天既变东风为西风，则东岸河堤止能御平水，不能御风浪，自不能不开坝以泄水。故保坝者，非求其不开，而但求其缓开也。如求其终年不开，自非西堤石工所能操券。如仅求立秋后开车罗坝，处暑节开中坝，则江潮未必年年顶托。既有归江各路以畅之于下，有归海各闸以泄之于旁，又有西堤石工高厚坚固以横障于前，纵有全湖风浪，不能冒过西堤。而东堤所当者，不过运河数丈之风浪，岂犹不可守延旬日以俟收成乎？知下河水利止求夏秋间缓开旬日而止，则求效不必过侈，经费不必过大，议论不必过创，止求补完西堤以作东堤之保障。而前此种种策画，皆题目过大，旷日无成，均可束之高阁矣。

又自邵伯至清江，运河东岸，设有二十四闸，原为未开坝以前预筹宣泄之地。乃近年厅汛每于五月初湖河盛涨时，反将诸闸全行堵闭，似为蓄水增涨挟制开坝之地。若谓恐妨农田，何故不启闸而反议启坝？无是情理。若使每年于未启坝时，先启二十四闸，每闸过水一丈，合计可减一坝之水。使湖涨减得一分，即减一分之险，五坝能缓开一日，即下河低田受一日之赐，然后以节令风暴之期，为开坝之期。此皆当于善后章程内奏请施行，实可谓亿万姓无穷之赐！谨状。

湖广水利论

历代以来,有河患无江患。河性悍于江,所经兖、豫、徐地多平衍,其横溢溃决无足怪。江之流澄于河,所经过两岸,其狭处则有山以夹之,其宽处则有湖以潴之,宜乎千年永无溃决。乃数十年中,告灾不辍,大湖南北,漂田舍、浸城市,请赈缓征无虚岁,几与河防同患,何哉?

当明之季世,张贼屠属民殆尽,楚次之,而江西少受其害。事定之后,江西人入楚,楚人入蜀,故当时有江西填湖广、湖广填四川之谣。今则承平二百载,土满人满,湖北、湖南、江南各省,沿江沿汉沿湖,向日受水之地,无不筑圩捍水,成阡陌治庐舍其中,于是平地无遗利;且湖广无业之民,多迁黔、粤、川、陕交界,刀耕火种,虽蚕丛峻岭,老林邃谷,无土不垦,无门不辟,于是山地无遗利。平地无遗利,则不受水,水必与人争地,而向日受水之区,十去五六矣;山无馀利,则凡箐谷之中,浮沙壅泥,败叶陈根,历年壅积者,至是皆铲掘疏浮,随大雨倾泻而下,由山入溪,由溪达汉达江,由江、汉达湖,水去沙不去,遂为洲渚。洲渚日高,湖底日浅,近水居民,又从而圩之田之,而向日受水之区,十去其七八矣。江、汉上游,旧有九穴、十三口,为泄水之地,今则南岸九穴淤,而自江至澧数百里,公安、石首、华容诸县,尽占为湖田;北岸十三口淤而夏首不复受江,监利、沔阳县亦长堤亘七百馀里,尽占为圩田。江、汉下游,则自黄梅、广济,下至望江、太湖诸县,向为寻阳九派者,今亦长堤亘数百里,而泽国尽化桑麻。下游之湖面江面日狭一日,而上游之沙涨日甚一日,夏涨安得不怒?堤垸安得不破?田亩安得不灾?

然则计将安出?曰:两害相形,则取其轻;两利相形,则取其重。为今日计,不去水之碍而免水之溃,必不能也。欲导水性,必掘水障。或曰:有官垸、民垸,大碍水道,而私垸反不碍水道者,将若之何?且有官垸、民垸,而藉私垸以捍卫者,并有藉私垸以护城堤者,将若之何?且私垸之多千百倍于官垸、民垸,私垸之筑高固,甚于官垸、民垸。私垸强而官垸弱,私垸大而官垸小,必欲掘而导之,则庐墓不能尽毁,且费将安出?人将安置?

应之曰:今昔情形不同,自有因时因地制宜之法。如汉口镇旧与鹦鹉洲相连,汉水由后湖出江,国初忽冲开自山下出江,而鹦鹉洲化为乌有。又如君山自昔孤浮水面,今则三面皆洲,水涸不通舟楫;岳州城外,昔横亘大沙滩,舟楫距城甚远,今则直泊城下。又如洞庭西湖之布袋口,今亦冬不通舟。此则乾隆至今已判然不同,皆西涨东坍之明验,水既不遵故道,故今日有官垸、民垸当水道,私垸反不当水道之事。今日救弊之法,惟不问其为官为私,而但问其垸之碍水不碍水。其当水已被决者,即官垸亦不必复修;其不当水冲而未决者,即私垸亦毋庸议毁,不惟不毁,且令其加修,升科,以补废垸之粮缺。并请遴委公敏大员,编勘上游,如龙阳、武陵、长沙、益阳、湘阴等地,其私垸孰碍水之来路;洞庭下游如南岸巴陵、华容之私垸,北岸监利、潜、沔之私垸及汀洲,孰碍水之去路;相其要害而去其已甚,杜其将来而宽其既往,毁一垸以保众垸,治一县以保众县。

且不但数县而已,湖南地势高于湖北,湖北高于江西;江南楚境之湖口,日蹙日浅,则吴境之江堤,日高日险。数垸之流离,与沿江四省之流离,孰重孰轻?且不但以邻为壑而已。前年湖南、汉口大潦,诸县私垸之民人漂溺者,亦岂少乎?损人利己且不可,况损人并损己乎?乾隆间,湖南巡抚陈文恭公,劾玩视水利之官,治私筑豪民之罪,诏书嘉其不示小惠。苟徒听畏劳畏怨之州县,徇俗苟安之幕友,以姑息于行贿舞弊之胥役,垄断罔利之豪右,而望水利之行,无是理也。欲兴水利,先除水弊。除弊如何?曰:除其夺水夺利之人而已。

湖北堤防议校者案:《文稿》作《楚辅纪略叙》

荆州,其川江、汉,据西南建瓴之势,自古不闻为患。而近灾岁告,其堤防几与河、淮并亟。盖大江出峡,至江陵始漭泱横恣,而下游洞庭夏涨,又挟九江之水奔腾出口,以横截大江之去,又东则汉口截之,又东则彭蠡口截之,每相敌相汇,则回逆旁溢,而洲渚莫盛于荆,是为江患。

汉水则发源汉中,挟兴安、郧阳万山溪涧之水以东,又受德安、安陆之水于郧口,皆山潦横暴,每夏秋汛,与江争涨,则分派入江陵之长湖,下达潜、监、沔阳之沌口,港汊纵横,数百里弥望,是为汉患。

斯二者,或委之天时焉,谓蛟水骤涨数丈,所至溃突,非汛水日长尺寸之比,则其发有时,固不应天灾之岁告也。或委之人事焉,谓秦、蜀老林棚民垦山,泥沙随雨尽下,故汉之石水斗泥,几同浊河,则承平生齿日倍,亦不能禁上游之不垦也。故今治江、汉者,则专从事于堤防,且岁咎于堤防之不固。乌乎!天下固有致患之由,执为防患之术者乎!

江之在上世也,有七泽以漾之,有南云北梦八百里以分潴之。夏秋潦盛,则游波宽衍,有所休息。自宋世为荆南留屯之计,陂堰成田,日就淤塞。而孟珙、汪叶之知江陵,尚修三海八堰,以设险而蓄水，又有九穴十三口，以分泄江流，犹未尽夺水以地也。元、明以还，海堰尽占为田，穴口止存其二，堤防夹南北岸数百里，而下游之洞庭，又多占为圩垸，容水之地，尽化为阻水之区。洲渚日增日阔，江面日狭日高，欲不轶溢为害，得乎？

汉自钟祥以下，昔各有支河以杀其势，民贪其肥浊易淤，凡滩唇洲尾，多方围截以成圩，自襄阳南下千馀里，则皆大堤以障之，于是汉底亦日高，堤外地日下，溃则破缶，潦则侧盂，校者案：《文稿》“侧”作“仰”。人与水争地为利，而欲水让地不为害，得乎？

且古之治水者，但闻疏浚以深川，不闻曲防以壑邻，故曰：左堤强，则右堤伤；右堤强，则左堤伤；左右俱强，则下游伤。洳其势，不孙其理，虽神禹不能为功。然今日而欲弃地予水，徙田墓庐舍邑里，决堤防以避之，固有所不能。然则如之何而可？曰：患在天者，人力无可如何，无已，则惟有相其决口之成川者，因而留之，加浚深广，以复支河泄水之旧，庶因败为功之一策乎？患在人者，上游之开垦，亦无如何，惟乘下游圩垸之溃甚者，因而禁之，永不修复，以存陂泽潴水之旧，亦因败制宜之二策乎？弃少而救多，事半而功倍，虽江、汉之浅深，洲渚之亘袤，非人力所能排浚，而水无所壅，则其力自足以攻沙而深川也，是之谓以水治水，其贤于堤防曲遏也，利害相百也。

道光九年，湖北大涝，婺源王君凤生以旧运使奉檄赴楚，总理堤工。既而知其事不可成，引疾告退，因笔其利害，为《江汉宣防图说》二卷，《汉江纪程》二卷，总命之曰《楚辅纪略》。盖身亲曲折，始知天下事不瀹其本原，而徒瞥偏抚弊之果不足为也。得是说而通之，以治天下水无难焉，于江、汉何有？此代陶文毅叙王运使书也，存之以当水利议。

江南水利全书叙代

道光三年，江、浙大潦，朝廷蠲赈数百万。是时，先相国总督两江，与江苏巡抚韩公、浙江巡抚帅公，会筹酾沈澹灾之策，议大修水利，奏举江苏按察使林公总司其事。既而先相国与韩公、帅公先后去任，事且中辍。又数载，陶公、林公相继抚苏，于是吴淞、刘河、白茆、孟渎诸役毕举，又旁及海塘、运河、城河，而各州、县亦各自浚其支渎小港之关民利者，形势规画，具详前巡抚江夏陈公所辑《江南水利全书》，至是松江郡守洪君刊成求序，始得纵览焉。

惟江、浙两省形势山脉，一自湖州趋杭州，一自镇江趋常州，南北皆高，而嘉兴、苏州、松江、太仓适当其中洼。自江苏一省言之，则地势北高而南下，黄浦东江、吴淞中江、刘河、娄江，皆泄太湖之水入海，再北为白茆、七浦，为孟渎，则泄太湖之水入江，是为五大干河。孟渎最北最先淤；白茆、刘河次北则次淤；吴淞介南北中，则屡浚屡淤；黄浦最南最浩瀚，为江、浙七郡诸水之尾闾，自古从无淤塞，亦从无疏浚。故陶、林二公之兴役，亦惟吴淞大资宣泄，而刘河、白茆，则海口筑坝，以防浑潮倒灌之患，可灌田而不可通海，岂非地势使然哉！

道光十四年，蛟水陡涨，潦将入城，林公急檄太仓州决刘河、白茆大坝，不二日水退数尺，岁仍大稔。急则泄水入海，常则蓄水隔潮，又岂非地势使然哉！

或者曰：此论地平也，而未及乎水平也。地平者，形势高下之一定，水平则低田筑堤，使大水不能入民田，可使堤外塘浦之水自高于江，而江水自高于海，诚能于沿湖州县大修圩田，则足以束外水使之平，而东注建瓴，此有待于推广者一。建闸可施于支流汊港，而不可施于干河，筑坝可施于刘河、白茆，而不可施于吴淞。然吴淞上游必于长桥、宝带桥大去壅塞，方可吸湖水使之奔腾入江，下游必于吴淞口对坝逼溜，方足激江水使之奔腾入海，视建闸去闸功皆相倍，此有待于推广者二。

今海警甫息，经费告殚，非兴举水利之时，姑存此说以补陶、林二公之未竟，其能举而行之，以大剂东南田赋之穷，则俟后之君子。此代孙中丞《江南水利全书叙》也，存之以当水利议。

东南七郡水利略叙代

杭、嘉、湖、苏、松、常、太七州、郡之水,源于宣、歙、天目诸山,而以太湖为壑,太湖又以海为壑,而由湖入海,则三江为之门户焉。太湖汇源水之来,湖所不能容者,则亚而为荡、为漾、为茆、为淀,凡百有奇,如人之有腹乎?三江导尾水之去,江所不能遽泄者,则亚而为浦、为港、为渠、为渎,为洪、泾、浜、溇,凡千有奇,如人之有肠胱脉络,以达尾闾乎?七州郡地势,北高而南下,常州则自五堰筑,而胥溪以西之水不下于太湖;嘉兴则自海塘筑,而浙江之潮不及于震泽;东南水患,十杀三四。谭者遂以淞江、东江、娄江为震泽之利害焉。东江委于刘河,而淞江居中,正承太湖咽吭以入海,于利害尤切肤。故单锷、郏亶著书,海瑞、夏原吉兴役,皆详苏、松而略嘉、湖,岂非上游之利害,视下游之罂塞哉!

道光五年,安化陶公抚吴,承三年大涝之后,继以南漕海运之举。七年,遂奏请浚吴淞口,开新道以利其流,去旧闸以畅其壅,江溜大放,敌潮东下,故九年江、镇、淮、扬复大涝,而苏、松之灾少澹焉。又以次浚镇江之练湖、常州之孟渎、太仓之刘河、白茆,以济运溉田。惟杭、嘉、湖三郡,环太湖西南,非部内所辖,且谓下游疏则上游自宣泄,故经画未及也。而乌程凌君涞为《七郡水利书》,则独详于湖州桑梓之利害。

盖自上游潴水之碧浪湖，束水之运塘，分水泄湖之溇港，与自湖入江之长桥，或浅或圯，或淤或狭，以致诸山之水不及稍潴，而径奔于运河诸溇；运河诸溇之水，又不能尽泄于太湖，而既至太湖又不能遽达于江，徒溃滥四出，患田亩，沈庐舍，故是书于湖州三致意焉。然中路太湖之长桥口不通，而遽治上游，无益也；下游吴淞尾闾不畅，而遽治湖口，尤无益也；下游湖口虽通，而谓上游可不必导水入运，障运入溇，导溇归湖，遽可不疏自治，亦不可尽得也。天下事皆先本后末，惟治水则以末为本。故其利害功效，下游居十之七八，而上游仅十之二三。然则治吴中之水，终须致全力于吴淞，而未可紊其节次，劳其工程，舍尾闾而先肠胃哉！乌乎！岂但治吴水然哉！此代陶文毅序凌君书也，略改存之，以当水利议。

三江口宝带桥记代

东南之水，潴于震泽，尾闾于三江，而吴江长桥、元和宝带桥钥其门户。自宋汔清七、八百年，代浚代淤，要未尝竟源委、讨积病，一举而大治。道光三载，吴、越大涝，蛙鳖生万灶，蛟鼍嬉千里，东南田赋什不一二，始慝聒于三江之淤塞。五年，兵部侍郎陶公自安徽移抚江苏，承海运之后，始奏疏吴淞江。十二年，陶公总督两江，巡抚林公复与督府会奏，浚刘河、白茆河，旋又通七浦、徐六泾之口，修昆山之至和塘，浚太湖之茆淀，而告成于三江口之宝带桥。三载经营，百废备举，先后糜金钱若干万，而刘河则以元和知县黄冕奉檄总其役，宝带桥又元和所辖也。

惟东南水道今昔异形势，今之修浚三江异昔人者有二：吴淞自昔以建闸御潮为首要，今宫保陶公以吴淞为中条正干，非支河汊港比，宜宣不宜节，独去其闸，直其湾，阔其源，深其尾，塞其旁泄，使溜大势专足以敌潮刷沙东下。故道光十一年、十三年江潦连岁横溢，而吴田不告大灾，皆吴淞泄水之力，此其异昔而收效于今者一。

刘河、白茆河自昔以通海口为要，今抚部林公与督府会筹，以为三江并行，必淤其一二，今正溜专趋吴淞，则不宜多杀其势，而刘、茆二海口，内外高下平等，旧苦咸潮倒灌，介虫逆上害田穑，尤不宜引寇入户，于是坝其海口，使不通潮，而专蓄清水。十四年太湖发蛟,江水骤涨丈馀,急决海口大坝,不三日水骤退,吴田大熟。而海啸风潮时作,亦不致倒侵内地,太仓、常熟、昭文沾溉数万顷,此其异昔而收效于今者二。

故三江之役不第今昔相反也,即此江之役与彼江亦相反也。图度于事前,而不旋踵收功于事后,其经费则皆拮据于财赋劳瘁之馀,视昔人尤不易。非大府恫心民瘼,断莫之举也。古君子为政有成,则必述其始终经画之本末以诏后人,故《春秋》役民力必书。今斯桥扼三江之要,为诸壑喉,为漕艘冲,后之守土者,道出其间,览泽国之形势,念东南农田之利病,慨然于周、海诸君子之遗烈,洞然于此江与彼江之异形,今江与昔江之共势,因时制宜,举废兴滞,吴民其庶有瘳乎?遂勒石桥右,既以揭各贤牧伯经营数载之用心,且以勤后。

筹漕篇上

道光五年夏，运舟陆处，南士北卿，匪漕莫语。先筹民力，乃及天庾。一壶中流，敢告幕府，作《筹漕篇》。

客曰：仆伏东海之壖，隶贡赋之乡。今者淮决湖涸，千里连樯，积如山冈。蓄清则无及，由陆则财伤，航海则非常。然东南之粟，终不可不登于太仓。窃耳当事之议，欲借引夫河黄，盖不得已用之，庶权宜济急之一方。或者其可行乎？

对曰：非下士敢议也。然窃闻之，利多害少，智者为之；害多利少，审时施之；有害靡利，无时而宜之。今者堰虽决矣，河未病也；清虽泄矣，可徐盛也；漕虽亟矣，策未罄也。智者因祸而为功，未闻加患而益甚。若之何用河而河病，助清而清病，济漕而漕病？夫黄宜合不宜分，分则力弱而沙沉；清宜㓻不宜淤，淤则倒灌而患深。将姑为济运计乎？窃恐运河浅狭，岂容浊泥，数日而胶，旬日而夷，衔尾磨浅，有如曳龟。进退触藩，计当安施，幸蚤图之，毋悔噬脐！

客曰：江、淮二渎，皆濒于海，淮为河夺，故道未改。赣榆沙船，运货吴淞，来往为恒，未尝失风，是沿海可行也。嘉庆中，开减坝，夺盐河，淮北之商，载盐海航，由福山入江，行千五百之内洋，是江口可通河北也。今者粮艘扼于清口，进退两难，盍令由江下海，入于云梯之关，逆溯而至中河，奚必濡滞乎湖干？

曰:是康熙中所曾议,而河臣张鹏翮格之未行者也。夫赣榆之浅船,无过二百石,故可载轻以涉沙,讵可行千馀石之重艘乎?盐运自北而南,可进乎江口;粮艘自南而北,必上乎黄河。鸿流喷薄,百里为激荡,两岸绝纤道,岂能效逆上之鱼乎?改由海舟,费且无益,矧在漕舟,十无一济,如之何可行也!

客曰:古之漕运,皆用转般,沿水置仓,递输于官。江舟不入淮,淮舟不入汴,汴舟不入河,河舟不入渭,自宋崇宁中始改为直达纲。今清口龃龉,漕舟不能入黄,则盍仿建仓之意,截留滞粟于淮、扬,或仿转般之法,集河北、山东、河南之船于北岸,接运乎清江。二策居一,可否其行?

曰:兹所策者,将以暂行乎,抑永行乎?其以济全漕乎,抑半漕乎?南漕正耗四百万石,以一仓贮万石,必四百馀仓。木必坚厚,地必高燥,费钜时旷。其未成以前,截留之粟无所贮。将粜卖以易新乎?则出入之间,贵贱两伤,折耗百出;将修以备将来不时之急乎?则不遗力以造仓,仓成而河运通,仍归无用;将不建仓而第接运乎?则河南、山东、直隶额设之官拨船二千百有五十艘,每船止受二百五十石,仅可运米五十馀万。纵尽签商民之船勿顾怨咨,亦不过百馀万石,尚不足济南漕之半。必更增造五百石之船数千艘,为费数百万。而清江过坝每日仅能过二万石,非二百日不能竣,必误抵通之期。

且唐、宋漕运,皆以民不以军也。今循明代之军运,而用唐、宋之转般,则自黄河以北,其仍用屯丁乎,不用屯丁乎?用屯丁则虽转般而依然直达,且本艘之回空莫顾,拨船之兼辖难周;如不用屯丁而至淮即还,则接运北上者,民乎官乎?沿途稽察谁司,通仓勒索谁给,米色耗坏谁任乎?夫唐代沿途置仓,递相灌注,已有斗钱运斗米之言。今不革数百年之运军与百馀年之仓弊，而漫议永行者，左也；无素备之仓廒与一定之成宪，而仓卒暂试者，尤左也。子言师古，吾见其滞今也。

客曰：旧漕变价，新漕折价，可乎？

曰：太仓之储，非下士所测其数，可否停运，议俟庙堂。且以数百万米易银，银必贵；以数百万银易米，米必贵。出入皆耗，是变价之累在官。于秋成谷贱之时，而责以纳银，则贱愈贱；于浮收积弊之后，而责以敛银，则浮愈浮，是折色之累在民。况正供有定，河患无恒，停运其可常乎？是仓储之虞并在国，以此策之，又未见其可也。

客曰：救急之图，苟且之计，固皆踬矣。请舍一时之谋，商异日之画，亦有二议，或可久远乎？

曰：愿闻其说。

客曰：古言运道，必曰汴梁，托始鸿沟，大辟于隋。起荥泽，引河入汴达于淮，曰通济渠；又因沁水南连河，北通涿，开以济运，曰永济渠。唐、宋以来皆因之，是古运道本出于河、淮之上也。自元浚会通河而汴道遂废，然其东支入涡者，上流虽塞，而其南支合颍名贾鲁河者，仍上受京、索、须、郑诸水。由祥符之朱仙镇周家口至颍州以注于淮，商舟辐辏焉。若再施开浚，引漕舟由洪泽溯淮而上，入汴以抵于河，则祥符之对岸即为阳武，距卫河仅六十里。又上游之沁河，旧本入卫，近改由武陟入河，仍可分流入卫。使由此溯之，则其南由淮入汴者，即今日商舟通行之水；其北由沁、卫达天津者，即今日通漕之水。不大烦穿凿而运道出于河、淮之上游，不复与清口相犯。高堰之水，可以毋蓄，而淮、扬下河之水患可免矣。微山、蜀山诸湖可以毋蓄，而山东之涝旱可免矣。

曰:若子之说,是移清口于河南,以邻国为壑者也。病河病漕,以之直达固不行,以之转般亦不行者也。隋之去今,千有馀载,河底深通,视今数倍。然且旋开旋闭,唐刘晏等即已改用转般,不能直达。宋都汴京,南漕本不入河,其北漕甚少,已岁虞河口之倒灌,故尝塞河引洛循广武以入汴,及河啮广武而运废。宋室南迁,金源河徙,诸渠淤废,是以元人改开会通河。岂不知汴、沁自然之利,甘凿空劳费之役哉!

况今又五百馀载,河高地下,势同吸注,引贼入室,建瓴必溃。南决入汴,则必无开封;北决入卫,则必无卫辉。且南河有减水坝,而东河无之者,盖建坝必依石山而藉胶泥。自东河以上,地坦土疏,即减坝尚虞其夺溜,况引河通运乎?若欲溯汴而上,由郑水以至河阴,与武陟对岸,以截河而入沁,则郑水涓浅不可以舟。且沁性浊悍,岁虞横决,而欲以人力操纵之,使七分入黄,三分入卫,沁必全势北趋,不必河蹑其后矣。若即于阳武元人陆运之道,车载六十里而至卫河,则昔人所运不过数万至十万石,今以数百万之漕而三易其舟,两般其堤,劳费尚可问乎?且两岸之仓,接运之船,不与前议同弊乎?是以卫运则中滦、淇县之挽,陈州、新乡之运,元、明偶试之而不恒也,汴、泌则胡世宁建议于嘉靖,范守己贡策于万历,而皆不用也。

客曰:然则黄河者,运河之贼乎?故漕与河不双行。舍河用海,事有元、明,易安以危,世复望洋。窃极愤悱之思,欲去两短集两长,则盍舍运河开胶莱河,辟外洋从内洋?愚者千虑,必有一当,请为子陈其详:

夫江南之与北直,接壤海壖,里距不远也,而山东之登、莱二州,斗出海中,长如箕舌,由南赴北,舟行必绕出其外。故元人海运三道，皆放黑水大洋趋成山绕至天津，远者万馀里，近者四五千里。诚由胶至莱凿通故道三百里，则漕舟出射阳湖之庙湾入海三百八十里，至山东，入胶河，至莱州海仓口，复入海四百里至直沽，凡舟行千有四百馀里，而沿海洋中不过六百里。内免黄流之隔，外辟黑洋之险，以海运之名，有漕河之实，计勿便此矣。

曰：元初之故迹，刘应节、崔旦之遗说，仆亦尝考之，马家峡之难开，分水岭之难凿，两海口之潮沙难去，潍、沽河之水势难引，吾子谅亦闻之，今不更端矣。且即使沙石天开，海潮神助，扬帆莫御，而抑知有不可行不必行者乎？

夫海舟不畏深而畏浅，不患风浪而患沙礁。江南沿海，横亘五大沙，舟行所最畏。元初沿海求屿，逾年始至，旋辟其险，径放大洋，而旬馀即达。况今黄河云梯关外，复涨千里长沙，皆舟行必避之险，若由胶、莱故道，则舟当何出乎？将北出淮河口，则今已为黄河所夺，将南出射阳湖，则口若仰盂不可以通大艘，断不能不出商船所由之福山、吴淞二口矣。既出福山、吴淞，则由崇明十滧直放大洋，必绕逾大沙暗礁二千馀里而至山东，但再行内洋千里，即天津矣。岂有已过险远之外洋，反辟平恬之内海，而折入胶、莱之小河，是不知地利。江舟不可以行海，海舟不可以入胶，而胶河拨舟，又不可以泛直沽，将必一米而三易其载，一运而三增其费，是不审人事。惩会通之穿凿，而复以穿凿易之；辟大洋之险远，而更以险远益之；舍径即迂，求奇反拙，尤未见其可行也。

客曰：然则海运其可行乎？

曰：天下，势而已矣。国朝都海，与前代都河、都汴异，江、浙滨海，与他省远海者异，是之谓地势。元、明海道官开之，本朝海道商开之，海人习海，犹河人习河，是之谓事势。河运通则渎以为常，河运梗则海以为变,是之谓时势。因势之法如何?道不待访也,舟不更造也,丁不再募、费不别筹也。因商道为运道,因商舟为运舟,因商估为运丁,因漕费为海运费,其道一出于因,语详贺方伯复魏制府书中。其大旨曰:海运之利有三,曰国计,曰民生,曰海商。所不利者亦有三,曰海关税侩,曰通州仓胥,曰屯丁水手。而此三者之人所挟海为难者亦有三,曰风涛,曰盗贼,曰霉湿。此三难者,但以商运为海运一言廓之而有馀,故曰:为千金之裘,毋与狐谋其皮;筑数版之室,毋于道谋其疑。众人以讻讻败事,圣人以讻讻决机,苟非其人,法不虚创,功不虚施。时乎,时乎!智者争之。

筹漕篇下

道光七年夏，减坝既筑，御坝仍不启，黄高于清，漕舟复舣。天子命相臣行河，群难复起。作《筹漕下篇》。

客曰：尔者海运则既行矣，顾所欲海运者，为河漕不能兼治，故欲停运以治河也。河通而漕复故，则海运何所用之？其将河、海并行乎？抑将以海易河乎？

曰：此河臣明于河不明于漕之言也；又但知治江西、湖广之漕，而不知治江、浙之漕之言也。河之患在国计，漕之患在民生。国家岁出数百万帑金以治河，官民岁出数百万帮费以办漕，河患即有时息，帮费终无时免，孰谓河治而漕即治乎？全漕即不由河，河未必因此而治，况江、浙之漕即由海运，而湖广、江西之漕，断不能不由河运，孰谓海运行而河即可无事乎？

江、楚赋轻而船重，抵淮迟，汛涨辄虞堵闭，故言漕事则易而运道则难；江苏赋重而船轻，抵淮蚤，汛前尚可筹渡，故言运道则易而漕事则难。海运者，所以救江苏漕务之穷，非徒以通河运之变也。且河运帮费既不可去，海运亦需雇舟，而谓帮费可尽去者何哉？屯艘行数千里之运河，过浅过闸有费，督运催儹有费，淮安通坝验米有费，丁不得不转索之官，官不得不取赢于民。合计公私所费，几数两而致一石，尚何暇去帮费！

海运则不由闸河,不经层饱,不馈仓胥。凡运苏、松、常、镇、太仓五州、郡百六十万石之粮,而南北支用经费止百有二十万,以苏藩司岁给屯丁银米折价给之而有馀。是漕项正帑已足办漕,尚何取乎帮费?无帮费则可无浮勒,无浮勒则民与吏欢然一家,然后可筹恤吏之策。或将江、浙二省地丁钱粮向例收钱者,奏改收银,以免火耗申解之赔累,以剂一切办公之需费,视收漕之浮勒不及其半,舍重就轻,民必乐从,吏无少绌。故海运于治河无毫发之裨,而于治漕有丘山之益,较河运则有霄壤之殊。舍是而徒斤斤补救,议八折,议恤丁,禁包户,禁浮收,皆不揣其本而齐其末也。即不然,名议海运,仅斤斤于河道之通塞,而不计东南民力之苏困,吏治之澄浊,亦见其轼不见其睫也。

客曰:海运为苏、松漕计则得矣,浙江、淮、扬仿此可识矣,湖广、江西之漕,其无可筹乎?

曰:内河之贡道,天庾之正供,其不能全归于海运明矣。越重湖大江千馀里,而至淮安,则屯丁、屯船不可裁亦明矣。然江、楚赋轻,则输纳之困,差缓于江苏;江、楚船重,则闸河之累,亦甚于江苏。赋重者既于其赋救之,船重者亦于其船治之而已。

人知黄河横亘南北,使吴、楚一线之漕莫能达,而不知运河横亘东西,使山东、河北之水无所归;人知帮费之累,极于本省,而不知运河之累,则及邻封。蓄柜淹田,则病潦;括泉济运,则病旱;行旅壅塞,则病商;起拨守冻,则病丁;捞浚催儹,则病官;私货私盐,则病榷;恃众骚扰,则病民;皆由于船大而载重。

夫大与重岂例应尔哉!《会典》所载各卫所运粮之船,名曰浅船,阔毋逾丈,深毋逾四尺,约受正耗米五百石,入水毋过三尺,过淮验烙,有不如式者罪之。必使船力胜米力,水力胜船力,虽河浅闸急,亦可衔尾遄进而无阻。曩惟江南、河南、山东之船,尚不逾制,其江西、湖广、浙江之船,则嵬然如山,隆然如楼,又船数不足,摊带票粮,入水多至五尺以外,于是每大艘复携二三拨船以随之。是以渡黄则碍黄,入运则胶运,遇闸则阻闸,一程之隔,积至数程,北上之后,复滞回空。而迩日山东、江南之船,亦复仿效逾制,继长增高,日甚一日。其实所载额米仍不过六百石,馀悉为揽盐、揽货之地,沿途贩售,所至辄留,稍加督催,辄称胶浅。夫既知大而窒碍,何不使小而便行。诚使严敕有漕各省,每遇更造之年,力申违式之令。凡粮艘至大以千石为度,以六百石受正供,百石受行月口粮,馀三百石许其载货,不出数年,悉改小矣。

夫然而旗丁之困穷可以恤,帮费之浮甚可以轻。何则?丁之苦累者五,曰:遇浅拨载之费,过闸缴关之费,回空守冻之费,屯弁押运之费,委员催儹之费。今既改小则不胶不拨,遇闸提溜,通力合作,勒索无由,而费省十之一二矣。抵通不逾六月,回空不逾十月,而费省十之三矣。各帮惟迟重难行,故本帮千总领运而外,复委押重押空各一人,沿途文武催儹而外,复有漕委、河委、督抚委,其员数百,每船浮费,其金又数百。今既载轻行速,冗滥尽裁,而费省十之五六矣。所省各费,即足应通仓之胥规,而所馀尚半,大益于本漕者以此。

夫然而泉河灌引之禁可以弛,诸湖淹田之害可以损。山东微山诸湖为济运水柜,例蓄水丈有一尺,后加至丈有四尺,河员惟恐误运,复例外蓄至丈有六七尺,于是环湖诸州县尽为泽国。而遇旱需水之年,则又尽括七十二泉源,涓滴不容灌溉。是以山东之水,惟许害民,不许利民,旱则益旱,涝则益涝,人事实然,天则何咎?今漕艘改小,入水仅三四尺,则湖可少蓄,而民田之涸出者无算;旱可分引,而运河之捞浚亦可纾;大益于邻封者以此。

客曰:会通之河,非第运粮,亦以通货。今漕艘不许多载,则京师百物踊贵,而水手工食不敷。且江、楚船数不足,每多洒带。今改小既不敷分载,增造又费将安出?越洞庭、彭蠡,涉长江,非重大其能御风而压浪乎?粮舟三载小修,五载大修,十载拆造。如必逐年渐改,则势不画一,一舟不前,千艘皆滞,安能望十年之迂效而救目前之急难乎?

曰:贱货必在通商,通商必在利行,未闻旅滞而物集,途通而货壅。船既遄行,则荆、扬、豫、兖之货循运河而上,江、浙之货附海漕而北,物价必贱于前。且船大则水手必多,多则不得不各贩私以裨工食。今则向用数十人者,止用十馀人,利散见少,专则见多,赢绌较然矣。船大则造费亦大,故不能足数。若以二千石之船,改归千石,则即使二船造三,亦有赢无绌矣。四川、湖广贩米、贩货之船,穿巫峡、历洞庭而下者,或五、六百石,至千石而止,往还无失,知船之胜风涛在完固善操驾,不在钜观矣。是三难者皆不足虑。

至逐年渐改之期,则以二船改三计之,江西十三帮,但改六百艘,已足九百艘之数,六年而始画一;湖广六帮,但改二百七十艘,已足四百馀艘之数,三年而始画一。若求易简速效之方,尤有一举两利之策。考江苏一省,漕最大,船最多,而较浙、楚为制最小,江苏既全归海运,则所馀空艘,即足以受浙、楚三省之粮。诚使江、广重运至瓜州,即卸粮于吴船,仍令原省屯丁水手接运北上,易船而不易人;如浙江未归海运,则并将吴船移至杭、嘉、湖受载,亦易船而不易人。其浙、楚三省重船,售与大江运盐贩货之巨商,变价归官,以安置江苏水手;如浙漕亦归海运,则估变浙艘亦即以安置浙江水手。是一转移间而江、广重运为轻运,岂必求三年之艾,始救七年之病耶?

客曰:南漕固不可全归海运,而河患难必。万一江西、湖广之漕,灌塘亦不能济,庸遂无策以筹之?

曰:海运独除江、楚、安徽者,为经久计,非不可为权宜计也。且河运所难于江、广,非独船重,亦以途遥。夏汛启坝,恒虞倒灌。至海商豆麦之利,则在春、秋、冬三季,其时船价皆增,而夏季则北方缺货,船价亦减。此时江、广重运,正抵瓜州,顺风赴北,至平至速,是海运反以江、广为便。谚云:“五月南风水接天,海船朝北是神仙。”如使河运中梗,漕艘不能飞渡,原可兼前策而暂行之,令海船春季则举江、浙之漕一运而至津,夏季而举江、广、淮、扬之漕接运而赴北。俟河运既邕,则仍罢海运归故道,权宜变通,夫奚不可!

且当事所难于江、广之海运者有二:一则漕费已给旗丁,而海舟雇价无从出也;二则瓜州至福山口二百里粮船不熟水道,海船又不肯就兑也。不知重船既不北上,尽省闸河通仓之费,独收沿江售货回空迅速之利,且非江、浙永行海运,尽废漕丁者比,则但酌给帮费,已大欢忭。而其未给之漕项银米,移归海运,乘夏季海船价减之时,每石尚可酌省,当无不足。江、广漕项不及苏、松之宽裕,故必节省方足。至扬子江下讫福山口水道,则崇明买米之船,可至江宁、安庆,岂不可至瓜州?而其自上而下者,尚有焦湖之米船,镇江之红船,咸熟于沙线。国初海寇张名振、郑成功皆以海艘直闯金、焦,往返如户阈,谁谓海艘不可入江者?但令沙船三月末齐集福山口,先雇米船数十向导海船往反,试行一次,使沙礁洞然,即催各帮海船溯至京口受兑,计江、广百万之漕,但用海门、通州、崇明三帮已足,其沿江弹压则有通州、狼山镇,而京口南北两岸,可泊数千艘,天时地利,皆出十全。以海受江,可经可权,谁谓宜吴船而不宜楚船也?

虽然,此议暂行,则南货多由南通州附载,不尽由上海,于海关牙侩又有不利焉。显阻阴挠,势所必至,吾故总策运事而始终断之曰:苟非其人,法不虚行。

海运全案序代贺方伯

道光四年冬，淮决高堰，竭运河，天子深维海与渎相消息，畴咨左右故道。维时辅臣力赞，大府佥同，而臣长龄适藩南服，绾海国漕贡，乃襄议，乃筹费，乃遴员，乃集粟，乃召舟，僚属辑力，文武颧心。其明年，遂航海致米百五十万石京师。六年夏，既蒇事，佥曰：是役也，国便，民便，商便，官便，河便，漕便，于古未有。

于是作而言曰：时之未至，虽圣人不能先天以开人，行海运必今日，其诸至创而至因者乎！古之帝者不尽负海而都，或负海都矣，而海道未通，海氛未靖，海商海舶未备，虽欲藉海用海无自。故三代有贡道，无漕运；汉、唐有漕运，无海运；元、明海运矣，而有官运，无商运。其以海代河，商代官，必待我道光五年乘天时人事至顺而行之，故无风涛、盗贼、霉湿之疑也，无募丁、造舟、访道之费且劳也；乘天时人事交迫而行之，渎告灾，非海无由也，官告竭，非商不为功也；乘百馀年海禁之久开与台洋十万米之已试而行之，其事若无难，其理至易见也。然犹先迟之以借黄，重迟之以转般，不可谓不慎；然微宸断枢赞之，必不可已，群议阴阳，犹将眩以关价之折实，劫以通仓之胥勒，难以屯丁之安置，不可谓不格。成事何易，任事何难！《易》曰："夫乾，天下之至健也，德行恒易以知险；夫坤，天下之至顺也，德行恒简以知阻。"又曰："穷则变，变则通。""神而化之,使民宜之。”故知法不易简者,不足以宜民;非夷艰险而勇变通者,亦不能以易简。以海运之逸济河运之劳,而谓治河必停漕,无是也;以海运之变通漕运之穷,而谓治漕必病河,无是也。有百年之计,有焦然不终日之计。今者官与民为难,丁与官为难,仓与丁为难,而人心习俗嚣于下;黄与淮为难,漕与河为难,而财力国计耗于上。凿枘沸澝,未知所届,中流一壶,夫岂无在!或者欲以苏、松二府之漕,岁由海达为常,而改小江、广之重艘以利漕,变通目前之河道以利黄。大圣人端拱穆清,揽群策,执参伍,探万物之本原而斟之,王路奚患不荡,王道奚患不平!老子曰:“大道甚夷而民好径。”非海难人而人难海,非漕难人而人难漕,本是推之,万物可知也;不难于祛百载之积患而难于祛人心之积利,反是正之,百废可举也。(敬)〔敝〕不极不更,时不至不乘。正其原,顺而循,补其末,逆而棼,苟非其人,功不虚〔创,事不虚〕因,其以海运为之椎轮。

海运全案跋代

今之谭海运者，咸谓以变通河道之穷，河道通则无所用之。此但为运道言，而未为漕事言也；抑但可为江西、湖广之漕言，而未可为江苏之漕言也。江、广赋轻而船重，抵淮迟，汛涨辄虞堵闭，故言漕事则易而运道则难；江苏赋重而船轻，抵淮早，汛前尚可筹渡，故言运道则易而漕事则难。然江、广之船，去河远，去海尤远，终不能不以运道之通塞为利弊；若江苏之船，去河近，去海尤近，并不以运道之通塞为利弊。臣守土官，所职司者漕耳，请专言漕事：

苏、松、常、镇、太仓四府、一州之漕，赋额几半天下，而其每岁例给旗丁之运费，则为银三十六万九千九百两，为米四十一万一千八百九十三石，计米折价，直银九十三万六千七百五十九两，共计给丁银米二项，为银百二十九万五千七百五十八两。上之出于国帑者如此，而下之所以津贴帮船者，殆不啻再倍过之，通计公私所费，几数两而致一石。官非乐为给也，民非乐为出也，丁非尽饱厚利也。军船行数千里之运河，过浅过闸有费，督运催儹有费，淮安通坝验米又有费，亦知其所从出乎？出于彼者必取于此，而公私名实之不符，有所赢者必有所绌，而良莠强弱之不平，吏治何由而清，民气何由而靖？惟海运则粮百六十三万三千馀石，而计费仅百四十万，抵漕项银米之数所溢无几，而帮船之浮费丝毫无有焉。诚使决而行之，永垂定制，不经闸河，不饱重壑，则但动漕项正帑，已足办公。举百馀年丁费之重累，一旦释然如沉疴之去体，岂非东南一大快幸事哉！

彼谓变通济运者，所益固在国计；而调剂漕务，则所益尤在民生。圣人举事，无一不根柢于民依而善乘夫时势，故举一事而百顺从之。以是知儳然不终日之中，必无易简良法，而事之可久可大者，必出于行所无事也。

海运之利，非河运比；本朝之海运，又非前代比；江苏之海运，又非他省比；而苏、松等属之海运，又非他府比。诚欲事半而功倍，一劳而永逸，百全而无弊，人心风俗日益厚，吏治日益盛，国计日益裕，必由是也，无他术也。若夫谋议之始末，设施之纲目，前序、后纪备矣，不复及云。

道光丙戌海运记代

传曰:“有始有卒者,其惟圣人乎!”又曰:“凡民可与乐成,难与图始。”国家宅京西北,转漕东南,舍元袭明,以河易海。康熙、嘉庆中,以河患屡筹改运,议皆不决,岂非《春秋》大复古重改作之意哉!道光五年,海运之役,行之仓猝之馀,试之百六十馀万之粟,倏抵太仓而民不知役,国不知费。天下见其行之孔易矣,抑知其挠之甚众且艰?天下见其不疾而速,不行而至矣,抑知其谋之至周且确?不有所述,使后世仅见与元代招盗、造舟、募丁、访道劳费者比;即不然,亦仅谓一时权宜备缓急,罔关利国利民久远大计;则暂试于一时,犹将排阏于事后,奚以见明明穆穆,贯周万虑,一备百顺,至简易,可久大,永永与天地无极?用敢拜手而为之记。

初,四年冬,高堰决,运道梗,中外争言济漕之策,或主借黄,或主盘坝,发言盈廷,罔所适从。天牖帝心,有开必先,则有首咨海运之诏。群疑朋兴,葸沓苟安,匪曰风飓,则曰盗贼;匪曰霉湿,则曰侵耗;造募则曰劳费,招雇则曰价钜;以暨屯军之间散,通仓之勒索,争先为难,百议一喙,坐失事机,自春徂夏。

既而借黄盘坝皆病,天子喟然念东南民力之不支,是用畴咨于左右辅弼之臣。于是协办大学士臣英和奏言:“治道久则穷,穷必变,小变之小益,大变之大益,未有数百年不敝且变者。国家承平日久，海不扬波，航东吴至辽海者，昼夜往反如内地。今以商运决海运，则风飓不足疑，盗贼不足虞，霉湿侵耗不足患也；以商运代官运，则舟不待造，丁不待募，价不更筹也。至于屯军之安置存乎人，仓胥之稽察存乎人，河务之张弛存乎人。矧借黄既病，盘坝又病，不变通将何策之出？臣以为无如海运便。"诏仍下有漕各省大吏议。于是臣琦善自山东移督两江，臣陶澍自安徽移抚江苏，咸奏请以苏、松、常、镇、太仓四府一州之粟全由海运，诏曰："可。"是秋，臣陶澍暨江苏布政使臣贺长龄先后至上海招集商艘，宣上德意，许免税，许优价，许奖励，海商翕然，子来恐后。爰设海运总局于上海，以川沙厅同知臣李景峄、苏州府督粮同知臣俞德渊董之，与道府各臣共襄其事。又遣道、府、丞、倅先赍案册及经费十馀万，由陆赴北，与直隶执事官各设局天津，而钦差理藩院尚书臣穆彰阿为验米大臣，会同仓场侍郎驻天津，与直隶督臣共筹收兑事宜。于是南北并举，纲挈目张。至于誓水师壮声势以联络其间者，则江南提督、苏松镇、狼山镇总兵自吴淞会哨至莺游门，山东登莱镇总兵自莺游门会哨至庙岛，直隶天津镇总兵自庙岛会哨至直沽口。

章程既定，明年正月，抚臣亲莅海上，部先后，申号令，各州县剥运之米，鱼贯而至，鳞次而兑，浃旬得百三十馀万为首运，馀三十馀万归次运。告祭风神、海神、天后，集长年三老，犒酒食银牌而遣之。万艘欢呼，江澄海明，旌旗飙动，鼋龙踊跃。由崇明十滧而东，绕出千里长沙，逾旬毕至天津。回空再运，讫五月而两运皆竣，勺粒无损。视河运之粟莹洁过倍，津、通之人覩未曾有，先后诏奖任事各臣有差。

是役也，其优于元代海运者有三因：曰因海用海，因商用商，因舟用舟。盖承二百载海禁大开，水程之险易，风汛之迟速，驾驶之趋避,愈历愈熟,行所无事。知北洋不患深而患浅,故用平底沙船以适之;知海船不畏浪而畏礁,故直放大洋以避之;〔知〕风飓险于秋冬平于春夏,故乘东南风令以行之。因利乘便,事半功百,而元代所未有也。

其优于河运者有四利:利国,利民,利官,利商。盖河运有剥浅费、过闸费、过淮费、屯官费、催儹费、仓胥费,故上既出百馀万漕项以治其公,下复出百馀万帮费以治其私。兹则不由内地,不经层饱,故运米百六十馀万而费止百四十万金,用公则私可大裁,用私则公可全省,实用实销,三省其二,而河运所未有也。

其行之也则有三要:曰招商雇舟,曰在南兑米,曰在北交米。其招商雇舟如之何?曰:沙船载米自五百石以上二千石以下,计四府一州之粟,需船千五百六十有二号,石给值银四钱,每船赛神银四两,犒赏三两,天津挖泥压空钱一千,每百石垫舱芦席银一两三四钱有差。每米一石,白粮给耗一斗,糙粮给耗八升,每船载货二分免其税。凡受雇之船,限十一月集上海候兑,过迟者罚。是为运之始要。其在南兑米如之何?曰:沙船齐泊黄浦江,按各县先至之粮,以次派之,某船即给某县之旗以为号。各县剥运至,则监兑官率船商以铁斛较其斛,验米官呈米粮道以验其米。仿河运之例,船各封样米一斗,令呈天津以验其符合,复截给三联执照,一存局,一给船户,一移天津收米官以稽其真伪,随兑随放。至崇明十滧,候东南风齐进。是为运之中要。其在北交米如之何?曰:沙船至天津口,由直沽河溯流百八十里,纤挽而至天津东门停泊待验。如在洋遇风,斫桅松舱者,依漕船失风例奏请豁免。其他故缺坏者以耗米补之,再不足者责其偿,其领运万石以上者赏以级。到津验米后,兑交剥船即与沙船无涉。其馀米收买,货物免税,仍给三联执照如上海之例。是为运之终要。此皆本年试行海运之已事也。

如将复行垂永制则如之何？曰：尚宜筹尽善者，亦有三焉：创行之始，商情观望，愿载货而不尽载米。及交卸速而受直厚，知载米利赢于载货，则宜一运以毕，无烦再运，而一要无馀憾矣。止上海牙人赴北之行，定商艘到津停泊之界，稽山东各岛逗留以免滞，买天津挖泥官地以防争，纤令自雇以免勒索，旗缴再用以省糜费，则次要无遗憾矣。其由津运通之剥船二千，中途难免侵耗，宜令通仓各胥于天津收米具结后，即令押剥运通，再有损湿，惟各胥是问，则三要无遗憾矣。至于法久弊生，因时制变，则神而明之，存乎其人。

复魏制府询海运书代

海运之事,其所利者有三:国计也,民生也,海商也。所不利之人有三:海关税侩也,天津仓胥也,屯弁运丁也。而此三者之人,所挟海为难使人不敢行者亦有三,曰:风涛也,盗贼也,霉湿也。所挟人为难使官不能行者亦有三,曰:商船雇价也,仓胥勒索也,漕丁安置也。必洞悉夫海之情形与人之情伪,且权衡时势之缓急,而后之难行者无不可行,且不得不行。某自二月中旬,蒙示廷寄,命筹海运以来,宵旦讨论,寝食筹度,征之属吏,质之滨洋人士,诹之海客畸民,众难解驳,愈推愈审,万举万全,更无疑义,敢以贡之大人执事。

元代创行海运,十年而道三变;明王宗沐力主海运,亦以海道不熟,失风莺游门而罢。今则海禁大开,百三十馀年,辽海、东吴若咫尺,朝洋暮岛如内地,则道不待访也。元初造平底海船六十艘,运四万六千石,其后船岁增造,费且无算。今上海沙船及浙江蛋船、三不像船,并天津卫船,自千石以至三千石者,不下二千号,皆坚完可用。通算每船载米千馀石,一运即可二百馀万石,两运而全漕可毕。若止运苏、松、常、镇之粮,更绰有馀裕,则船不待造也。元初以开河卫军及水手数万供海运,并招海盗以长其群。若今江、浙船商,皆上海、崇明等处土著富民,出入重洋,无由侵漏,每岁关货往来，会无估客监载，从未欺爽，何况漕粮？各效子来之忱，无烦监运之吏，则丁不别募也。本年二月，始议海运，其时公私津贴已给旗丁，不能不出于动帑。明年海运，即以旗丁领项移为沙船雇值，则费不别筹也。

或谓其不可行者，则曰“盗贼”。不知海盗皆闽、浙，南洋水深多岛，易以出没，船锐底深，谓之鸟船。北洋水浅多礁，非船平底熟沙线者不能行，故南洋之盗不敢越吴淞而北。今南洋尚无盗贼，何况北洋？此无可疑一矣。

或有谓其不可行，则曰“风涛”。不知大洋飓风，率在秋冬，若春夏东南风，有顺利，无暴险。商贾以财为命，既不难蹈不测出万全，岂有海若效灵，独厚于商船而险于粮舶？且遭风搁浅斫桅松舱，即秋冬亦仅千百之一二，何况春夏？其无可疑又一矣。

或又谓其不可行者，则曰“霉湿”。夫运河经数月抵通，积久蒸热，米或黯坏。而沙船抵津，则不过旬日。若谓海风易霉变，盐水易潮湿，则最畏风莫如茉莉、珠兰，最忌湿莫如豆、麦，皆岁由沙船载之而北，运之而南。海风盐水不坏花豆而独坏米，庸有是理？盖北洋风寒，非似南洋风暖，而海船舱底有夹板，舷旁有水槽，其下有水孔，水从槽入即从空出，舱中从无潮湿，此可无疑又一矣。

然使运道畅通，粮艘无阻，固可不行。今则运河淤塞，日甚一日，清口倒灌已甚，河身淤垫已高，舍海由河，万难飞渡，此不可不行者也。然使太仓充裕，陈陈相因，尚可不行。今则辇毂仰食孔亟，天庾正供有常，一岁停运，势所难支，此不可不行者也。然使别有他策，舍水可陆，亦可不行。今则驳运之弊，公私骚然，国病于费帑，漕病于耗粮，官病于督催，丁病于易舟卸载，民病于派车派船，舍逸即劳，利害相万，此不可不行者也。

国家建都西北，仰给东南，唯资咽喉一线，岂惟河梗可虑，抑亦人事难齐。苟仅未雨之绸缪，必需旁门之预辟。今机会适逢，发端自上，因熟乘便，天人佥同。夫集事固在于谋，而成事必在于断，此时关键请两言蔽之，曰：上海、天津两地得其人则能行，不得其人则不能行。海船南载于吴淞，而北卸于天津，两地出口入口，实海运始终枢要。苟上海关不得其人，则船数可使多者少，商情可使乐者畏，雇值可使省者昂。天津收兑不得其人，则米之干者可潮湿，石之赢者可短缺，船之回空者可延滞。盖上海牙行以货税为庄佃，天津仓胥以运丁为奇货，海运行则关必免税，丁不交米，两处之利薮皆空，其肯甘心？故创议之始，出全力以显难之者，必上海关之人；既行之后，阴挠之使弃前功畏再试者，必天津通仓之人也。此外，尚有屯弁运军，亦以行海废漕为不利。然此时河道未复，弁丁即欲运而不能，而一年中尚有漕项银米可以安置，不致十分为难。即天津通仓既行以后之事，有钦差大臣驻津稽察，自可无虑。惟上海关则首议船价之地，诪幻最多。即如二月间委员查勘，据牙侩蒙词，以关石倍半于漕石者变为仅倍，以一两四钱之折实漕石银三钱六厘者，变为每石实银七钱，较民间时价不止加倍。嘉庆间议海运，前抚军章公奏每百石费银三百两，即同此蔽。故今议海运，不询之商船，而访之上海关，所谓欲为千金之裘而与狐谋其皮也。使当时照定时价，动帑无多，除此南风司命，江、浙漕米业已抵津矣。故曰：众人以讻讻止善，圣人以讻讻立功。其中条件尚多胶辖，统俟议定，录状呈览，伏望随时训示。不宣。

复蒋中堂论南漕书代

承谕以灌塘济运，事难经久，明岁当海运、拨运兼行，以分济吴、楚各漕，诚筹国万全之虑。窃谓明岁重办海运，与前岁情事迥殊。前岁创始试行，章程未定，不得不照常筹费，以为河运复旧之地。止以海运通河运之变，究无救于漕务之穷，非经久尽善之计，反本还原之策也。

道光五年举海运苏、松、常、镇、太仓百六十万馀石，南北开销皆出州县帮费，共百四十万金，其中尚可节省一二十万。较之河运帮费每石几一两有馀者，已大有省便，州县亦尚有赢馀。然尚谓权宜非正策，暂行非永逸者，盖江苏粮道所属四府一州，岁给旗丁漕项银米，较他省最为宽裕，即使丝毫不提州县帮费，亦足以济全漕。计漕项银三十六万九千九百两，行月米四十有一万有一千八百九十三石，计米折价直银九十二万六千七百五十九两，共计给丁银米二项为银百有二十九万五千七百五十八两。屯丁既不运漕，则以漕项作海运之费，绰有馀裕，何必更留帮费之名，使州县藉口以浮收于民，小民藉口以挟持于官，不为一劳永逸之计。然必将此四府一州永行海运，方可举行。如仅试行一二年仍归河运，则有所不可。即或常、镇二府不归海运，而苏、松、太仓三属，则舍此莫再生一筹。

夫永行海运之议，人不敢主持者，一则军船之丁役难散，二则津、通之收兑难必，三则海商之经久难恃。不知军船之难安置者，不在旗丁而在水手。盖旗丁自有屯田，多以运粮为累，军籍为苦，如令其不出运，正其所祷祀而求。计江苏通省各卫，共若干帮，每年各有例造之船，改签之丁，但先将漕务最困之苏、松、太仓三属改归海运，即以三属之丁船移派于通省，以补他府改造改签之数，不过二年而派毕。既免造船之费，又免签丁之扰，事既两便，情必欣然。至水手随船去留，既省出他属造船修船之费，兼可折材变价以津贴安置，资本营生，此可无虑者一。

天津前岁收兑，全赖钦差大臣主持全局，自从永行海运，安能常有此实心稽察之大臣？且由天津抵通州二百馀里，拨船难免湿耗，反以海粮霉变为词，受仓胥之挟制，尤非口舌所能操胜。惟有仿明陈暄议建百万仓于天津以受海粮之法。船至直沽，仓场侍郎验米交仓，即与商船无涉。俟通州需米，由仓场随时拨解。其出纳稽核，则由江苏奏委同知二员专司其事，三载更代，由本省出考语，送部引见，庶可永免仓胥之挟制。今天津已有四百万石之仓，再建百万仓，以五十金建仓一间，受粮三百石计之，为费不过十五六万金，足受三府之粮，其可无虑者二。

国家严防海贼，曾禁商船出洋，自康熙中年开禁以来，沿海之民始有起色。其船由海关给执照稽出入，南北遄行，四时获利，百馀载来，共沐清晏承平之泽。况朝廷优给运价，视民雇有加，是以各商闻风鼓舞，争效子来。去秋，上海增造沙船三百馀艘，以备今岁海运之用。且大洋瞬息千里，侵漏无由，沿岛文武稽催，淹留不敢。如虑事久弊生，官刻价值，商情阻畏，此则人存政举，乃地方大吏力能整厘之事。有治人无治法，不得预以将来废目前，此可无虑者三。

昔人论河海并运，比于富室别辟旁门，然必行之有素，相习为常，而后船数之多少，价值之低昂，收兑之迟速，虽有不便己私之人，不得阴挠巧阻。今以苏、松、〔太仓〕三属常行海运，即一旦浙江、湖广各省之漕，或梗于河患，或惮于陆拨，欲假道于海运，咄嗟立办，国家永无误运之忧，是所利在国计。军艘行二千馀里之运河，层层有费，丁不得不索之官，官不得不索之民，致官与丁相持，民与官相持，已成百馀年锢疾。今以海运易闸河，以漕项省帮费，州县既收清漕，吴民咸登乐国。但奏明将夏秋地丁钱粮改钱收银，酌加火耗，绅民一律，以复乾隆钱价之旧，以资火耗、申解、一切办公之费，视收漕浮勒相去倍蓰，民与吏必皆欢从，可免挟制赔累之积弊。倘再有借词额外浮加者，上司执法而行，坦然无复丝毫顾虑之私。使每年藏富于民者百馀万，省讼于官者百千案，省亏空于官者数十万。上下欢然一体，视周文襄、汤文正之裁减浮粮，功且逾倍，是所益在吏治、在民生。故今言苏、松海运而但为变通河运之穷，此河臣知河而不知有漕者也。抑漕臣但知虑江、楚之漕，而不知虑苏、松之漕者也。

苏、松、太仓运船轻，抵淮蚤，汛前尚可筹渡，非江、楚运重程迟之比。即使漕不由河，河未必因此而治，即使河不梗漕，漕未必因此而清，两不相谋，各为一事。惟以钱粮最重之地，值漕务极困之时，议八折，议恤丁，禁浮收，禁闸费，舌敝唇焦，茫无寸效。仰值圣主圣相，勤求民莫，天时人事，穷极变通，舍海运别无事半功倍之术，为救弊补偏则不足，为一劳永逸则有馀。如蒙上达圣聪，仰邀俞允，所有纤悉事宜，尚须与督漕诸公会筹奏办，从此东南民实永受其赐！

上江苏巡抚陆公论海漕书

前日面陈江苏漕弊，非海运不能除，京仓缺额，非海运不能补，请将苏、松、常、镇、太仓、江宁五府一州之漕，酌行海运。

窃维国家建都西北，仰给南漕，如使年年全漕北上，则除支放俸饷外，尚有馀粮，三年馀一，九年馀三。是以乾隆中，每遇太仓之粟陈陈相因，屡有普免南漕之诏，但患有馀，何患不足。近日京仓缺米，支放不敷，皆由南漕岁岁缺额。而南漕所以缺额之故，则由于岁岁报灾，所以报灾之故，则由于兑费岁增，所以亏空之故，亦由于兑费岁增，此其情形从来不敢上达。若不彻底直陈于圣主之前，则受病之源与救病之方，终日依违疑似之间，无以破浮议而坚乾断，请约略陈之：

查江苏漕船兑漕之费，即以道光初年较之近年，相去已至一倍。道光初年，江苏兑费，在苏、松每船尚不过洋钱五、六百圆，江北每船不过制钱四五百缗。一加于道光三年水灾普蠲之后，丁船以停运为苦累；再加于道光四、五年高堰溃决之后，丁船以盘坝剥运为苦累；三加于道光六年减坝未合之时，空船截留河北为苦累。此数年中，丁船藉口一次，即加费一次。今岁所加，明岁成例，则复于例外求加。其时漕河梗隔，上游严檄督催，州县惟恐误运，于是数载中苏、松已加至洋钱千圆；继以道光十一、十二、十三年苏、松粮道陶廷杰苛挑米色，骄纵旗丁，于是三载中苏州遂加至洋钱千二三百圆，松江千四五百圆，而白粮则每船三千圆矣，而江北刁丁亦效尤递加不等，今日已成积重难返之势。然道光八、九年间，帮费虽大，而银价尚未大长，每两兑钱千二三百，洋钱每圆兑钱九百零，使银价如常，犹可勉强支应。近日则文银日贵一日，即帮费又岁长一岁，是暗中又几增一倍，诚为从来所无。然而每年不致误漕者，何哉？则报灾为之也。每帮费加一次，则漕米减收一次，缘州县收漕折色，不能与之俱加，不得不听小民吁求报灾，以其数分缓漕之米，贴补数分浮折之米。于是每大县额漕十万石者，止可办六万石，是以连岁丰收而全漕决不敢办。非独州县兑费无所出，即旗丁年年减运，船亦久已变卖乌有。计江、浙两省，每岁缓漕不下百万，岁复一岁，天庾安得不空？此京仓缺米所由来也。

而议者尚以江苏州县漕累为不实，试思漕果有利，则州县惟恐不办全漕，何反甘心减少？况民风较刁之元和、常熟、华亭、娄县、丹阳、丹徒、金坛、句容、上元、江宁等处，百姓所完本色折色，不及兑费之半，则州县全系赔垫。且不但完漕如此，即地丁钱粮亦不肯随银价增长，则州县又系赔垫。钱漕皆赔如此，然而上下忙不致误奏销者，何哉？则漕项为之也。向例藩司地丁每年奏销，而粮道漕项则两年始奏销，如及两年而州县离任他处者，则又可免处分，州县虽挪移垫公，然不敢亏地丁，而仅敢亏漕项，是以江苏州县几无二载不调之缺，而漕项亏空遂至二三百万之多，此清查所由来也。

漕弊既如此极，而谓海运即可除弊者何哉？军船行数千里之运河，剥浅有费，过淮有费，屯官催儹有费，通仓交米有费。故上既出数百万漕项以治其公，下复出数百万帮费以治其私，海运则不由内河，不经层饱，故道光五年运米百六十馀万石，而费止百四十万金,其内尚有可节省二十万金。计苏、松、太仓二府一州之粟,可用粮道漕项银米办之而无不足,可不取丝毫之帮费。既无帮费,则州县无可藉口以浮取于民,民无可藉口以报灾于官。年年可收清漕,即年年可办全漕,每年藏富于民者数百万金,藏富于国者数百万石,而太仓永无缺贮之虞矣。既无帮费,则州县无藉口挪垫,但将地丁正杂税课收钱收银,酌加火耗,以资申解、办公之费。民既喜骤脱于漕困,必不刁难于上下忙银,倘州县再有浮勒于民亏空于官者,上司执法而行,坦然无复顾虑。吏治、民风、国计一举三善,而清查后永无亏空之患矣。是惟海运可再造东南之民力,惟海运可培国家之元气。且二府一州不过南漕一隅,其江北及浙江、湖广、江西、安徽之漕,仍由运河行走,于大局并无变更。此外尚有漕务极敝三县,如镇江之丹阳、金坛,江宁府之句容,或可提出附归海运,亦救民生之急策,合并附陈。其条款别陈于左:

一、回空船仍令照常归次,不必援上年截留河北旧案也。查四府一州额粮百五六十万石,额设漕船二千数百只。自连年报灾,叠次减运,不过存一千馀船。其水手有二种:一系沿途随雇之短纤,回空时照重船约少一半,且随雇随遣,不烦安置。惟有常年在船之头柁篙工等,每船不过数名,冬月分归各次,合计不过万馀人。道光六年试行海运时,减坝尚未合龙,故将空船截留河北以为接运来春江、广重船之地,然第七年仍行河运,丁船即以截留苦累,藉口增费。今再行海运,与上年河道梗塞情形不同。亦若截留河北,则事出无名,且漕运衙门,必预防地方官有常行海运永停河运之意,先持异议,甚或暗唆水手滋事,铺张入告,恐吓阻挠,势所必至。不如照常归次,不露形迹,既免漕帮藉口,且既归次以后,则权在地方官,总可设法办理,较之截留中途,全由漕运衙门专政者,主客攸殊。以千馀船分泊二十馀处,其势既分,弹压亦易。且受兑苏、松、常、镇各帮,均有尖丁,殷实居其大半,无难责令暂行约束。即如现在各县均有减歇之船,每船不过留一二人看守,并无别烦安插之事。至其全局散遣之议,应俟本年夏季海运平安抵通交兑全竣,明效大验之后,再奏请划出四府一州永行海运,无难别筹散遣。如此时即奏筹散遣漕船水手之议,是为千金之裘而与狐谋皮,不惟无益而反有碍也。至其章程,与道光丙戌所行,宜随时变通,谨条陈于左:

一、海运全漕,宜一次运津,不必援旧案分两次也。

一、海运北仓交米,除存津仓五十万石外,其馀亦应以到津收验为竣,不能再赴通州也。

一、海运船价经费,今昔银价悬殊,应查照上年银价作钱,不能照今春揭米之例也。

一、漕项银款仅敷海船水脚,其南北二局经费,将漕项米款半解折色,以资办公也。

一、海运全漕外,尚有海船耗米十二万石,到津应听其自行变卖,毋庸官为收买也。

一、海运经费,但用漕项银米即敷办漕,毋庸再提帮费以滋流弊也。

钱漕更弊议上李石梧中丞

江苏漕费之大，州县之累，日甚一日。其弊曰：明加，暗加，横加。

始也帮费用钱不用银，其时洋银每圆兑钱八百文，故州县先漕每喜舍钱用洋以图节省。其后洋银价日长，而兑费亦因之而长，其用洋银之费已不可挽回，此暗加之弊也。

自道光五年行海运，停河运一岁，旗丁以罢运为苦累。道光六年，河工大挑，空船截留河北，旗丁又以守冻为苦累。每苦累一次，则次年必求调剂一次，此明加之弊也。

又道光十九年间，四府粮道陶廷杰挑斥米色，骄纵旗丁，于是二三载间，各州县约加帮费三十万两，此横加之弊也。皆苏、松之情形也。

惟常州漕兑费至今用钱，故价无大长。而丹徒、丹阳、金坛、句容则又地瘠民刁，漕完本色，地丁钱粮亦不敷解费。且金坛、句容皆山邑，舟不抵城，须陆运至水次，宜照山邑折漕之例以恤其困，并将地丁钱粮改收折银，酌加火耗，以免地方官之赔垫，此又情形之小异也。今欲大剂苏、松、常、太仓各郡州县之累，惟有一大章程。

查明代江南州县旧制，常州有武进无阳湖，有无锡无金匮，有宜兴无金溪；苏州有吴县、长洲无元和，有昆山无新阳，有常熟无昭文,有吴江无震泽;松江有华亭、娄县,无奉贤、金山;太仓州有嘉定无宝山。其时漕未尝不运,事未尝不举,亦从未闻明代州县有收漕之弊。且其时沿张士诚庄田之额,赋更重于今日,而不觉其繁。

国朝减免苏、松浮粮至再至三,而官民不胜其困,何哉?愚以为银价之弊,已无如何,惟有裁缺并县之法,一复明代古县之旧。每并一缺,则省官规幕费丁役杂费及应酬之半,似救弊本原之一法。谨抒其愚,以待大吏之不守常规善复古制者。至宝山逼海,城池卑褊,不通舟潮,应内移于罗店饶富之地,或与嘉定同城,此则不必并而必当移者。谨议。